SIX SEMAINES

EN AFRIQUE

PARIS. — IMPRIMERIE DE J. CLAYE
RUE SAINT-BENOIT, 7

SIX SEMAINES
EN AFRIQUE

SOUVENIRS DE VOYAGE

PAR

CH. THIERRY-MIEG

PARIS

MICHEL LÉVY FRÈRES, LIBRAIRES-ÉDITEURS

2 BIS, RUE VIVIENNE

—

1861

Tous droits réservés.

SIX SEMAINES

EN AFRIQUE

CHAPITRE PREMIER

DE MARSEILLE A PHILIPPEVILLE ET BONE

I

La traversée, le débarquement, Stora.

Nous avions quitté Marseille le vendredi 16 septembre 1859, à midi, et le soleil qui brillait de son plus vif éclat nous avait remplis d'espoir. Cependant la traversée fut mauvaise : après quelques heures de calme, la mer était devenue houleuse, et depuis trente heures nous étions ballottés sur les flots par un roulis d'une monotonie cruelle pour les malheureux passagers affligés du mal de mer, ennuyeuse et accablante pour ceux même dont la robuste nature avait refusé de payer à la mer le tribut accoutumé. Le repas n'avait pu égayer la tristesse et l'abattement de ces quelques élus qui seuls au nombre de six s'étaient assis à table, moins encore par appétit que pour se distraire; la nappe avait été couverte du *violon*, sorte de cadre en bois traversé en tous sens par des cordes, et formant ainsi des triangles et des carrés réguliers dans lesquels on plaçait les assiettes, les verres et les bouteilles pour les empêcher de se renverser à chaque mouvement du navire.

Bientôt la nuit vint; chacun se retira dans sa cabine; j'étais resté sur le pont jusqu'à ce que la pluie me forçât de descendre. Je m'assis alors devant la table au-dessous de la trappe vitrée qui servait à aérer le salon, afin de respirer autant que possible l'air frais qui venait d'en haut. Je m'endormis bientôt, mais pour être réveillé quelques heures après par des cris et des lamentations; la pluie tombait à verse, le mouvement du navire avait augmenté, l'eau avait pénétré par les écoutilles de plusieurs cabines, et l'on entendait les gémissements des malheureux voyageurs qui, transis de froid et mouillés, ne savaient plus où se réfugier. Un demi-mètre d'eau se balançait d'un côté du pont à l'autre.

On peut se figurer l'état dans lequel se trouvaient, non-seulement les chevaux que nous avions embarqués, et qui à chaque mouvement du vaisseau étaient obligés de faire des efforts d'équilibre sur ce plancher glissant, mais encore les nombreux passagers installés sur le pont, où la traversée est moins chère. Une centaine de zouaves et de chasseurs d'Afrique revenant de la guerre d'Italie partageaient avec eux à la fois ce triste lit de planches dures qui tour à tour se dérobait sous leurs corps fatigués et les faisait rebondir par un choc violent, et ce double baptême que leur donnaient à l'envi les eaux du ciel et celles de l'abîme salé.

Au milieu de ce tumulte et de ces cris confus, on distinguait la voix du capitaine donnant des ordres, et celle des matelots qui exécutaient avec zèle et ensemble les manœuvres qu'il leur prescrivait pour la sûreté du navire. Soudain les cris devinrent plus sinistres; j'écoutai attentivement : je ne m'étais pas trompé, on venait de répéter le mot saisissant : « Une chaloupe à la mer; » et le cri plus fatal encore de : « Sauve qui peut. » Que faire ? je me levai, et, en me tenant aux parois des cabines pour ne pas tomber, je finis par atteindre la porte; il pleuvait à verse et je n'avais guère envie de me mouiller; la voix du capitaine dominait toujours les éléments en furie; je retournai tranquillement à ma place, et me rassis en attendant la suite du drame. En pareil cas, il vaut mieux ne pas trop se presser; dans tous les naufrages, les gens les plus impatients de se sauver ont ordinairement couru à leur perte; tandis que d'autres plus calmes et restés les derniers sur le navire ont pu souvent s'en tirer. D'ailleurs rien ne bougeait dans les cabines qui m'entouraient; personne n'en sortait. Évidemment le capitaine ne pouvait nous laisser périr sans nous prévenir à temps; j'attendis donc avec confiance qu'il vint nous appeler, et je finis par me rendormir.

Lorque je me réveillai, le jour commençait à poindre, la pluie avait cessé; le vent seul soufflait encore avec violence, et on en avait profité pour déployer les voiles; le roulis n'avait pas diminué; mais la clarté du jour succédant aux ténèbres de la nuit changeait complétement l'aspect des choses. En ce moment le bienheureux cri : « Terre ! » se fit entendre; je compris la joie des compagnons de Colomb à ce cri tant désiré, et me hâtai de monter sur le pont : on distinguait dans le lointain quelque chose comme un nuage gris, mais qui cependant avait des contours arrêtés et immobiles; c'était l'Afrique, cette Afrique que je souhaitais depuis si longtemps de voir.

Bientôt le soleil parut dans toute sa splendeur, et acheva de faire oublier cette affreuse nuit, en nous envoyant quelques-uns de ses chauds et bienfaisants rayons, bienvenus, certes, à cette heure.

Les passagers des cabines apparaissaient tour à tour attirés par ces deux grands consolateurs, le soleil et la terre, et chacun de raconter ses aventures de la nuit. Quelques-uns se plaignaient, et même au capitaine, de la mauvaise construction du bâtiment, à laquelle ils attribuaient le désagréable roulis qui continuait toujours; la plupart se moquaient d'un officier d'artillerie qui se lamentait plus fort que les autres, et avait même été parler en termes énergiques au général Desvaux, notre compagnon de route, des dangers que nous avions courus, et de l'insouciance de la Compagnie des Messageries impériales qui confiait son service à de pareils navires; c'était lui, et non un marin, qui avait poussé les cris d'alarme que j'avais entendus; on assurait que si la nuit avait duré quelques heures de plus, la frayeur l'aurait rendu fou. Le capitaine, avec ce flegme et cette habitude des obstacles imprévus qui caractérise les gens de mer, ne voulait pas nous dire l'heure à laquelle nous arriverions, il prétendait n'en rien savoir ; une fois cependant il parla de midi, si tout allait bien.

Vers dix heures le roulis diminua ; les montagnes apparaissaient distinctes ; le soleil nous chauffait et séchait les malheureux qui avaient passé la nuit sur le pont ; à midi nous étions arrivés dans la baie de Stora.

En face de nous, à droite, on voyait le blanc village de ce nom, port bien modeste de l'orgueilleuse cité de Philippeville, qui se déployait à gauche sur la côte pittoresque d'une mer trop peu profonde pour nous permettre d'approcher davantage. On jeta l'ancre. Pour moi je contemplais avec un naïf étonnement ces montagnes verdâtres et ce sol brun, presque surpris de les trouver semblables à nos montagnes d'Europe. Je ne sais pourquoi ; mais depuis le long temps que je désirais voir l'Afrique, je m'en étais fait une idée si ravissante ; l'imagination m'avait si bien familiarisé avec les rêves les plus étranges sur cette nouvelle terre promise, que j'étais confus et désappointé d'y trouver tout comme ailleurs, et de voir ainsi disparaître mes illusions.

La côte avait toutefois un air inculte et sauvage, quelque chose de primitif et d'inhospitalier qui indiquait que la civilisation n'avait pas encore passé par là, que la main de l'homme n'avait pas encore transformé la nature. Ainsi, et plus barbares encore devaient se présenter notre vieille Europe et nos riantes côtes de France aux premiers navigateurs phéniciens qui tentèrent d'y aborder et de s'y établir; et le temps n'est pas éloigné sans doute où la côte d'Afrique ne le cédera plus à nos rivages d'Europe les plus artistement embellis.

Cependant de nombreuses barques approchaient à force de rames; bientôt elles entourèrent le navire; elles étaient montées par des Maltais qui, nous accostant en mauvais français, nous demandaient par cris et par gestes, de leur donner la préférence pour nous conduire à terre.

Il n'était pas question d'aller par mer à Philippeville comme on le fait quand le temps est beau; les flots étaient trop agités et aucun Maltais n'osa se hasarder à m'y conduire.

Il fallut donc me décider à descendre à Stora pour y prendre la pittoresque route de terre de Philippeville, qui longe la côte pendant une lieue, en suivant tous ses contours. Mais d'abord je devais encore m'exercer à la patience. Après une légère attente, on avait donné aux mariniers maltais la permission de monter à bord pour prendre chacun les bagages respectifs des voyageurs qu'ils devaient transporter à terre.

Mais quel désordre! et quelle cohue! Quelques

matelots du navire tiraient du fond de cale les bagages et les plaçaient sur le pont ; toutefois la distribution ne devait pas avoir lieu avant que l'on eût tout monté, ce qui demanda une bonne heure. Pendant ce temps les Maltais ne cessaient de parler, de gesticuler et de vociférer, les voyageurs leur billet en main de réclamer leurs effets, les matelots de les refuser, les Maltais d'essayer de les saisir néanmoins pour faire plaisir aux voyageurs, ceux-ci de se plaindre et de s'impatienter, tous d'être profondément mécontents.

Pour surcroît de malheur la pluie recommença. Enfin le signal fut donné ; on fit avancer une barque ; deux matelots se placèrent au bas de l'escalier du navire, et, profitant chaque fois de l'instant rapide où la vague soulevant l'esquif l'amenait à leur portée, y lançaient comme un ballot le voyageur que ses rameurs maltais recevaient dans leurs bras vigoureux pour le remettre en équilibre. Dès qu'une barque avait reçu son contingent de passagers, elle s'éloignait pour faire place à une autre.

Ce fut bientôt mon tour, et je ne tardai pas à me trouver sans encombre assis sur le banc d'une embarcation que les vagues faisaient danser comme une coquille de noix. Un quart d'heure après j'étais à terre, sur la jetée de Stora qui est encore à l'état rudimentaire. Un conducteur de charrette insinuant s'empara de mes effets pour les mener à Philippeville, et moi-même je me mis en route à pied ; au bout de quelques instants je me trouvai dans le pauvre petit village de Stora qui ne se compose que de quelques maisons, la plupart affectées au commerce d'épicerie, ou au débit des boissons et du tabac.

En vain je cherchais quelque chose d'africain dans ce port de mer naissant où tout le monde parlait avec l'accent de Marseille, ou celui plus caractéristique encore du sud de l'Italie, où les femmes portaient la robe d'indienne, et les hommes la chemise et le pantalon bleus avec la ceinture rouge et le chapeau de paille; en vain je cherchais des Bédouins au cheval rapide, des Arabes à la démarche majestueuse, des Turcs fumant leur pipe : évidemment les indigènes avaient cédé la place aux Européens. Enfin, il me fut donné de voir quelques Arabes, car il eût été trop malheureux de débarquer dans leur pays sans même en apercevoir un vestige; mais qu'ils faisaient une triste figure, ces deux ou trois pauvres hères, aux jambes nues et sales, couverts d'un méchant burnous en haillons, et d'un capuchon attaché par une corde mince autour d'une tête si bien enveloppée qu'on voyait à peine leur figure remarquable par son expression hébétée! ce n'étaient pas là des hommes, c'étaient des bimanes.

Je continuai ma route en silence, et je fus bientôt rejoint par quelques-uns de mes compagnons du bateau à vapeur. En ce moment arrivait de Philippeville, à notre rencontre, une espèce d'omnibus ou de patache à six places. Nous pûmes nous y loger tous; la voiture rebroussa chemin, et je m'étonnai de la force en même temps que de l'agilité déployée pendant le trajet par les deux mauvaises haridelles qui nous conduisaient ; après avoir vu un échantillon des Arabes du pays, j'avais maintenant devant les yeux de vrais chevaux arabes, non pas choisis comme ceux que l'on rencontre en France, mais de l'espèce commune, ordinaire, de vraies rosses, en un mot, car il y en a même en Afrique.

II

Philippeville, les citernes romaines.

La route fort pittoresque longeait la montagne en suivant toutes les sinuosités du rivage; nous passâmes près du Vallon des Singes, où ces animaux, dit-on, se trouvent en grand nombre, et bientôt nous fîmes notre entrée à Philippeville. Je descendis à l'hôtel du Luxembourg; et comme je voulais aller à Bône par terre aussi promptement que possible afin d'y rejoindre le bateau à vapeur qui en partait le mercredi pour Tunis, on me dit qu'une diligence partait le lundi matin à neuf heures pour Jemmapes, où je pourrais trouver, soit un cabriolet, soit un cheval ou un mulet pour continuer ma route. Je me rendis au bureau, j'arrêtai ma place, et me dirigeai ensuite du côté des citernes romaines qu'on m'avait bien recommandé de visiter.

J'eus ainsi l'occasion de traverser la ville, qui fut loin de répondre à mon attente, quoiqu'elle ait relativement beaucoup grandi, quand on songe qu'il y a trente ans il n'existait à sa place que quelques ruines de l'ancienne Russicada.

A peine hors des murailles de la cité, on peut se faire une idée nette de la campagne africaine.

Je suivais un étroit sentier, traversant des champs et des jardins garnis d'une végétation peu soignée mais naturellement puissante. Des figuiers ordinaires et des figuiers de Barbarie, des cactus et des aloès gigantesques, des oliviers formaient le fond de ces groupes variés ; et des jeunes gens, européens d'après leur costume, cueillaient les fruits énormes qui partout y avaient poussé. A mes pieds s'étendait la ville dont on distinguait parfaitement les rues et les maisons ; à droite la mosquée et quelques maisons arabes groupées autour ; devant moi enfin, la mer immense et majestueuse, reflétant la clarté du soleil (car la pluie avait cessé depuis longtemps), et donnant à ce spectacle si intéressant, pour un étranger surtout, le complément sans pareil d'un horizon sans bornes, premier jalon de l'infini. Dans le lointain se balançait mollement notre bateau à vapeur ; à gauche Stora paraissait comme un ermitage blanc muré dans la montagne ; plus près, la jetée de Philippeville resplendissait de l'éclat mobile des lames qui venaient se briser avec fracas sur ses murs résistants.

Cependant je continuais à monter, passant avec curiosité devant quelques maisons arabes que j'examinais attentivement : architecture primitive, à peine du mortier pour maintenir les pierres superposées des murailles ; pas de meubles à l'intérieur ; seulement quelques nattes malpropres et quelques tapis en lambeaux ; des habitants également sales et déguenillés ; en un mot, un aspect plus repoussant qu'agréable. J'arrivai bientôt à la citerne et demandai la permission de la visiter; le gardien chercha ses clefs, et m'ouvrit, l'une après l'autre, les nombreuses portes qui faisaient le tour de cette massive construction de forme oblongue; elle se compose de plusieurs grands bassins ovales ou cylindriques, assez profonds, et parfaitement murés avec des briques et de la chaux hydraulique, sur les fondations et les ruines des anciennes citernes romaines qu'on avait trouvées assez bien conservées. Mon guide me fit remarquer les échos puissants de ces murs sonores, et une joyeuse société de Philippeville, qui se promenait par là, s'amusa beaucoup à les faire parler.

L'eau est amenée d'un réservoir situé à plusieurs kilomètres dans la montagne et alimenté par une source qu'on y a découverte; elle se conserve assez fraîche sous les épaisses voûtes qui recouvrent la citerne dont la longueur est d'à peu près trente mètres, avec une largeur et une profondeur proportionnées. Cette eau est la meilleure qu'on trouve à Philippeville.

Je redescendis du côté de la mosquée, je franchis la porte de la ville, qui est entourée de remparts peu redoutables, et me trouvai bientôt sur la grande route de Constantine. Après quelques instants de marche, j'arrivai devant la pépinière de l'administration ; j'entrai, et visitai avec soin ce jardin d'essai, où l'on voit dans toute sa puissance native, croissant en pleine terre, et sans autres soins que l'arrosage, cette végétation africaine à la séve vigoureuse, dont les échantillons embryonnaires cultivés à grands frais dans nos serres chaudes ne peuvent donner qu'une idée bien imparfaite.

Le soleil baissait à vue d'œil; je rentrai en ville, en passant d'abord à côté du caravansérail ou marché arabe situé à peu de distance hors des remparts, et servant surtout au commerce du blé avec les indigènes. Ces derniers s'y trouvaient en assez grand nombre avec leurs bêtes, mulets, chevaux et ânes, et se préparaient à retourner chez eux. Décidément, ce beau type arabe que je m'attendais à admirer ne me plaisait guère; haillons, saleté, paresse, c'est là ce que j'y remarquais de plus saillant.

Je vis avec plus de plaisir la caserne des spahis, où des hommes à l'air mâle et imposant, couverts de brillants burnous rouges, se tenaient assis en causant avec animation, ou bien faisaient manœuvrer adroitement dans la cour de beaux chevaux arabes. En rentrant à l'hôtel je visitai l'église de Philippeville, joli édifice tout neuf dans le goût byzantin, et bâti sur une place dont le milieu est orné d'une statue en marbre d'un personnage romain, trouvée dans les fouilles, et qu'on dit être celle de Caracalla.

Je gravis ensuite la petite éminence sur laquelle sont bâtis l'hôpital militaire et la Kasbah ou citadelle, avec ses vastes casernes. La vue était magnifique; d'un côté je dominais la ville entière, que je voyais s'élever insensiblement en amphithéâtre jusque près des citernes romaines d'où je venais, de l'autre je contemplais avec ravissement la côte éloignée de Stora, et la mer venant battre de ses vagues impétueuses les rochers du rivage. Le soleil couchant colorait de ses reflets changeants et mystérieux cette scène imposante qui revêtait successivement toutes les teintes du plus admirable arc-en-ciel. Nos couchers de soleil en Europe sont tristes et mornes à côté de ce spectacle; à peine pourrait-on lui comparer ce qu'on voit de pareil dans les Alpes, et près du Mont-Blanc ou du Mont-Rose.

Je restai longtemps dans une contemplation muette: enfin l'obscurité m'avertit qu'il était temps de quitter le sentier solitaire que j'avais suivi, et de rentrer. De retour à l'hôtel, j'eus le plaisir en dînant d'entendre les récits animés que faisaient à leurs camarades attablés avec eux les nombreux officiers récemment arrivés de la guerre d'Italie. Je descendis ensuite sur le quai où j'admirai encore à la clarté alternative du gaz et de la lune la mer écumante et ses flots bruyants ; puis je parcourus les différentes rues de la ville ; partout je voyais les gens assis tranquillement sur les trottoirs, humant à pleine poitrine l'air frais et embaumé du soir ; et comme c'était dimanche, les cafés et les cabarets étaient remplis ; de nombreuses salles de danse recevaient des flots pressés de valseurs et de valseuses, la plupart allemands. On a l'air de s'amuser beaucoup à Philippeville, et les guinguettes, surtout celles en plein air, m'ont paru aussi nombreuses que bien achalandées.

Du reste la ville en elle-même ne m'a guère plu.

A l'exception de la rue Impériale bâtie sur le plan de la rue de Rivoli avec des maisons à arcades, et de quelques autres bordées de beaux arbres, tout est mesquin avec un air prétentieux. La cité entière est tirée au cordeau, sans variété, sans rien de pittoresque ou d'inattendu : des maisons, des magasins d'assez belle apparence à l'extérieur, mais inachevés, mal entretenus, mal habités, un vrai luxe de clinquant. Les Arabes d'ailleurs se moquent beaucoup des rues droites et larges des Français, et trouvent bien préférables leurs ruelles étroites et tortueuses, où l'on est à l'abri du soleil et de la chaleur, aussi bien que du vent et de la poussière ; sous ce rapport on a bien fait de construire des arcades dans les voies principales ; elles conservent un peu de fraîcheur pendant les grandes chaleurs de l'été.

Quoi qu'il en soit, Philippeville sert de port à la cité riche et commerçante de Constantine, et sa prospérité ne pourra que grandir chaque jour davantage. Une fois que les deux villes seront reliées par le chemin de fer qui est en projet, le commerce de Philippeville pourra devenir très-considérable ; et cette heureuse cité servira d'entrepôt à presque toute la province. Il est probable qu'alors sa population sera plus en rapport avec le luxe prématuré de son architecture ; car celui-ci paraît assez déplacé pour les rouliers, les portefaix et autres gens de cette espèce qui y sont aujourd'hui en nombre dominant.

Ce qui m'a peut-être le plus contrarié, c'est d'y voir si peu d'Arabes, et surtout de trouver si misérables et si déguenillés ceux que j'y voyais; ils avaient l'air de vrais bandits, et instinctivement je m'écartais pour les laisser passer.

III

De Philippeville à Jemmapes; le lion.

Le lundi matin je me levai de bonne heure; je gravis encore une fois la hauteur de la Kasbah, et me donnai le plaisir de voir éclairé par le soleil du matin le beau spectacle de la mer et des côtes que j'avais tant admiré la veille au soir.

A neuf heures, j'étais rendu au bureau de la diligence, et après une attente assez longue tout fut prêt pour le départ.

Décidément, pour mon arrivée en Afrique, je devais passer de déception en déception. On m'avait parlé d'une diligence; je vis devant moi une mauvaise patache, sans doute achetée de rencontre dans quelque bourgade de France; couverte, il est vrai, ce qui était bien quelque chose en présence de la pluie qui commençait à tomber, mais du reste disloquée, et ouverte à tous les vents; les fenêtres avaient disparu ainsi que les rideaux; de sorte que la pluie entrant par les côtés avait mouillé les coussins antédiluviens qui garnissaient les bancs. Trois méchantes haridelles efflanquées, mais indigènes, avaient été attelées à ce coche du bon vieux temps, dont les passagers n'étaient pas moins caractéristiques.

Le premier était un jeune Français employé dans une des grandes exploitations de liége des environs, où il avait sous sa direction de nombreux ouvriers kabyles; ceux-ci, après que le travail est terminé s'en retournent chez eux avec le petit pécule qu'ils ont amassé, pour revenir l'année suivante au moment convenable, comme le font chez nous les savoyards ou les limousins. Le pauvre garçon souffrait de la fièvre et parlait peu; il allait voir ses parents colons à Jemmapes. A côté de lui se trouvait un autre Français d'environ trente-cinq ans, à l'aspect mâle et énergique, grand chasseur du reste, et portant avec lui un fusil à deux coups; un vrai pionnier, en un mot, tel qu'on se représente Bas-de-Cuir ou l'un de ses successeurs; il cultivait une concession qu'il avait obtenue près de Jemmapes. Mon troisième compagnon, jeune Maure, habillé à l'européenne, très-bavard d'ailleurs, et journalier ou commissionnaire de son état, était le type des indigènes que nous avons transformés en les civilisant, leur donnant tous nos vices, sans pouvoir leur communiquer nos qualités; il parlait avec complaisance du cabaret où il allait s'enivrer d'habitude en compagnie d'Européens, du billard, des cartes, etc.; il avait adopté nos jurons les plus énergiques et les employait très à propos pour donner plus de force à son langage tout à fait provençal d'accent et d'expressions.

Nous eûmes bientôt fait connaissance, et mes compagnons de route me donnèrent des renseignements fort intéressants sur Philippeville et ses environs. Nous suivions la grande route de Constantine, qui est large, bien entretenue, bordée de distance en distance de petites huttes en feuillage qui servent aux cantonniers pour les mettre à l'abri du soleil et de la pluie, mais qui dans l'origine avaient abrité des gardes de nuit arabes, chargés de veiller à la sûreté de la route et de recueillir les voyageurs attardés pour les faire coucher à côté d'eux, et les préserver ainsi des nombreux vols et assassinats qui se commettaient alors tous les jours.

Je pus me faire une idée de l'importance du commerce qui lie Constantine et Philippeville par les files de grosses charrettes que nous rencontrions à chaque instant, conduites par des rouliers français, attelées de forts chevaux arabes semblables à nos percherons ou de mulets vigoureux, et chargées les unes de tonneaux de vin ou de liqueurs, les autres de blé ou de fruits; et par les nombreuses caravanes de chameaux occupées aussi à ces transports sous la direction de guides arabes, et formant, pour ainsi dire, le roulage autochthone du pays. Je ne parle pas des indigènes qui parcouraient la route en tous sens dans leurs burnous blanc sale, les uns à pied, les autres à cheval ou bien à dos d'âne ou de mulet, mais tous chargés de provisions destinées à la consommation de Philippeville; parmi eux se trouvaient quelquefois des femmes aussi misérablement vêtues que les hommes, mais ayant, contre mon attente, la figure découverte; le voile n'est en usage que chez les femmes des villes.

Nous montions à pied une côte peu élevée pour

soulager nos chevaux, lorsque soudain le plus âgé de mes compagnons, celui que j'ai comparé à un pionnier, nous appela d'un air à la fois satisfait et confidentiel; il s'était arrêté et examinait quelque chose à terre; à notre arrivée il nous montra qu'il avait découvert sur le sable humide de la route la trace d'un lion; on voyait distinctement, et comme gravé dans le sable, ce large pied avec ses gros doigts puissants; les mêmes marques se continuaient, et nous pûmes suivre longtemps ces indices peu rassurants qui dataient de la nuit; ils garnissaient le bord de la route pendant plus d'un kilomètre, et se perdaient ensuite dans le fourré.

A part un instant d'émotion, j'étais enchanté de la chance heureuse qui le premier jour de mon entrée dans le pays me faisait faire une rencontre si véritablement africaine, quoique peu dangereuse au fond. Le lion est, en effet, beaucoup moins redoutable qu'on ne pense; il ne sort guère des forêts et ne se met en chasse que la nuit; à moins d'être affamé il n'attaque jamais l'homme sans provocation; celui-ci, s'il a l'avantage de faire sa rencontre et s'il ne se soucie pas de le combattre, n'a rien de mieux à faire que de rebrousser chemin ou de passer au large. On raconte que lorsque l'Arabe se trouve à l'improviste en face du roi des animaux et ne peut l'éviter, il entame la conversation avec lui, le flatte, lui cause amicalement; et l'on assure que plus d'une fois en pareil cas le lion, après avoir marché quelque temps côte à côte avec l'homme, l'a quitté sans lui faire de mal. On dit même qu'un jour une pauvre négresse, qui ne possédait pour tout bien qu'une chèvre, la vit emporter par un lion; la malheureuse créature, hors d'elle-même, poursuit le ravisseur, l'accable d'imprécations, lui rappelle la noblesse de caractère qui fait sa gloire, l'accuse de lâcheté, lui qui dépouille de son unique fortune une misérable femme, tandis qu'il pourrait si facilement se procurer du gibier de la forêt. Le lion, paraît-il, fut sensible aux reproches; il eut honte d'une conduite aussi peu digne, et lâcha la chèvre que la négresse emporta triomphalement, tandis qu'il s'éloignait de son pas grave et majestueux. Le colon qui nous avait montré ces traces intéressantes me dit qu'il avait souvent aperçu le lion de loin, mais sans jamais avoir été attaqué; et le jeune Maure qui nous accompagnait nous raconta qu'un jour il se dirigeait vers une source pour y aller boire, lorsqu'il aperçut un lion couché à côté de l'eau. Le monstre, en l'apercevant, souleva lentement sa tête massive, ouvrit une gueule menaçante, et remua une patte; notre ami n'eut rien de plus pressé que de faire un demi-tour à gauche et de s'éloigner, pendant que l'animal se recouchait tranquillement. Aussi le gouvernement ne donne-t-il qu'une prime de cinquante francs à celui qui tue un lion, tandis que la prime est de cent francs pour la panthère, bête bien plus dangereuse parce qu'elle attaque l'homme sans y être poussée par la faim, et le plus souvent traîtreusement, par exemple en s'élançant sur lui, du haut d'un arbre d'où elle le guettait à son insu. Si le lion est peu redoutable pour celui qui évite de le provoquer, malheur au contraire à l'imprudent qui ose s'attaquer au roi des animaux, s'il n'a pas la chance de le tuer du premier coup; le lion blessé devient terrible. Mon compagnon me raconta que dernièrement un homme des environs de Philippeville ayant reconnu les traces d'un lion voulut lui donner la chasse; un officier de zouaves qui se trouvait là avec sa compagnie eut beau insister pour le faire accompagner par dix de ses hommes; l'intrépide chasseur refusa, partit seul, rejoignit le lion, se mit en embuscade et tira. La bête blessée mortellement roula à terre : l'homme, impatient de jouir de son triomphe, éleva doucement la tête au-dessus du fourré qui le cachait pour voir sa victime. Le lion l'aperçut; rassemblant ses dernières forces, il s'élança d'un seul bond sur son ennemi, et lui donna dans le dos un coup de patte qui le fit voler à dix pas. Les griffes avaient pénétré dans le foie, et le malheureux chasseur, transporté à l'hôpital, mourut après trois jours de souffrances atroces. Le lion fut trouvé mort dans un taillis voisin.

Ce n'est pas sans raison que ce noble et majestueux animal a reçu de l'homme le nom de roi des animaux; tous le craignent et s'enfuient à son approche. Qu'un cheval ou un mulet l'entende rugir, ou même sente seulement son odeur, il devient impossible de le retenir; il se sauve à toute vitesse, à travers ravins et fossés, sans savoir où il va; cela peut devenir dangereux pour le cavalier, qui, en pareil cas, n'a rien de mieux à faire que de mettre pied à terre, si le lion est près ; car celui-ci attaquera toujours la bête de préférence à l'homme. Les chevaux même de la diligence de Philippeville à Constantine donnent souvent bien du tracas au conducteur, qui, s'il devine la présence d'un lion, ou entend son rugissement, s'empresse de frapper son attelage à coups de fouet redoublés pour détourner son attention.

Après avoir traversé quelques villages européens d'un aspect assez misérable, nous arrivâmes au relai de Saint-Charles, point de bifurcation des deux routes de Constantine et de Jemmapes. Quelques Arabes habitent les environs ; ils ne sont vêtus que d'une chemise de toile et d'un burnous en laine pour la couvrir, le tout blanc sale et déchiré. Cependant, sous ces haillons, ils ont un air de dignité qui me frappa. Deux d'entre eux s'aperçurent à vingt pas de distance ; chacun fit un pas en avant, puis ils s'approchèrent lentement l'un de l'autre, s'embrassèrent trois fois sur la même joue, se serrèrent la main en se disant *selam alek* (la paix soit avec toi), et en s'adressant tour à tour une interminable série de compliments et de questions sur leurs parents, leurs familles, etc. ; cela fait, ils se serrèrent de nouveau la main, se la baisant à tour de rôle, se saluèrent, puis s'éloignèrent à pas *comptés*, paresseusement, en se renfermant plus que jamais dans leur majestueuse gravité. Ils étaient beaux alors, mais d'une beauté antique, classique, beaux comme des patriarches.

De tous les Arabes que j'ai pu voir jusqu'à présent, aucun ne se hâtait, aucun ne paraissait seulement pressé; ces gens-là ne connaissent pas le prix du temps, cet indice certain de la civilisation d'un peuple. Tous allaient gravement et lentement leur chemin, à pied, à cheval, à dos de mulet ou d'âne ; ils parlaient peu, semblaient penser moins encore ; un air apathique, indifférent, j'aurais presque dit abruti, si ce mot ne contrastait singulièrement avec ces belles figures majestueuses, avec ces gestes et cette démarche calmes et dignes. A tout prendre, au fond, je n'avais devant moi que la classe inférieure de la population, et si j'avais mis à côté de l'un de ces fils d'Ismaël, de ces portraits vivants de ce que furent Abraham et ses contemporains, l'un de nos paysans lourds et gauches, en sabots et en habits étriqués et trop courts, ou l'un de nos prolétaires des villes à la figure stupide et à la tenue négligée et embarrassée, je laisse à penser de quel côté se serait trouvé l'avantage ; un artiste ou un poëte n'eût certes pas hésité.

Cependant nous étions remontés en voiture ; il faisait toujours froid, et la pluie recommençait par instants. Nous traversions des contrées assez pittoresques, mais présentant déjà les caractères distinctifs de la campagne africaine, des plaines assez larges, bordées de montagnes peu élevées et en général nues ; car le blé, qu'on n'y cultive d'ailleurs pas tous les ans ni partout, était moissonné depuis longtemps ; et les riches pâturages qui couvrent les jachères avaient été, comme d'habitude, desséchés par les fortes chaleurs de l'été. Quelquefois de minces forêts de chênes-liéges venaient rompre cette monotonie et reposer les yeux par un peu de verdure ; de temps en temps j'apercevais de maigres troupeaux de bœufs rabougris, quelquefois de chèvres ou de moutons, gardés par de pauvres diables d'Arabes couchés à l'ombre d'un arbre ou sous leur tente, ou bien encore quelque *gourbi*, hutte grossière en branchages recouverts de terre, et qui paraît une demeure princière aux habitants de ces contrées primitives. Souvent un certain nombre de ces gourbis se trouvaient réunis sur un même point, et constituaient alors un village arabe ou *douar*, généralement entouré d'une épaisse ceinture de pastèques, de figuiers de Barbarie (arbuste de la famille des cactus, à feuilles épaisses et garnies de piquants), qui formaient comme une muraille naturelle contre les attaques du dehors, et d'ailleurs une décoration très-originale par sa forme, et sa coloration vert intense.

Bientôt nous vîmes se détacher gaiement sur la terre rougeâtre un blanc village : c'était Jemmapes ; il était trois heures à notre arrivée ; le marché venait de finir ; mais on y voyait encore une foule d'Arabes venus pour acheter ou vendre, et prêts à repartir pour leurs douars de la montagne. Je me mis immédiatement en quête d'un cheval pour me transporter encore le soir même au caravansérail d'Aïn-Mokhra où je voulais coucher. Tout le monde me dissuada de partir, sous prétexte qu'il était déjà trop tard ; on ajoutait que je ferais mieux de passer la nuit à Jemmapes et qu'avec un cabriolet même je n'arriverais pas à Aïn-Mokbra avant neuf heures du soir, la distance étant d'une douzaine de lieues. Il n'y avait pas de temps à perdre en hésitations; d'ailleurs je devais faire en sorte de ne pas manquer le bateau à vapeur de Tunis : je demandai donc un cabriolet qu'on me loua pour un prix exorbitant, et pendant qu'on attelait je goûtai à la hâte quelques raisins du pays; car je n'avais encore rien pris de la journée, qu'une tasse de café à Philippeville.

Ces raisins, fort bons, étaient vraiment énormes. Il paraît, du reste, que la fertilité est extraordinaire à Jemmapes : on m'a assuré que dans les jardins, en arrosant convenablement les arbres fruitiers, on pouvait leur faire produire du fruit deux fois par an.

IV

De Jemmapes à Bône; Aïn-Mokhra; une nuit à la belle étoile; le lac de Fetzara.

Cependant le cabriolet était prêt; il était petit, découvert, à deux roues, assez primitif d'aspect, et attelé d'un bon petit cheval arabe. Le cocher qui m'accompagnait avait été conducteur de diligence à Nancy; il était en Afrique depuis trois ans, et maudissait cordialement cette belle contrée, où il avait eu presque constamment la fièvre, et tout récemment encore : il était à peine sorti de l'hôpital depuis trois jours. Son premier maître, qui l'avait fait venir de France, l'avait renvoyé sans le payer au bout de six mois de service, ce qui n'avait pas contribué à l'encourager.

« L'Afrique, me disait-il, est un beau pays pour quelqu'un qui se porte bien, et où il y a de l'argent à gagner : mais pour moi c'est fini ; je n'attends pour partir que le temps d'amasser la somme nécessaire au voyage, puis je retournerai en France et j'irai me fixer à Paris. » Il me parlait, du reste, avec enthousiasme de Jemmapes, de sa belle végétation, de ses magnifiques récoltes, et me disait que presque tous les colons du village avaient prospéré. En outre on trouve de belles chasses dans les environs, et son maître avait tué une panthère, il n'y avait pas encore huit jours. Dans la montagne, des compagnies françaises possèdent et dirigent de grandes exploitations de liége ; mais les *tribus* arabes, ou plutôt les *tribunes,* comme disait mon guide, dont l'éducation littéraire n'avait pas été très-soignée, étaient très-remuantes, et il n'était pas prudent de s'y aventurer. Un Français risquait, la nuit, d'y être assassiné, et pour plus de sûreté on avait rendu les tribus responsables des attentats qui s'y commettaient.

« A Milah, ajoutait-il, où j'étais il y a quelques semaines, les ouvriers kabyles qui étaient occupés à faire la récolte pour les colons refusèrent de travailler, et, réunis à ceux de la montagne, ils tentèrent, au nombre de plusieurs milliers, de brûler les villages européens : il fallut l'arrivée des troupes françaises pour réprimer cette insurrection naissante. »

Vers six heures, nous avions fait environ la moitié du chemin; mais le jour baissait rapidement; et le cocher, qui depuis quelque temps devenait de plus en plus sombre et inquiet, commença à se reprocher vivement la précipitation qu'il avait mise à quitter Jemmapes, et l'imprudence qu'il avait eue de n'emporter ni provisions ni armes. Je lui dis que j'avais avec moi un revolver à six coups; il m'engagea à le charger aussitôt, et n'eut de repos que lorsque cette précaution fut prise.

Alors vint la nuit close, sans autre clarté que celle des étoiles : il n'était pourtant pas encore sept heures; nous prîmes un chemin de traverse qui abrégeait d'environ une lieue, d'autant plus que la grande route, encore en construction, que nous avions suivie jusque-là, allait tout à l'heure s'engager dans une épaisse forêt habitée par des bêtes féroces dont mon cocher semblait avoir une crainte plus que respectueuse. Mais ce chemin même que nous suivions, parfois il nous arrivait de ne plus l'apercevoir; il fallait alors continuer tout doucement et en tâtonnant, jusqu'à ce que des indices un peu certains nous eussent assurés que nous étions sur la bonne route.

Nous étions devenus silencieux : chacun était absorbé par ses réflexions; le cocher découragé était tombé dans une espèce d'apathie dont il ne se réveillait de temps en temps que pour se lamenter, et se venger ensuite de son dépit sur son pauvre cheval auquel il assénait un grand coup de fouet accompagné d'un juron énergique; moi, j'éprouvais une émotion profonde et qui n'était pas sans charme ; le cœur me battait violemment, le sang circulait dans mes veines avec une activité, une chaleur qui m'empêchait seule de ressentir la fraîcheur de la nuit ; tout mon être était en proie à une surexcitation extraordinaire, mes pensées se suivaient et se renouvelaient avec la rapidité de l'éclair ; je me sentais vivre, je vivais plus en une minute que d'ordinaire en une heure, si la vie peut se compter par les sentiments et les jouissances qu'on éprouve, par leur nombre et leur intensité. Tout me disait que les heures que je passais ainsi resteraient longtemps gravées dans ma mémoire, et je goûtais déjà par anticipation les joies du souvenir.

Un silence solennel régnait dans cette vaste plaine, bornée d'un seul côté par des montagnes peu élevées, de l'autre allant se perdre dans l'infini de l'horizon, et n'offrant à l'œil d'autres limites que celles que lui oppose la rotondité de la terre. Sur cette base immense reposait comme un dôme gigantesque l'imposant ciel d'Afrique, sombre malgré les étoiles qui scintillaient dans ses profondeurs ; la voie lactée même semblait avoir perdu son éclatante blancheur ; on eût dit qu'un voile la couvrait ; la nature entière paraissait triste et rêveuse, comme si elle eût porté le deuil de la lune absente ; en vain mes yeux cherchaient-ils à percer cette obscurité mystérieuse ; tout était noir autour de nous. Parfois seulement un cri rauque se faisait entendre, puis des battements d'ailes, et je voyais passer, comme une flèche au-dessus de nos têtes, la forme sombre et indécise d'un aigle ou d'un vautour qui fondait sur sa proie. Par moments, c'étaient des sons plus gais, les accords lointains de la musique arabe, les fifres et les tamtams accompagnant les joyeux divertissements des habitants d'un douar, dont quelques points lumineux indiquaient l'emplacement sur le bord de la montagne. Bientôt ces derniers bruits disparurent; l'heure du sommeil était venue.

Cependant nous nous rapprochions sensiblement des montagnes; alors ce fut le tour d'un autre sabbat; chaque douar était assiégé par une troupe de chacals affamés dont on distinguait le glapissement plaintif, couvert au centuple par les aboiements acharnés et bruyants des chiens arabes, veillant à la sûreté des gourbis, et livrant bataille à ces maraudeurs nocturnes.

Tout à coup le cocher fit arrêter son cheval; « Nous ne sommes plus sur le chemin, » dit-il; et il descendit pour explorer les lieux, mais ne trouva pas les traces qu'il cherchait. Que faire? nous n'avions guère d'autre ressource que de nous diriger vers un douar, d'y pénétrer au risque d'être pris pour des voleurs, et de voir tomber sur nous les chiens d'abord, les Arabes ensuite; puis d'y demander l'hospitalité si du moins nous parvenions à nous faire comprendre, car aucun de nous deux ne parlait l'arabe couramment. Cette perspective ne nous souriait guère; nous prîmes donc le parti de continuer à avancer à tout hasard, car nous étions si bien égarés que nous ne nous serions pas mieux retrouvés en rebroussant chemin.

Nous errions ainsi depuis une heure environ, lorsque soudain, ô bonheur! une ligne transversale se dessina devant nous; c'était la grande route, encore inachevée, mais qui, si elle n'était pas viable partout, devait pourtant nous empêcher de nous égarer.

Il y eut encore un bout de forêt à traverser; mon guide était inquiet et me parlait des bêtes féroces. Mais tout se passa bien, et à dix heures un quart nous étions arrivés devant le caravansérail d'Aïn-Mokhra.

C'était une vaste enceinte entourée de murs et contenant divers bâtiments peu élevés. Mon cocher descendit de voiture, alla frapper à la porte et appela : pas de réponse. Il fit plus de bruit : même silence.

« Je commence à croire qu'on ne veut pas nous ouvrir, me dit-il, et que nous serons obligés de coucher à la belle étoile, sans souper. »

Je descendis à mon tour du cabriolet; nous allâmes tous deux frapper à la porte et crier. Cette fois on avait entendu; car trois chiens sortant de dessous la porte cochère s'élancèrent avec fureur sur nous; ce fut à peine si nous eûmes le temps de nous mettre en défense pour nous débarrasser de ces hôtes peu bienveillants qui, devant nos menaces et nos coups, ne tardèrent pas à rentrer par où ils étaient venus.

Nous recommencions à appeler, lorsque soudain le cri de « Qui vive? » se fit entendre derrière nous. « Ami » fut notre réponse. Nous aperçûmes alors à quelque distance une centaine de soldats du train qui campaient là, dormant sous leurs tentes, avec une cinquantaine de mulets de somme couchés devant eux. La sentinelle nous dit qu'elle doutait qu'on nous ouvrît, la maîtresse du logis étant peu avenante, et n'ayant cédé qu'à la force pour leur donner à eux-mêmes le fourrage dont ils avaient besoin pour leurs bêtes. Plusieurs nouvelles tentatives de notre part furent en effet infructueuses, et n'eurent pour résultats que des attaques réitérées de la part des chiens. Nous étions réduits à bivouaquer en plein air sans même avoir la tente du soldat. Que sa ration de vivres nous eût paru douce en ce moment pour calmer notre faim et notre soif! Pour nous-mêmes, nous pouvions encore nous résigner assez facilement; mais notre cheval avait fait douze lieues sans boire ni manger; et quelque sobre que soit le cheval arabe, il n'est pourtant pas encore arrivé à ce degré idéal où l'on peut se passer de nourriture. Enfin nous aperçûmes non loin du caravansérail deux gigantesques meules de paille, destinées, sans doute, au service de l'armée, et entourées par en bas de ronces à piquants qui devaient les défendre contre les attaques du bétail. Un instant après nous y étions ; le cocher enleva quelques ronces, arracha quelques touffes de paille et les donna à son cheval affamé. Puis il le détela, prit les coussins de la voiture et les couvertures, se coucha sur les uns et s'enveloppa des autres. Je le laissai faire, car il sortait de l'hôpital et craignait le retour de la fièvre; mais il ne me restait rien pour moi-même,

Je pris alors ma valise, j'en tirai mes habits de rechange et je les passai tant bien que mal par-dessus ceux que j'avais déjà mis, pour me préserver du froid. Ainsi affublé, j'escaladai les ronces qui fléchissaient sous moi, et dont les piquants acérés traversaient mes vêtements jusqu'à l'épiderme; je me creusai un trou dans la paroi verticale de la meule, je m'y logeai avec ma valise, et me couvris entièrement de paille pour être à l'abri de la rosée. J'examinai si ma bourse était bien à sa place, je m'enveloppai la figure d'un foulard, j'en enroulai deux autres autour de mes bras entre les gants et les manches, pour me préserver des moustiques qui s'en donnaient à cœur joie sur ma peau européenne, et je fermai les yeux, la main droite sur mon revolver; car définitivement j'étais seul, je ne connaissais pas même mon cocher et ne savais jusqu'à quel point je pouvais me fier à lui.

On conçoit que mon sommeil ne fut pas profond. J'entendais sans cesse tantôt sur un point, tantôt sur un autre, les aboiements des chiens de tous les douars de la montagne, auxquels répondaient dans leur langue peu harmonieuse les chacals et les hyènes dont mon guide m'avait appris à distinguer la voix.

J'étais dans cet état de paresse vague intermédiaire entre la veille et le sommeil, qui est propre à un esprit inquiet dans un corps fatigué, lorsque soudain mon attention fut éveillée par un léger mouvement qui se faisait à quelque distance; c'était comme le frôlement d'un serpent dans les herbes, ou comme un bruit de pas ou de mâchoires, qui s'approchait insensiblement ; je sortais peu à peu de mon apathie pour écouter avec une curiosité de plus en plus inquiète ; tout à coup les ronces frémirent, un corps dur et pointu vint me chatouiller la jambe. Ouvrir les yeux, arracher le foulard qui les couvrait, tirer mon pistolet et l'armer fut pour moi l'affaire d'une seconde. J'avais aperçu mon adversaire, et j'allais lâcher le coup, lorsque je reconnus que c'était..... une paisible vache qui s'était avancée peu à peu en broutant ; elle avait trouvé sans doute à son goût le fourrage, où j'étais à peu près logé comme, dans son fromage de Hollande, le rat de La Fontaine, dû au spirituel crayon de Grandville ; et bien involontairement sa corne s'était fourvoyée dans mon mollet. Mes instincts guerriers disparurent comme par enchantement ; je remis mon revolver dans ma ceinture, et m'armant de la perche qui m'avait aidé à grimper à mon domicile, j'en menaçai la pauvre bête qui s'éloigna en toute hâte.

La lune qui s'était levée sur ces entrefaites éclairait de sa pâle lumière cette scène tragique ; mon cocher, qui s'était à son tour réveillé au bruit, recommença ses lamentations et ses jérémiades ; puis chacun se recoucha et se rendormit de son mieux. Bientôt les montagnes voisines nous renvoyèrent un concert d'une autre espèce ; les chiens fatigués avaient fini par se taire ; le tour des coqs était venu, et le matinal gallinacé annonçait partout de sa voix la plus fraîche et la plus animée la prochaine approche du jour. On commençait aussi à entendre du mouvement parmi les soldats campés dans notre voisinage; il était trois heures du matin.

« Ce sont les soldats qui probablement préparent leur café, me dit mon guide; peut-être bien qu'ils consentiraient à partager avec nous. »

Je l'envoyai voir. Il revint bientôt, en me disant que les troupiers nous offraient la plus gracieuse hospitalité.

Je franchis à la hâte ma barrière d'épines, et me dirigeai avec le cocher vers ces braves gens qui avaient déjà mis à part une miche de pain blanc et frais, et une gamelle à notre usage. Ils avaient allumé un bon feu et y avaient fait cuire leur café, qui, largement assaisonné de sucre, était réellement fort bon et faisait passer sa chaleur dans nos membres engourdis par le froid; je savourais avec un plaisir infini de larges tranches de pain que j'y faisais tremper; et ce modeste déjeuner me paraissait d'autant plus délicieux qu'il succédait à un jeûne forcé de près de vingt-quatre heures.

Les soldats me firent ensuite place à côté du feu, et je me chauffai tout en devisant avec eux. Ils étaient huit, ayant entre eux une tente et des ustensiles de cuisine en commun; la compagnie entière est ainsi divisée par tentes, et je voyais plus loin les autres détachements occupés également à cuire leur déjeuner. Mes camarades étaient des jeunes gens de bonne mine, gais, et parlant avec un accent gascon très-prononcé.

« C'est le café, me disaient-ils, qui nous soutient en Afrique; nous en buvons souvent jusqu'à six fois par jour. »

Je payai généreusement leur hospitalité au caporal du groupe, qui me répondit qu'ils ne manqueraient pas de boire à ma santé, mais que du reste j'aurais mieux fait de ne rien leur donner, parce que mon argent les rendrait malheureux.

« Voyez-vous, disait-il en riant, quand nous avons de l'argent, nous avons toujours soif, tandis que quand la bourse est vide nous n'avons besoin de rien. »

Bientôt après le clairon sonna; la compagnie entière se leva, se mit à plier ses tentes et à charger ses mulets. La tente de l'officier contenait un lit; il avait d'ailleurs un fort beau cheval arabe. Je regardai avec intérêt la manière dont se faisaient ces préparatifs, jusqu'au moment où mon cocher qui avait attelé sa voiture vint m'appeler pour nous mettre en route. Il était quatre heures du matin, et j'avais plaisir à voir à la clarté de la lune blafarde s'agiter cette fourmilière humaine. Je quittai non sans regret ces braves troupiers, et un instant après nous arrivions au bord du lac Fetzara que nous devions côtoyer pendant plusieurs heures, et qui est célèbre par la quantité de gibier, surtout aquatique, qu'il renferme. En effet, dès que le soleil fut levé, tout le paysage prit une teinte enchanteresse, et j'aperçus des poules d'eau, des sarcelles, des canards sauvages nageant et volant sur le lac par troupes entières, pour disparaître ensuite dans les buissons.

Nous marchions d'un bon train à la clarté du jour; notre cheval lancé au galop franchissait sans broncher les ravins et les inégalités de la route, là où un cheval d'Europe se serait cent fois brisé les jambes; mais les secousses étaient rudes, et j'en étais tout meurtri, lorsque soudain un choc plus fort que les autres arrêta subitement notre véhicule et nous renversa sur le côté; une des roues s'était détachée et roulait au loin, mais sans autre accident pour nous que quelques légères contusions; j'aidai au cocher à la remettre en place (fort heureusement il avait avec lui un petit marteau, des clous et des cordes); et pendant qu'il l'assujettissait, je longeai le lac à pied, non sans regretter vivement de n'avoir pas de fusil de chasse. J'essayai de me servir de mon revolver; les oiseaux étaient si pacifiques qu'ils se détournaient à peine en voyant la balle ricocher dans l'eau; et après plusieurs essais infructueux, j'atteignis une grèbe qui n'était qu'à cent pas de moi. Un jeune Arabe qui passait se jeta à l'eau pour me chercher ma victime dont je lui fis cadeau. Les indigènes ont l'habitude de servir ainsi de chiens de chasse aux voyageurs.

Cependant nous étions remontés en voiture, et nous étions de nouveau lancés à toute vitesse, lorsque ma curiosité fut attirée par des espèces d'excroissances grises que j'apercevais sur un rocher à quelque distance devant nous. Étaient-ce des têtes de chameaux ou des troncs d'arbres ? En approchant de plus près, je vis que j'avais affaire à une trentaine de vautours gris perchés immobiles sur un rocher; le cadavre d'un cheval mort que je découvris un peu plus loin sur la route m'expliqua leur présence. Ils nous avaient aperçus, et sur un signal donné par l'un d'eux, la troupe entière s'envola vers un rocher voisin.

Le chemin que nous suivions s'animait de plus en plus; nous rencontrions de nombreux Arabes, tous de tournure assez misérable, montés sur de mauvais chevaux ou des mulets chargés de provisions. Parfois ils étaient deux sur la même bête, ce qui ne laissait pas de produire un effet assez singulier. Du reste, ils passaient paisiblement à côté de nous, n'ayant rien de l'air farouche et ennemi que je m'attendais, je ne sais pourquoi, à trouver chez les Bédouins à l'égard des Français. Au contraire, sur notre demande, ils nous indiquaient très-poliment notre chemin. Plusieurs d'entre eux, richement habillés, couverts de burnous rouges, et montant de beaux chevaux dont la selle et la bride étaient brodées d'or, nous répondirent en français; c'étaient des chefs de tribus.

Le soleil commençait à devenir très-ardent, quoiqu'il fût à peine sept heures du matin, et je fus obligé, pour me préserver la figure d'un coup de soleil, de m'envelopper la tête d'un mouchoir. Le paysage devenait extrêmement pittoresque; l'herbe et la verdure avaient succédé à la terre aride et blanchâtre et reposaient mes yeux fatigués de cette lumière excessive. Des ruines romaines dispersées çà et là complétaient ce poétique tableau; et de jeunes Arabes paissant leurs troupeaux à l'ombre de ces vieux témoins d'une civilisation disparue, achevaient de leur donner l'aspect classique des ruines de Ninive, de Babylone ou de Palmyre, que la peinture et la gravure ont souvent reproduites.

Plus loin, et comme pour faire contraste avec ces débris du passé, une locomotive conduisant plusieurs wagons chargés s'avançait lentement sur un chemin de fer appartenant à l'industrie privée, le plus ancien, ou, pour mieux dire, le seul de l'Algérie. Il sert à transporter aux fonderies, aujourd'hui prospères, de l'Alelik, près de Bône, les riches minerais de fer qu'on extrait des montagnes voisines.

V

Bône; son commerce, ses habitants; les Mozabites; la statue de saint Augustin.

Enfin j'aperçus la riante ville de Bône se détachant en blanc sur les crêtes des collines : d'un côté la cité elle-même avec un bel aqueduc qui lui apporte l'eau pure de la montagne, de l'autre, la Kasbah, ou citadelle, et plusieurs forts échelonnés sur différents sommets. Les bords de la route se couvraient d'une riche végétation, figuiers de Barbarie, bananiers, oliviers, mûriers, figuiers d'Europe; et près de nous coulaient paisiblement les eaux tranquilles de la rivière Boudjéma.

Après avoir traversé les deux portes de la ville (car en dehors de l'ancienne enceinte on en a fait une nouvelle plus étendue), nous arrivâmes sur la principale place publique. Là se trouvait l'hôtel de France où je devais loger. Il était environ neuf heures du matin. Je me séparai de mon cocher qui comptait le même jour encore aller coucher au caravansérail d'Aïn-Mokhra.

Je m'empressai d'aller rendre visite à un ami qui se fit un vrai plaisir de me montrer la ville et ses pittoresques environs. Bône est une cité charmante, coquette, et qui a corrigé dans mon esprit le mauvais effet produit par la première ville africaine que j'avais vue, la triste cité de Philippeville. On s'aperçoit immédiatement qu'il y a beaucoup d'aisance parmi les habitants, Arabes et Français. Les Arabes surtout sont bien différents de ceux que j'avais vus jusque-là dans les campagnes.

Les marchands indigènes sont fort bien habillés, quelquefois très-richement. Leurs vêtements de laine ou de soie, veste, gilet, culotte, ceinture et turban, dont les couleurs éclatantes, rouge, jaune, vert ou bleu, sont encore rehaussées par des broderies d'or ou d'argent, font le plus brillant effet et contrastent singulièrement avec la nudité de leurs mollets bruns; car le bas de coton blanc n'est pour eux qu'un objet de luxe. Leurs pieds sont chaussés de babouches, larges pantoufles en maroquin vert, jaune, ou rouge, très-échancrées du haut et ne couvrant que l'orteil; ainsi faites, on les met et on les ôte très-facilement, ce qui peut convenir à l'Arabe indolent; mais l'Européen à la marche rapide les perdrait en route.

La plupart de ces marchands appartiennent à la

race des Mozabites, ou Beni-Mzab, population berbère par son origine et sa langue, comme les Kabyles, avec qui elle a beaucoup de ressemblance, au physique et au moral.

Les Mozabites occupent dans le Sahara oasien, à une centaine de lieues au sud d'Alger, sept villes et villages dont l'ensemble forme ce qu'on appelle l'oasis des Beni-Mzab, et dont la capitale se nomme R'ardéïah ou Gardaïa. La terre qu'ils ont à leur disposition ne pouvant les nourrir tous, une partie d'entre eux s'expatrient et vont dans les villes du Tell, partie septentrionale et cultivable de l'Algérie, exercer différentes industries et surtout le commerce. Au moment de notre conquête ils formaient à Alger une corporation particulière; ils avaient le monopole des bains, des boucheries, des moulins, et celui de divers autres métiers ou professions, tels que rôtisseurs, marchands de fruits, marchands de charbon, fabricants de mottes et conducteurs d'ânes. Aujourd'hui encore, dans les principales villes de l'Algérie, ils sont constitués, ainsi que les nègres, les Biskris, les Lhagouatis, les Kabyles, etc., en corporations spéciales, ayant chacune son chef ou amin.

Les Mozabites se distinguent des Arabes, pour lesquels ils ont du reste le plus profond mépris, par leur amour du travail, l'austérité de leurs mœurs, leur respect pour la foi donnée, leur horreur pour le mensonge et leur loyauté commerciale.

Ils ont l'ivresse en horreur; ils ne prisent ni ne

fument : c'est pour eux un péché. Enfin ils appartiennent à une secte tout à fait différente des quatre grandes sectes de l'islamisme ; aussi les désigne-t-on sous le nom de Khramsia, les cinquièmes, ou de Khrouaredj, les sortants, les gens placés en dehors de la foi commune. Ils ont les mêmes préceptes que les Wahabites d'Arabie. Ils n'admettent pas la Seunna, la tradition, et ne croient qu'au Koran seul. Les Arabes les considèrent comme des hérétiques, les signalent au mépris des vrais croyants, ne leur accordent qu'un cinquième dans les joies du paradis, et prétendent qu'à leur mort il leur pousse des oreilles d'âne. Ce sont en un mot les protestants de l'islamisme.

A côté des Mozabites sont les marchands maures, qui fument la pipe ou la cigarette, et les juifs, qui portent en général le turban noir, autrefois obligatoire pour leur race dans les pays musulmans.

Les marchands de la ville sont tous accroupis dans des bazars de hauteur d'homme, où l'on peut à peine se remuer et qui sont ouverts sur la rue ; ils attendent la pratique, et, à l'exception des juifs, ils n'offrent jamais leur marchandise. Les marchands du dehors, ceux qui vendent sur les marchés publics et en pleine rue, mais surtout hors de ville, des légumes, des fruits, du poisson ou d'autres denrées alimentaires, sont bien plus sales et plus indolents que ceux des bazars. Ils portent une veste de drap, une culotte de coton blanc, une ceinture rouge ou bleue, et un turban ou un fez rouge à gland bleu foncé. Accroupis ou mieux encore couchés à côté d'un tas de raisins, de melons, de pastèques, de figues, de dattes, de légumes, ils attendent nonchalamment et en dormant à moitié qu'on vienne leur acheter. En pareil cas ils se donnent tout au plus la peine de répondre, et demandent pour chaque objet un prix double de sa valeur; il est essentiel de marchander.

Les artisans travaillent en ville dans de petites boutiques basses, au rez-de-chaussée, semblables aux bazars des marchands, et ouvertes de manière qu'on les voit à l'ouvrage; hors de ville, dans des réduits analogues formés le plus souvent par des tentes.

Il n'y a plus à Bône que quelques rues arabes, étroites, sales, et bordées de maisons mauresques; les autres ont toutes été élargies, et on y a construit de belles et hautes maisons à l'européenne. La place surtout est fort jolie; c'est une espèce de square, planté d'arbres et garni au milieu d'une belle fontaine, d'où l'eau jaillit gracieusement à l'ombre des palmiers et des lauriers-roses. Les maisons de cette place sont toutes à arcades comme dans la rue de Rivoli; on y voit quelques beaux cafés où sont assis pêle-mêle des Arabes et des Français. Sur l'un des côtés se trouve une élégante mosquée aujourd'hui en train d'être restaurée. En sortant de la ville, du côté de l'aqueduc, on passe devant le théâtre, édifice tout neuf, dont l'intérieur est artistement décoré à la mauresque; on longe une jolie église bâtie dans le style oriental, et l'on arrive à la pépinière, qui contient quelques beaux échantillons de la végétation du pays, remarquable par sa vigueur toute tropicale.

Du côté opposé, en suivant le rivage de la mer, on passe le long du marché aux grains, qui est extrêmement animé, car c'est l'entrepôt de tout le commerce de blés qui se fait de ce côté de la province ; on visite un grand moulin à farine marchant à la vapeur, dont le chauffeur est nègre ainsi que bon nombre des ouvriers ; on voit différents jardins bien cultivés, et l'on arrive enfin, en remontant un peu la colline, aux ruines d'Hippone. A vrai dire il ne reste de cette grande ville, qui fut le siége épiscopal de saint Augustin, né à Tagaste, près de Constantine, qu'une vaste citerne dans le genre de celle de Philippeville, assez bien conservée, et qui avec quelques réparations pourrait servir encore aujourd'hui.

Un peu plus haut, à l'ombre de quelques oliviers gigantesques, on a élevé à saint Augustin une mesquine statue en bronze sur un énorme socle en marbre blanc, et on l'a entourée d'une grille si élevée qu'elle semble devoir servir de prison au saint, s'il avait envie de s'échapper de son tombeau placé à l'intérieur, et où l'on a, dit-on, déposé les restes de son corps. Si cette statue, trop petite, et peu digne du grand homme qu'elle a pour but de glorifier, laisse une impression de tristesse, il n'en est pas de même de la vue étendue et pittoresque qu'on a de là sur la mer et sur Bône, vue qui n'est dépassée que par celle plus grandiose encore et plus belle dont on jouit du haut de la Kasbah.

CHAPITRE II

TUNIS ET CARTHAGE

I

La Goulette; le lac de Tunis; l'hôtel de Provence.

Le mercredi matin, je me rendis à bord de l'*Oasis* qui venait d'arriver dans le port et allait partir pour Tunis. J'y retrouvai quelques-uns de mes compagnons de voyage de Marseille à Philippeville. La traversée fut fort agréable; la mer était tranquille, le temps superbe. Après dix-sept heures de navigation, nous passions devant l'emplacement où jadis fut Carthage, et un instant après nous jetions l'ancre, à cinq heures du matin, au port de la Goulette, devant Tunis.

Je me croyais arrivé; illusion profonde! nous ne fûmes à Tunis qu'à deux heures de l'après-midi. La ville est en effet à deux lieues dans l'intérieur des terres, et séparée de la Goulette par un lac large, quoique peu profond. Il faut bien dire aussi que la lenteur orientale se faisait déjà sentir, et je me rappelais involontairement le proverbe célèbre en Orient :

« Il vaut mieux être assis que debout, couché qu'assis, mort que couché. »

Nous avions jeté l'ancre depuis une heure, lorsqu'enfin une barque se fit voir ; elle portait un officier supérieur du bey qui venait nous reconnaître et s'informer de l'état sanitaire du bord ; après un examen d'un instant, il nous donna l'autorisation de débarquer. C'était plus facile à dire qu'à faire ; nous ne pouvions gagner la terre à la nage. Enfin une grande barque quitta le rivage et vint s'amarrer à notre paquebot ; on y chargea lentement nos bagages et tous les autres colis qui se trouvaient à bord ; alors seulement il nous fut permis d'y descendre à notre tour. A huit heures, nous pensions être à terre ; nous n'étions qu'à la première douane. On nous visita avec beaucoup de soin, puis on nous fit rentrer dans notre barque et suivre le canal étroit et infect qui traverse l'îlot de la Goulette. Le mur crénelé qui le longe est surmonté de quelques canons de bronze fort richement moulés et ciselés, mais dont le vert-de-gris forme l'ornement principal. On arrive ainsi au bord du lac, en face de la ville de Tunis qu'on aperçoit dans le fond, comme une masse blanche et crayeuse. Là on nous fit stationner fort longtemps. Était-ce pour nous faire admirer la flotte du bey, qui s'offrait à nos yeux sous la forme de deux bateaux à vapeur en réparation sur le chantier ?

Il y a quelques belles maisons sur cette presqu'île, et on y trouve une certaine animation. Mais déjà la population est tout entière arabe, et les costumes européens paraissent étranges et déplacés au milieu de cette foule bigarrée qui rappelle l'Orient. Le bagne tunisien y est établi, et l'on y voit travailler quelques forçats.

Notre patience commençait à se lasser, lorsqu'enfin le signal du départ fut donné, et notre bateau se remit en mouvement. Le soleil d'Afrique dardait sur nous ses rayons brûlants que l'eau réfléchissait et nous renvoyait à son tour. Je m'enveloppai la tête de mon mouchoir; mais déjà il était trop tard : la réverbération de l'astre m'avait enflammé la peau, et pendant plusieurs jours mon visage resta coloré en rouge intense. La circulation sur le lac est très-considérable; on y voyait un grand nombre de barques comme la nôtre, allant et venant de Tunis à la Goulette. Un service de bateaux à vapeur pour ce trajet serait bien désirable, et, commercialement, ce serait une bonne affaire.

Il nous fallut quatre heures pour une traversée qu'un steamer ferait en vingt minutes ou moins encore. Nous marchions à pleines voiles, et de plus nos bateliers maniaient avec vigueur de forts avirons, que souvent ils pouvaient appuyer contre le fond du lac pour pousser la barque en avant, tant la profondeur est faible en cet endroit.

Heureusement, nous étions nombreux, gais et d'humeur accommodante. L'un de nos compagnons arabes nous gratifia d'un chant de son pays, rauque, monotone et peu harmonieux, mais par cela même plein de caractère. Tunis la Blanche, bâtie en amphithéâtre sur le flanc d'une large colline, se détachait devant nous de son sol aride, nu et sablonneux. Semblable à une vaste carrière de plâtre, elle grandissait de plus en plus à nos yeux, et sur sa masse lumineuse tranchaient en lignes noires les mille minarets pointus qui s'élancent comme des flèches au-dessus de leurs mosquées.

Enfin nous pûmes débarquer; il était plus d'une heure. Outre la foule nombreuse qui stationnait sur le rivage à notre arrivée pour tâcher, suivant la coutume du pays, de vider nos poches et de s'approprier nos mouchoirs, nos bourses ou nos bagages, deux personnages importants nous attendaient avec non moins d'impatience. C'étaient les interprètes des deux hôtels européens de Tunis : l'hôtel de France et l'hôtel de Provence. Ce dernier était connu de l'un de nous; aussi avions-nous décidé d'y descendre tous ensemble ; nous étions dix passagers. A peine nos pieds avaient-ils touché le sol, que chacun de nous se vit successivement accosté par les deux rivaux; et sans vouloir déprécier le moins du monde le célèbre Karoubi, le représentant dépité de l'hôtel de France, dont les exploits et l'habileté professionnelle sont connus de tous les visiteurs de Tunis, je dois avouer que je fus surpris à la fois de l'intelligence, de la prévenance et des soins empressés de Khalif, qui eut ce jour-là le bonheur de l'emporter sur son compétiteur. C'est un jeune homme d'une trentaine d'années, d'une figure distinguée, propre et bien mis, portant des bas et des souliers européens, et un turban d'indienne, quoiqu'il soit juif. Il me dit qu'il n'était pas astreint au turban noir comme ses coreligionnaires de Tunis, parce qu'étant né à Alger, et par conséquent Français, il pouvait en pays étranger se réclamer de sa nationalité et s'habiller comme bon lui semblait, tout comme dans l'Algérie française.

Khalif nous fut très-utile pour réunir nos bagages et les faire transporter sans encombre ni erreur à la douane de Tunis, située sur le quai, et où il nous fallut subir une seconde visite, celle de la Goulette n'étant sans doute qu'une entrée en matière.

Nous étions encore à près de deux kilomètres de la ville, dont nous séparait une large avenue, malheureusement privée d'arbres et d'ombrage, et qui, d'après les projets de constructions et d'embellissements actuellement à l'étude, devra former un magnifique boulevard bordé de belles maisons à l'européenne. En attendant, il nous fallut faire cette demi-lieue en plein soleil, sur le sable brûlant, au moment le plus chaud de la journée. Nos bagages suivaient sur une charrette.

Quelle différence entre Bône et Tunis! A Bône, je croyais m'être fait une idée de la vie arabe; mais, comparée à Tunis, l'Algérie est presque civilisée. Ici on se sent comme reculé de deux mille ans dans l'histoire du monde. Nous rencontrions sans cesse sur cette route spacieuse, au milieu d'une plaine aride et couverte de sables souvent balayés par le vent, des caravanes de chameaux et d'ânes, des Arabes pour les diriger, puis de grandes charrettes à deux roues énormes, attelées d'un petit cheval arabe et conduites au galop par un nègre, assis ou debout. D'autres indigènes, blancs ou noirs, étaient nonchalamment accroupis ou couchés le long du chemin, partout où un simulacre d'ombre, généralement près des maisons, venait rompre la monotonie de ce soleil ardent. Ils nous suivaient des yeux en silence par un reste de curiosité machinale, mais sans qu'aucun mouvement du corps vînt trahir une émotion intérieure. Indifférence orgueilleuse, dignité imperturbable, paresse contemplative ou apathie invincible, ces divers sentiments se lisaient tour à tour sur leurs visages immobiles et affaissés. On ne voyait pas le moindre mélange d'Européens dans cette foule, et nous nous sentions comme désorientés au milieu de cette population si étrange pour des novices, mais qui avait sur nous l'inappréciable avantage de se sentir chez elle et de nous regarder comme des intrus. Quelle différence énorme un degré de latitude ou de longitude, plus encore une frontière, mais surtout une religion différente, et, par suite, un esprit, des mœurs et des coutumes dissemblables, peuvent apporter entre des hommes de même race, de même origine, de mêmes dispositions naturelles. Vérité en deçà des Pyrénées, erreur au delà.

Tunis révéla à mes yeux la cité orientale telle que mon esprit l'avait rêvée. Des murailles blanches et peu redoutables simulaient les remparts; en dehors de la porte se tenait un marché, absolument comme dans les villes bibliques dont Moïse et ses successeurs nous font la description. Les marchandes de fruits étaient toutes des négresses dont les habits d'étoffes éclatantes, aux larges rayures rouges, jaunes, vertes ou bleues, faisaient d'autant mieux ressortir le teint reluisant de noirceur ; elles avaient réellement un air majestueux. Après avoir franchi la porte de la ville, on se trouve sur une large place qui forme l'entrée du quartier européen. Un café à arcades d'un extérieur assez modeste, quelques maisons élevées, mais d'une architecture peu élégante, l'entourent. Notre guide nous précéda dans une ruelle étroite qui est une des larges rues de Tunis ; un instant après nous étions arrivés.

Si l'hôtel de France, bâti à l'européenne, offre naturellement plus de confort, et est préféré par les Anglais, l'hôtel de Provence où nous descendions devrait toujours être choisi par le touriste. Il est établi dans une ancienne maison mauresque, sans fenêtres à l'extérieur ; on y pénètre par un long et sombre corridor dallé ; mais on est bien dédommagé par l'aspect pittoresque de l'intérieur. Qu'on se figure une large cour carrée pavée en mosaïque, et ornée d'une jolie fontaine. Quelques arbres tropicaux l'égayent de leur verdure ; et les galeries circulaires des deux étages supérieurs, formant à la fois corridor et balcon, lui communiquent leur animation, entretenue par le va-et-vient continuel des voyageurs, qui les parcourent en tous sens ou regardent, accoudés sur la rampe, ce qui se passe au-dessous d'eux. Une grande toile accrochée aux quatre coins de la maison remplace le toit absent, et protége la cour contre les ardeurs du soleil. Les bâtiments qui forment les côtés du carré sont surmontés de terrasses où l'on peut le soir respirer l'air frais, et admirer tour à tour le soleil couchant, la lune et les étoiles. Ils contiennent des chambres nombreuses, mais qui toutes ont leurs fenêtres et leur porte du côté de la galerie intérieure. Au rez-de-chaussée, ils renferment la cuisine en face de la porte d'entrée, à droite un salon, et à gauche une salle à manger. Celle-ci est assez originale par les ornements orientaux et les arabesques en plâtre moulé qui décorent ses murs. Dans le fond se trouvent deux divans qui ne sont plus aux jours de leur jeunesse. Quelques autres meubles, qu'on dirait rassemblés par un antiquaire, se détachent gravement sur les carreaux de faïence blanche à dessins bleus, qui couvrent plusieurs des parois.

Ce que l'hôtel de Provence offre cependant de plus intéressant, c'est son propriétaire, M. François, provençal de naissance et d'accent, et cuisinier en chef, pendant dix-huit ans, du dernier bey, qui le décora de la légion d'Honneur tunisienne, en récompense des hauts services qu'il rendait à l'État et au souverain par ses talents culinaires. C'est un gros homme, joufflu, affable, bavard, jovial, tant soit peu blagueur, portant toujours le costume blanc officiel de sa profession, et se moquant de grand cœur de tous ces barbares, comme il appelle les Tunisiens. Le bey pour lui témoigner sa faveur lui fit épouser une des femmes de son sérail; et ainsi, peu à peu, grâce à la haute considération que les barbares ne manquent jamais d'attacher aux fonctions d'un ministre du souverain, qu'elles soient morales ou matérielles, qu'elles aient rapport à son œuvre administrative ou à sa bouche, M. François est arrivé à se croire et à être en réalité l'égal de quelques-uns des plus grands personnages de la cour. Amiral ou cuisinier, pourquoi n'auriez-vous pas la même valeur aux yeux d'un despote? Si l'un est plus utile au pays, l'autre contribue directement au bonheur du prince. M. François a pour aides-de-camp de service son fils et sa fille, qui lui ressemblent beaucoup, puis le cuisinier nègre Kaddour, qui, en choisissant cette profession artistique, a suivi une vocation très-commune chez les gens de couleur.

La cuisine de l'hôtel, célèbre à Tunis pour sa perfection, nous parut assez médiocre. Si cette table est renommée, dirigée qu'elle est par un haut dignitaire, un homme décoré, un ministre au département gastronomique de Sa Majesté, que sont donc les tables ordinaires de cette capitale? J'y mangeai pour la première fois le fameux kouskous, ce mets favori des Arabes.

II

Les bazars; le commerce; les métiers.

Je profitai du reste de la journée pour faire un tour en ville avec un de mes compagnons de voyage,

M. B..., et vraiment cette cité offre le spectacle le plus curieux qu'on puisse voir. Les rues sont extrêmement étroites, bordées de maisons élevées qui empêchent les rayons du soleil de pénétrer jusqu'en bas. La plupart même sont couvertes de toits, ou de voûtes percées de petits soupiraux carrés pour donner du jour; on dirait des souterrains. On est ainsi abrité contre la chaleur du soleil et la pluie, et l'on peut à toute heure parcourir en tous sens la ville entière, aussi agréablement que dans un climat tempéré.

Des deux côtés de la rue s'ouvrent de petites boutiques appelées bazars, d'une exiguïté inconnue chez nous, mais parfaitement appropriées aux habitudes indolentes du pays. Ce sont des espèces de boîtes dans lesquelles un homme a peine à se tenir debout. Le fond et les côtés sont garnis de rayons portant les marchandises. Sur le devant, qui est ouvert, le marchand maure accroupi ou couché, dormant ou fumant gravement une pipe turque, attend patiemment la pratique, mais sans la solliciter; on dirait vraiment qu'il ne vend que pour faire plaisir à son acheteur, et que celui-ci devrait lui tenir compte de sa complaisance. Si un client arrive et demande à voir quelque article, le marchand, sans se lever, étend le bras, donne l'objet demandé, qui, grâce à la disposition du local, est toujours à sa portée; puis il attend silencieusement la décision, sans rien faire pour l'influencer.

Ordinairement il n'est pas seul; à côté de lui, sur l'étroit rebord du magasin se trouvent assises ou couchées d'autres figures aussi flegmatiques que la sienne ; ce sont des voisins, des amis, ou de simples visiteurs qui sont venus pour apprendre les nouvelles du jour, causer, ou faire leur sieste. Ce que je dis d'un bazar s'applique à tous ; en sorte que rien n'est plus original qu'une rue commerçante de Tunis, garnie de chaque côté d'une suite continue de ces boutiques toutes semblables. D'un bout de la rue à l'autre et des deux côtés, c'est une file non interrompue de Maures en riches vêtement de soie ou de laine, accroupis les uns à côté des autres et formant, comme à dessein, une véritable haie vivante.

Si l'on ajoute que dans certaines rues consacrées au commerce des étoffes de luxe, telles que la soie, les marchands sont fort riches, les devantures des bazars soutenues par des colonnes torses en marbre, en faïence peinte et dorée, en bois précieux ; que les rayons sont garnis des fils et des tissus les plus chers ; qu'on y voit briller les couleurs les plus éclatantes, entremêlées d'or et d'argent ; que la même richesse règne dans le costume des propriétaires : on pourra se faire une idée de la splendeur que présentent les belles rues de Tunis, de leur aspect à la fois original et imposant. On songe involontairement aux souvenirs d'une autre civilisation analogue, et l'on comprend ce que pouvait être Jérusalem, alors que, sous Salomon, l'or et l'argent y étaient aussi communs que le sable de la mer. Chez nous, tout paraît gris, ciel, terre, villes, maisons, magasins, costumes, quand on pense à la nature luxuriante, au ciel lumineux, au soleil enflammé des contrées de l'Orient et du Midi, aux couleurs vives et en harmonie avec tout cet éclat, qui y caractérisent les œuvres de l'homme. La couleur a pour patrie les pays de lumière.

J'eus occasion, ici comme en Europe, de remarquer la profonde influence que la religion d'un peuple exerce sur son caractère tout entier, la direction marquée qu'elle imprime à son activité.

Cette influence domine toutes les autres; elle est bien plus forte encore que celle déjà si puissante et si persistante qui distingue les différentes races. On ne peut expliquer autrement la profonde différence qui sépare les Arabes et les juifs: deux branches de la même famille, et d'une parenté si proche; descendant, l'une d'Ismaël, l'autre d'Isaac, les deux fils d'Abraham; venant de la même contrée et à peu près à la même époque, quelques siècles après l'ère chrétienne, s'établir dans le nord de l'Afrique. Les physionomies sont même si semblables qu'un novice, dans ces pays, ne saurait distinguer, sinon par le costume, le juif de l'Arabe ou du Maure; (ce dernier est né du mélange de la race arabe avec les races primitives de l'Algérie, qui sont originaires des mêmes contrées de l'Asie que les Arabes et les juifs). En Europe, cependant, rien n'est plus facile que de reconnaître un juif à sa figure.

Et pourtant, quelle différence dans le caractère! Autant le musulman, élevé dans une religion fataliste, est mou, indolent, ami du repos, autant le juif est actif et énergique! Quelle différence entre les marchands des deux peuples! Quelle différence même d'aspect entre les rues occupées par les bazars des musulmans, et celles qui sont réservées exclusivement au commerce juif! Autant les unes respirent un air de sommeil et de léthargie, autant les autres sont animées. Tandis que le marchand maure se fait prier pour vous vendre quelque chose et vous regarde à peine de son œil éteint et somnolent, le marchand juif épie vos moindres regards, devine vos moindres désirs. Il vous a déjà aperçu de loin, d'un bout de la rue à l'autre; il vous surveille, il vous fait signe, il vous appelle, il vous offre sa marchandise, il la vante, il fait l'article, en un mot, aussi bien que le meilleur vendeur de Paris. Aussi ne faut-il pas s'étonner que les juifs, à Tunis, amassent des fortunes immenses; qu'ils soient devenus les banquiers du pays, et aient par suite, régulièrement et à la moindre occasion, à subir les exactions du gouvernement et la haine de la population. On les traite encore comme en Europe au moyen âge, et quand on a besoin d'argent, on leur en prend.

J'ai déjà dit que les rues de Tunis sont extrêmement étroites. Mais ce n'est pas tout : outre la circulation humaine qui est considérable, il y a un va-et-vient continuel de chevaux, de mulets et d'ânes, avec ou sans cavaliers. N'étant pas ferrés, ils ne font pas le moindre bruit et passent à vos côtés, en vous laissant à peine le temps et la place de les éviter. Heureusement que toutes ces bêtes sont très-pacifiques, car le moindre coup de pied deviendrait fatal dans une voie encombrée et qui n'a pas deux mètres de large. Dans les rues extérieures, on rencontre des troupeaux entiers d'ânes, pas même bridés, qui ne sont conduits que par leur intelligence et leur esprit de corps. Les chameaux circulent aussi en foule dans les faubourgs, où se trouvent à chaque pas de vastes caravansérails pour les recevoir et les loger. Ce sont de grandes cours bordées de hangars en guise d'écuries. On ne peut se faire une idée, si on ne l'a vu, du nombre énorme de caravanes qu'amène constamment à Tunis le mouvement du commerce. On compterait par milliers les chameaux et les ânes qui vont et viennent sans cesse, portant du blé et d'autres denrées, et faisant communiquer Tunis avec l'intérieur du pays, le Soudan et l'Égypte. « C'est ici le pays des bêtes, » me disait avec une vérité frappante mon compagnon de route.

La division du travail est très-grande à Tunis, en ce sens que chaque commerce, chaque industrie a son quartier à part, où l'on trouve réunis tous les gens d'une même profession ; et ce n'est pas un des spectacles les moins curieux de cette ville étrange que de voir comme tout s'y fait autrement qu'en Europe. Non-seulement, pour chaque métier, l'outillage est encore le même qu'il y a trois mille ans, mais en outre une foule d'opérations se font au rebours de chez nous. Ordinairement ils emploient la main gauche, là où nous nous servons de la droite ; ils rabotent, ils scient en sens inverse.

Les artisans opèrent tous sous les yeux du public et dans des bazars de dimensions aussi exiguës que ceux des marchands. L'inconvénient toutefois est peu sensible pour eux, car la plupart travaillent accroupis sur le plancher, notamment les tailleurs, les cordonniers (ils sont très-nombreux, et confectionnent des quantités prodigieuses de babouches en maroquin rouge, jaune ou vert); les selliers, les fileurs et tisseurs de soie ou de laine, les orfévres.

Il en est de même des menuisiers et des tourneurs. Les premiers n'emploient guère que quelques couteaux et outils fort légers pour tailler le bois. Les seconds ne font point usage du tour européen, et en sont encore à un procédé très-primitif : le tourneur prend le morceau de bois qu'il veut arrondir, en place un des bouts sur son pied nu, et l'autre sur le plancher, l'entoure de la corde d'un archet, et donne à celui-ci, avec la main droite, un mouvement de va-et-vient; puis chaque fois que le bois tourne dans le sens convenable, il l'attaque avec un outil qu'il tient de la main gauche, pour arrêter de nouveau dès que la rotation a lieu en sens opposé. Il ne peut arriver ainsi qu'à un travail alternatif et très-lent, mais il faut avoir la peau bien dure pour que le pied puisse servir de pivot à un morceau de bois en mouvement.

Les forgerons ont imaginé un moyen très-ingénieux pour se mettre à l'aise dans leurs ateliers pygméens.

L'enclume est à peu près au niveau du sol. A côté on a creusé en terre un trou d'environ un mètre de profondeur et on y a placé un tonneau debout pour empêcher les bords de s'ébouler. Dans cette espèce de puits l'ouvrier se tient enfoncé jusqu'à la ceinture; il peut dès lors très-bien manier son marteau et le soulever sans heurter le plafond. Dans certains bazars on voit jusqu'à deux et trois ouvriers ainsi enterrés : coup d'œil fort original.

Le tissage en est encore au même point que chez les anciens Egyptiens. On reconnaît partout le métier grossièrement agencé qui s'employait dans l'antiquité, avec les montants formés de branches d'arbres recourbées et non dépouillées de leur écorce, absolument comme celui dont se servent de nos jours les Indiens, ou les nègres de l'Afrique centrale. La navette n'est pas en usage, et c'est avec les doigts qu'on est obligé de faire passer d'une lisière à l'autre le fil de la trame.

On aperçoit aussi çà et là des meules à moudre le blé; elles sont mises en mouvement par un manége auquel on a attelé un âne ou un chameau qui marche en cercle les yeux bandés.

Ce qu'il y a de plus surprenant dans cette persistance à conserver des procédés imparfaits, c'est qu'on ne peut l'attribuer à l'ignorance; car à côté de l'indigène travaillant comme je viens de l'indiquer, on peut voir, dans le quartier des chrétiens, de nombreux ouvriers d'Europe qui emploient les méthodes en usage dans leurs pays respectifs. Rien de plus facile pour l'Arabe que de les imiter.

Mais pour cela il faudrait d'abord voir diminuer le fanatisme religieux, l'amour-propre national, le respect exagéré pour la tradition, la haine pour les chrétiens, qui bien plus que l'esprit de routine habituel des populations orientales ont contribué à maintenir les musulmans dans les errements de leurs ancêtres.

Du reste, il faut bien avouer aussi que l'indigène livre ses articles au même prix et souvent meilleur marché que l'Européen, parce qu'ayant beaucoup moins de besoins, il se contente d'un salaire très-minime, en général de moitié moindre. L'imperfection des procédés est ici compensée par le bas prix de la main d'œuvre. Il y a de plus certains genres de soieries que nos fabriques de Lyon n'ont encore pu imiter, et où les Tunisiens leur sont supérieurs, par suite même de la différence des méthodes employées.

III

Les femmes; les juifs; les patrouilles militaires; l'architecture; travaux d'embellissement et d'utilité publique; influence européenne; les Maltais; la mort du bey; les parasites de l'hôtel.

Au milieu de la foule qui se presse dans les étroites rues de Tunis, on voit s'avancer quelquefois une espèce de momie vivante, enveloppée tout entière dans un grand haïk ou châle blanc, les jambes entourées de bracelets d'or ou d'argent, et couvertes de bas qui ne descendent que jusqu'à la cheville, les pieds nus chaussés de larges babouches. Cette masse informe, on ne s'en douterait guère, figure le beau sexe chez un peuple fait pour être artiste.

Les juives et les négresses ont le visage découvert. Les Mauresques portent deux voiles noirs l'un au-dessus des yeux, l'autre au-dessous, couvrant le bas de la figure ; quelquefois un seul mouchoir blanc leur tombant du front, et qu'elles écartent un peu de temps en temps pour voir leur chemin.

Quelques-unes de ces femmes ont les traits assez réguliers, et de beaux yeux noirs et brillants ; mais généralement elles sont trop grasses, presque difformes, et lourdes dans leur démarche. Vues par derrière, leurs gros pieds, leur tournure gauche et massive rappellent nos poissardes ou nos femmes de la halle. Les plus jeunes semblent avoir soixante ans et ne se mouvoir qu'avec peine.

Les femmes de qualité sous leur manteau blanc portent des habits de soie, où le rouge, le jaune et le vert dominent, et s'entre-croisent ; souvent même tout un côté du vêtement est d'une couleur différente de l'autre, comme dans le costume traditionnel d'Arlequin. Malgré cela leur ensemble est aussi disgracieux et aussi laid que celui des hommes est beau et majestueux. Les négresses et les juives ont une coiffure assez riche, une espèce de bonnet dont les broderies d'or et d'argent rivalisent d'éclat avec les peignes, les boucles d'oreilles, les bagues, les colliers et les bracelets des mêmes métaux, souvent aussi de corail ou de perles, dont elles se surchargent, ainsi que les Mauresques.

Les juifs ont en général un costume plus sombre que les Maures, ordinairement bleu ou gris : reste des anciennes restrictions qui naguère encore pesaient sur eux dans ce pays. Ils n'avaient pas le droit de porter le turban blanc, vert ou multicolore des musulmans, ni leur fez rouge à flot noir ou bleu, et le remplacent aujourd'hui encore par un turban noir. Ils n'avaient pas le droit non plus de monter des chevaux ou des mulets. On commence cependant à être plus tolérant à leur égard qu'autrefois, et ces anciennes vexations disparaissent de jour en jour davantage.

Quelquefois il nous arrivait de rencontrer quelqu'une des patrouilles militaires qui sont chargées de maintenir l'ordre en ville; les soldats portent la tunique bleue et le pantalon garance ou de toile blanche de l'armée française, et sont coiffés du fez tunisien. Ils n'avaient en fait d'armes qu'un sabre pendu à la ceinture, et une longue pipe à la main. Quel peuple facile à gouverner pour des hommes intelligents!

On remarque à Tunis, surtout dans le centre de la ville, quelques belles mosquées où l'on a prodigué le marbre. Elles sont ornées de sculptures et de jolies colonnes torses, et entourées généralement de bancs en pierre ou en marbre, sur lesquels sont constamment accroupis ou couchés de nombreux Tunisiens qui n'ont pu trouver place dans les bazars. Du reste, il est défendu aux chrétiens et aux juifs d'y pénétrer et nous ne pûmes en voir que l'extérieur.

Nous avons visité le palais où se font les habillements de la cour; c'est un grand bâtiment avec cour et colonnades au milieu, et sur les côtés des chambres ou galeries assez profondes où travaillent des juifs et des juives auxquels est réservé le privilége d'habiller les grands personnages.

Au haut de la ville se trouve la citadelle ou Kasbah, vaste construction blanche et informe. Somme toute, Tunis n'a aucun édifice digne d'être mentionné ; nulle part on n'y trouve rien de grandiose et de vraiment digne d'une ville de quatre-vingt mille âmes ; nulle part le luxe architectural n'y dépasse le degré du joli. Mais si l'ensemble est plus que médiocre et souvent mesquin, on y découvre plus d'un détail original, parfois remarquable par sa bizarrerie même.

Le triste état des quartiers orientaux de la ville donne une idée saisissante de la décadence musulmane. Ces quartiers ne se composent plus que de maisons en ruine ou vides, et sont une preuve évidente que Tunis était autrefois plus peuplée qu'aujourd'hui. En y passant, on se croirait dans une ville renversée par un tremblement de terre ; tout y est désert, mort, et cependant on est encore à l'intérieur des remparts.

Il paraît, du reste, que le bey a de grands projets, et que l'on va entreprendre des travaux considérables pour rendre la vie à cette cité qui pourrait avoir devant elle un si bel avenir. J'ai parlé déjà du boulevard à l'européenne qui devra joindre la ville au lac, et remplacer la route nue et sans ombre que nous avions suivie en arrivant de la douane. On doit en même temps réparer et remettre à neuf deux grands aqueducs, dont l'un, qui a plusieurs lieues de

longueur, est attribué aux Romains et amenait
l'eau à Carthage. Le consul de France, M. Roche,
pousse activement à toutes ces améliorations, plus
que le bey lui-même; il a déjà fait venir des ingénieurs français pour étudier les travaux à faire, et
les entreprendre prochainement. Plusieurs de mes
compagnons de voyage font même partie de cette
expédition pacifique, M. B..., entre autres, et le
directeur en chef de l'entreprise, qui est parent du
consul.

Malheureusement le bey est malade depuis quelque temps, suite de ses excès ; on désespère même
de sa vie, et l'on craint que, s'il mourait, tous ces
utiles projets ne soient abandonnés. On m'avait
en outre prévenu à Philippeville et à Bône que sa
mort pourrait donner lieu à des troubles sérieux.
Le prince qui doit lui succéder est, dit-on, un musulman fanatique ; et l'on soutient que, s'il arrivait
au pouvoir, la populace tomberait sur les juifs et les
chrétiens surtout, pour les exterminer, comme on a
fait dans quelques villes de l'Orient.

Quoi qu'il en soit, l'influence européenne et chrétienne grandit tous les jours à Tunis, et l'islamisme
y perd tous les jours de sa puissance et de son prestige. On y compte aujourd'hui environ vingt mille
juifs, et sept mille Européens. Parmi ces derniers, il
y a quelques Français, quelques Anglais, bon nombre d'Italiens et de Grecs, la plupart commerçants,
et enfin une foule de Maltais, qui sont artisans,
cochers, débitants de boissons, etc. Ces derniers sont
très-laborieux, très-économes, et vivent dans de

misérables taudis où d'autres Européens ne voudraient pas se loger. Ils sont très-zélés catholiques et portent le costume européen, mais c'est tout ce qu'ils ont de commun avec les autres chrétiens. Pour tout le reste, ils font bande à part et se rapprochent plus des Arabes, quoiqu'ils les détestent cordialement; ils sont aussi arriérés qu'eux en fait de civilisation; leur vie est tout aussi simple, leurs besoins presque nuls, leur travail bon marché ; ils ne l'emportent sur eux que par les mœurs et l'amour du travail. Ils parlent un dialecte arabe, compris des indigènes, ce qui rend leurs rapports avec eux bien plus aisés que pour les autres chrétiens. Ces ressemblances s'expliquent par la longue durée de la domination musulmane dans l'île de Malte ; on prétend qu'une bonne partie des Maltais sont de race arabe : on conçoit dès lors qu'ils ne diffèrent des enfants d'Ismaël que par la religion et le costume, que leur ont imposés plus tard les chrétiens redevenus maîtres de l'île.

Les Maltais, du reste, peuvent être classés parmi les meilleurs colons de l'Algérie ; leurs habitudes de sobriété et de travail, leurs goûts industrieux, leur aptitude au commerce, la facilité de leurs rapports avec les indigènes en font des auxiliaires précieux pour la colonisation française, et comme une classe intermédiaire entre les autres chrétiens et les Arabes.

A Tunis, ils occupent un faubourg tout entier, et jouent un certain rôle.

Cependant le soleil était près de se coucher ; nous reprîmes la direction de notre hôtel. A peine étions-nous à table pour dîner, qu'on vint nous annoncer la mort du bey; c'était au moins le bruit public. Décidément, je n'avais pas de chance : telle fut ma première pensée. Quelle heureuse chance! fut la seconde : j'allais assister à l'enterrement, voir les cérémonies; et s'il y avait une émeute, comme on le craignait, c'était un plaisir d'une autre espèce, un spectacle que l'on ne peut pas se procurer à sa guise.

Passe pour Néron de faire brûler Rome, afin de jouir du magnifique tableau de l'incendie. Le commun des mortels doit se contenter de prendre au passage ces spectacles terribles qui laissent des souvenirs ineffaçables, des émotions brûlantes, des images saisissantes et grandioses, mais que notre conscience nous défend de désirer. Je me couchai donc, le cœur plein d'une anxieuse impatience, où le secret espoir d'assister à une scène émouvante l'emportait de beaucoup sur le désir d'une issue calme et tranquille des événements, et sur la crainte d'une fin tragique.

J'étais resté à moitié habillé pour être prêt à tout événement, mes armes à ma portée, et j'essayai de m'endormir. Je croyais avoir pris toutes les précautions nécessaires contre une attaque, mais j'avais compté sans mon hôte. Outre les voyageurs payants, et surtout sans les consulter, M. François a coutume de loger encore une foule de commensaux gratuits qui se distribuent dans toutes les chambres, et font aux Européens une guerre sourde et acharnée. Je ne tardai pas à m'apercevoir que mon domicile était occupé par des sauteurs, ailés ou non, qui, malgré tout ce que je pus faire pour m'en défendre, troublèrent mon sommeil et laissèrent sur mon épiderme trop délicat de cruelles blessures. Le matin je trouvai sur le champ de bataille de nombreuses victimes, les unes écrasées dans mon lit, les autres brûlées à la flamme de ma bougie, que j'avais allumée pendant la nuit et laissée flamber jusqu'au jour pour les y attirer : sauterelles, punaises, puces, phalènes, cousins, moustiques de toute espèce. Je ne parle pas d'une chauve-souris, qui m'avait d'abord effrayé de son vol bruyant et oblique, et que j'avais chassée par la fenêtre.

Tous mes voisins avaient fait des expériences semblables, et le matin au salon, chacun portait, soit aux mains, soit au visage, des traces visibles de la lutte.

On ne savait rien encore de certain sur la mort du bey. Je montai avec M. B... et Khalif à la Kasbah pour voir ce qui en était. A neuf heures on y hissa le drapeau national, comme on fait tous les matins ; mais cette fois on ne le souleva qu'à mi-hauteur : c'était le signal attendu. En pareil cas toutes les boutiques sont ordinairement fermées pendant trois jours ; nous n'avions donc pas de temps à perdre pour visiter encore une fois auparavant la ville et ses bazars ; et la matinée nous suffit à peine pour les parcourir et les étudier attentivement. Mais rien ne nous étonna plus que l'air calme et indifférent de la cité entière au moment d'une crise aussi grave qu'un changement de souverain. Les habitants n'avaient rien perdu de leur apathie et de leur somnolence ordinaires; les patrouilles comme la veille parcouraient les rues la pipe à la main; et personne ne songeait ni à nous insulter, ni à nous faire du mal.

IV

Les aqueducs; le Bardo; la campagne tunisienne; un café arabe;
l'arrivée du nouveau bey; les muezzims.

Nous étions rentrés à l'hôtel, car à midi la chaleur est insupportable dehors. Vers deux heures on vint nous dire que le bey ne serait enterré que le lendemain à neuf heures du matin. Je m'entendis alors avec deux jeunes Marseillais, mes compagnons de route depuis Bône, pour consacrer ensemble le reste de notre journée à aller visiter les aqueducs et le Bardo (le Louvre du bey de Tunis), situé également à la campagne et dans la même direction. Les voitures ne pouvant pénétrer en ville à cause de l'étroitesse des rues, il nous fallut franchir la porte, et nous rendre à pied malgré un soleil accablant, sous un ciel sans nuages, jusque dans un faubourg assez éloigné, où Khalif nous attendait avec une bonne calèche à deux chevaux, conduite par un cocher maltais qui se mit en route aussitôt.

A mi-chemin du Bardo, on rencontre l'aqueduc espagnol, élevé il y a environ trois siècles par les Espagnols qui étaient alors maîtres du pays, et composé d'arches très-bien conservées, de dix à quinze mètres de hauteur. Il a plusieurs kilomètres de longueur, et sert aujourd'hui encore à donner de l'eau à la Kasbah de Tunis.

Le Bardo, situé à environ une lieue de la ville, dont il est séparé par une plaine aride et sablonneuse, est un assemblage informe et confus de bâtisses de toute sorte, les unes plus laides que les autres; quelques-unes peintes en rouge, jaune et vert, comme les boutiques des marchands de couleurs de Paris, ou comme les baraques de bois peint qui ornent nos foires; le tout sale et mal entretenu; pas même autour du palais, au milieu de cette étendue de sable brûlant, pas même le plus misérable jardin pour donner de l'ombre et récréer la vue. Les portes étaient ouvertes, et à l'intérieur on voyait accroupis ou couchés dans tous les coins, et le long des galeries et des colonnades, une foule d'Arabes de tout rang, de toute qualité et de tout costume, les uns venus sur des chevaux ou des mulets, d'autres même en voiture. Car depuis un douzaine d'années, des voitures, achetées pour la plupart en France, ont commencé à supplanter les chars à deux ou à quatre roues pleines, et couverts d'une toile grise, qui jusqu'alors avaient régné exclusivement à Tunis, rappelant trait pour trait ceux de nos vieux rois mérovingiens ou de nos rouliers modernes. Ils étaient même réservés aux grands personnages, et le bey n'avait pas autre chose; tandis qu'aujourd'hui le moindre de ses sujets peut se promener dans un fiacre parisien.

Tout ce monde attendait l'arrivée du nouveau bey,

Sidi-Sadok Bacha, qui jusqu'à ce jour était bey de camp, c'est-à-dire général en chef de l'armée tunisienne, et résidait à quelques lieues dans l'intérieur du pays. A Tunis, le trône ne passe pas nécessairement au fils du souverain, mais au prince le plus âgé de la famille régnante, quand même il serait d'une branche collatérale.

Nous n'avions pas de temps à perdre. Aussi, sans attendre le bey qui pouvait encore tarder longtemps, nous nous remîmes en route après avoir visité en tous sens les cours du palais, et nous dirigeâmes du côté de l'aqueduc romain qui servait autrefois à alimenter Carthage. Il nous fallut d'abord traverser de vrais déserts de sables, dont l'aridité n'était que rarement interrompue par la maison de campagne et le jardin d'un grand seigneur, à la végétation luxuriante et tropicale, riantes oasis qui reposaient nos yeux fatigués. Des caravanes de chameaux chargés de blés ou d'autres denrées les sillonnaient en tous sens. C'était bien la vie orientale dans toute sa magnificence, avec sa profusion de lumière et de chaleur, et son charme irrésistible : spectacle grandiose qui a inspiré le pinceau de nos grands maîtres, Eugène Delacroix, Paul Delaroche, Horace Vernet, et tant d'autres encore.

Les Arabes qui conduisent les caravanes ne sont en général pas montés sur les chameaux. On prétend que ce genre d'équitation est très-fatigant surtout au trot, et que, si l'on n'en a une grande habitude, on ressent le mal de mer dès qu'on s'embarque sur ces *vaisseaux de la terre* (gouareub el beurr), comme les appellent les Arabes dans leur langage figuré. Ils s'en dédommagent du reste en montant de tout petits ânes nus, sans selle, ni mors, ni bride, qui forment toujours l'arrière-garde du convoi. Grâce à la taille de ces animaux, ils ont la plus grande facilité pour les enfourcher ou en descendre sans arrêter leur marche; et l'on voit, non sans surprise, assis sur la croupe de ces petites bêtes, qu'ils semblent vouloir écraser de leur poids et cacher sous leurs larges vêtements flottants, de grands hommes dont les longues jambes traînent jusqu'à terre.

Bientôt s'étala devant nous l'aqueduc romain dans toute sa splendeur. Imaginez sur une longueur immense, traversant une large vallée d'une montagne à l'autre, une suite d'arches de vingt à trente mètres de hauteur, formées d'énormes blocs d'un béton grossier (un mètre de hauteur, avec deux de largeur et trois à quatre de longueur), sur des assises en pierre de taille de dimensions semblables.

L'œil suit avec étonnement cette construction si légère de forme, et cependant si solide, qui d'un côté s'étend à perte de vue, en se rapetissant suivant les lois de la perspective; de l'autre ne touche la montagne que pour la traverser dans un tunnel aujourd'hui en partie éboulé, et recommencer de l'autre côté sa course audacieuse. Les arches sont parfaitement conservées pour la plupart, à l'exception de quelques-unes que le bey a fait renverser, il y a peu d'années, pour en prendre les pierres de taille et les employer à la construction de son palais. Les Vandales, hélas! ont laissé partout de nombreux successeurs. Suivant l'opinion générale, cet aqueduc aurait été bâti sous Adrien ; mais quelques savants le prétendent beaucoup plus ancien. D'après eux, ce serait un des plus beaux restes de l'architecture punique, et il aurait été construit par les Carthaginois longtemps avant la conquête romaine, à l'époque où Carthage libre et puissante était la reine des mers. Il serait ainsi contemporain de la citadelle de Byrsa et des magnifiques ports de Carthage creusés de main d'homme, que M. Beulé vient d'explorer avec tant de succès.

Nous étions descendus de voiture, et nous nous dirigions à pied du côté du tunnel, qui n'était que peu éloigné, pour gravir la montagne et voir de l'autre côté les restes également bien conservés d'une ville romaine, lorsque notre interprète nous fit remarquer une dizaine d'Arabes armés de fusils, qui s'étaient levés à notre approche et s'avançaient vers nous avec des gestes équivoques. Il nous dit qu'il craignait une attaque, parce que le pays est infesté de brigands ; l'année précédente, il était venu au même endroit avec un Français qu'il accompagnait ; ils avaient été poursuivis par quelques Arabes à cheval, qui leur avaient demandé leur bourse et ne les avaient quittés que lorsque son compagnon eut déchargé sur eux ses pistolets. Nous n'avions pas d'armes, mais nous persistions à aller en avant, croyant que Khalif se faisait illusion, lorsque nous vîmes les Arabes hâter le pas et prendre un air menaçant. Il s'agissait de faire bonne contenance, car rien n'enhardit ces gens comme la peur qu'on a d'eux. Nous nous arrêtâmes donc d'un air tranquille et indifférent, comme pour examiner encore une fois l'aqueduc, puis reculâmes lentement jusqu'à notre voiture qui n'était qu'à une faible distance. Nous y étions à peine assis que notre cocher maltais, aussi effrayé que le juif, lança ses chevaux au grand galop, pour ne ralentir que lorsqu'il fut hors de la portée des maraudeurs. Ceux-ci avaient essayé d'abord de nous rejoindre par une traverse, mais, voyant que nous allions plus vite qu'eux, ils n'avaient pas tardé à rebrousser chemin.

Notre course au clocher n'était pas sans péril, car s'il y a des sentiers étroits et juxtaposés tracés par les caravanes, il n'y a pas de route frayée pour les voitures, et nous passions à travers champs et ravins, pierres et broussailles. Il y a, du reste, encore bien des choses à faire pour l'agrément du voyageur; l'une des premières serait de planter des arbres le long des chemins. Sur cette terre embrasée par un ciel de feu on soupire après l'ombrage.

Notre cocher s'arrêta à quelque distance du Bardo, à une croisière où se trouvait un café arabe. C'est une petite maison couverte en chaume, où le *cahouadji* ou cafetier a toujours du feu prêt pour faire bouillir la cafetière. A l'extérieur, de chaque côté de la porte, un banc en pierre couvert d'une natte sert de siége à quelques Arabes accroupis qui fument nonchalamment leur pipe.

Ici, comme partout en pays musulman, le café se prépare en faisant cuire ensemble l'eau, le grain de moka en poudre et le sucre ; le cahouadji verse sans tamiser dans de mignonnes tasses de faïence à dessins, assez semblables aux tasses chinoises. Il y joint de petites cuillers en étain qu'il essuie avec un pan de son burnous. Est-ce pour les nettoyer ou les salir? L'étranger est surpris d'abord de rencontrer à manger là où il pensait boire; mais il ne tarde pas à trouver cette bouillie excellente et cesse de laisser le marc au fond.

Pendant que nous dégustions ce nectar salutaire, notre cocher désaltérait ses chevaux à l'eau d'une citerne voisine. Là un chameau attelé à une solide branche d'arbre faisait tourner un manége très-primitif, qui mettait en mouvement un système continu d'auges descendant jusqu'au fond du puits. L'eau incessamment amenée à la surface, alimentait un large bassin de pierre, où les bêtes pouvaient boire; et le trop-plein s'écoulait en source abondante dans un jardin voisin qui lui devait sa belle végétation. Une inscription arabe sur une plaque de marbre encastrée dans le mur du côté de la route, rappelait à la mémoire des passants le nom du mortel bienfaisant qui avait fait construire cette *noria* si bien placée. Un soldat tunisien y montait la garde couché sur un banc à côté de son fusil; il nous consacra quelques instants enlevés à un délicieux sommeil, et nous raconta de nombreux exemples de la cruauté bien connue du nouveau bey qu'il ne se réjouissait pas d'avoir pour maître. Il allait, par exemple, à la tête de l'armée, coutume de ces contrées barbares, lever les impôts dans l'intérieur du pays, et tous ceux qui ne voulaient ou ne pouvaient pas payer avaient, par son ordre, la tête tranchée.

Nous reprîmes bientôt le chemin du Bardo, et il nous devint facile de voir que la mort du bey avait causé plus d'agitation que l'air apathique des habitants de Tunis ne l'aurait fait supposer. De tous côtés on voyait arriver des troupes de cavaliers arabes, armés et en tenue de guerre; souvent des cheicks et des caïds se distinguant de leur escorte par la beauté de leurs chevaux, de leur harnachement et de leurs armes. Devant le château il y avait des rassemblements considérables d'Arabes à pied ou à cheval. Plus loin quelques centaines de chevaux attendaient à vide le retour de leurs maîtres, qui étaient entrés dans le Bardo.

Spectacle saisissant, ineffaçable de mes souvenirs! je ne pouvais me lasser de contempler cette foule arabe si originale, si différente de nos foules françaises, tout habillée de blanc, les têtes couvertes de fez rouges, de turbans de couleur ou de capuchons blancs, cette foule si imposante dans ses majestueux burnous, qu'on eût dit une assemblée de patriarches. Ajoutez à cela un désert de sable pour fond du tableau; dans le lointain, éblouissante de blancheur, une forme vague, qui était Tunis; enfin, pénétrant la scène d'une lumière ardente et d'une chaleur fiévreuse, un ciel embrasé dont aucun nuage ne venait troubler l'azur profond. Tout le monde attendait avec impatience. Enfin un cri général se fit entendre; chacun se précipita en avant. On voyait au loin dans la montagne à plus d'une lieue de distance un nuage de poussière : le bey arrivait.

Aussitôt près de nous un clairon fit entendre des

notes françaises : le poste d'artilleurs tunisiens, placé à quelques pas de nous, sortait pour la parade de rigueur. Ces pauvres diables faisaient bien la figure la plus drôle qu'on puisse imaginer. Ils étaient alignés côte à côte, sans le moindre égard pour les exigences de l'œil : un long, un court, un gros, un maigre ; on se rappelle comment les caricaturistes ont arrangé notre brave garde nationale, qui ne se composait pourtant pas de Tunisiens. En somme, l'intention de copier le soldat français était visible : ils portaient tous, au lieu du caleçon arabe, le pantalon de toile blanche, et une tunique de la même étoffe, puis un fez rouge à flot bleu, une grande giberne qui leur battait les flancs, un fusil de munition qu'ils ne savaient pas tenir, et qui penchait toujours d'un côté ou de l'autre. Mais la plus grande fantaisie régnait à la fois dans le reste de l'uniforme et dans la manière d'en porter ces quelques parties essentielles. Ainsi les pantalons étaient trop longs ou trop courts, retroussés ou pendants ; la tunique semblait rarement avoir été faite pour son homme ; guêtres, sous-pieds, babouches, pantoufles, souliers ou bottes se partageaient les pieds qui n'étaient pas nus, et ils ne l'étaient pas toujours tous deux chez le même individu : avec tout cela un air fort peu belliqueux. La France a l'honneur de fournir aux troupes tunisiennes des officiers instructeurs ; mais malgré leur zèle, ceux-ci n'ont pu réussir qu'à modifier l'extérieur et non le moral du soldat.

En ce moment arriva au grand trot une voiture attelée de trois mules. Tout le monde regarda avec anxiété ; ce n'était qu'un grand de la cour. Il y eut une pause assez longue. Puis tout à coup des cris s'élevèrent; l'officier du poste commanda en français : « Portez arme »; la trompette sonna une de nos fanfares nationales ; et le bey arriva au galop dans une calèche fermée, attelée de huit mules conduites par un cocher et des postillons nègres, et tenues en laisse par des valets de pied, nègres aussi, qui couraient à côté d'elles. Devant la voiture galopaient quelques cavaliers en pantalon garance et tunique bleue, coiffés du fez rouge à gland bleu foncé. Dans l'intérieur, le bey se cachait la figure dans un mouchoir en indienne de Rouen; il a les cheveux gris, et semble avoir passé cinquante ans. Trois officiers se trouvaient avec lui dans la voiture, et tous quatre portaient le moderne uniforme tunisien, que je viens de décrire. Enfin derrière, suivaient au galop, sur de beaux chevaux de guerre, une trentaine de chefs arabes, en burnous blancs, brandissant leurs longs fusils.

Sur la plate-forme de la tour du château on avait préparé un canon. Au moment où le bey franchissait la porte, on y mit le feu pour célébrer son entrée. Aussitôt un grand fracas se fit entendre, et un nuage de poussière couvrit tous les spectateurs. C'était le crépi du mur, qui, effrayé de ce bruit inaccoutumé, s'écroulait avec bon nombre de pierres qui elles-mêmes ne tenaient plus. Heureusement, personne ne fut blessé ; mais le bey ferait bien à l'avenir de faire réparer son Louvre, et de l'habituer au bruit du canon.

Nous avions vu tout ce que nous pouvions voir, et entendu, plus que nous ne le désirions, les sons discordants d'un corps de musique militaire qui, sur une des terrasses du château, célébrait l'arrivée du souverain. Il ne nous restait qu'à reprendre le chemin de la ville. De nouveaux convives nous attendaient à table : c'étaient quelques jeunes ingénieurs français déjà installés depuis quelques jours dans la campagne pour commencer les préliminaires des travaux de l'aqueduc, avec de nombreux ouvriers arabes que leur fournit le gouvernement du bey. Chacun se mit alors à raconter ses aventures. Il paraît que les environs de Tunis sont très-inhospitaliers, moins cependant qu'autrefois. Il y a quelques années, un chrétien ne pouvait s'aventurer dans la campagne ou les villages voisins qu'au risque de sa vie. Ces jeunes gens nous disent que la nuit précédente, au milieu de leur campement, au milieu des Arabes qui travaillent avec eux, au milieu des soldats du bey qui les protégent, un de leurs ouvriers indigènes a été assassiné. Par contre, ils nous parlent avec enthousiasme des ruines romaines qui les entourent de toutes parts. Ils sont venus en ville pour assister aux funérailles du bey. Ils portent un vrai costume africain, un pantalon blanc, et une jaquette blanche en toile, à capuchon; rien ne me paraît plus convenable pour ce pays.

Cependant l'hôtel se garnit. Voici un Tunisien qui arrive en habit militaire; il est suivi d'un esclave. On lui donne une chambre, et son esclave devra coucher dans le corridor; M. François trouve que c'est assez bon pour lui. L'officier tunisien a demandé à venir s'asseoir au salon près de nous; mais M. François, qui nous raconte le fait, a refusé. « Vous figurez-vous, nous dit-il, que je voudrais ce sauvage dans mon salon? » Et il cherche à nous faire croire que c'est un amiral du bey. Farceur de François! Quelque grand personnage que tu sois, est-ce ainsi que tu recevrais un amiral? Et chacun de rire de ces vaniteuses prétentions.— Nous montons sur la terrasse. Le prétendu amiral, assis sur son lit, fume gravement une longue pipe turque; son serviteur est couché en travers de la porte. Il fait encore une chaleur étouffante à dix heures du soir. — Plusieurs fois je suis réveillé la nuit par les chants sonores des muezzins qui du haut des minarets invitent les croyants à la prière, répétant quatre fois, aux quatre points de l'horizon, leur solennelle invocation. C'est comme un fort vent qui souffle, augmente d'intensité avec une lenteur imposante et grandiose, et finit par un tremolo vigoureux et prolongé, comme le son du tonnerre; puis le bruit diminue pour s'éteindre graduellement. Rien de plus majestueux, de plus émouvant, que ces notes frémissantes au milieu du silence de la nuit.

V

L'enterrement du bey; commencement d'émeute; encore l'influence européenne.

Voici le grand jour. Khalif nous a dit que l'enterrement aurait lieu à neuf heures. A huit heures et demie je me trouve avec M. B. sur la place de la Kasbah. Déjà la foule commence à se former, pittoresque assemblage : des femmes en grand nombre, enveloppées dans leurs voiles blancs, des Juives en riches costumes et la figure découverte; des hommes de la campagne dans leurs burnous blanc sale, le capuchon sur la tête, des Maures de la ville en habits de soie, et en turban. Tout ce monde se fatigue d'attendre; on s'accroupit à la mode arabe, et autant que possible à l'ombre, car le soleil est ardent dès le matin, et le ciel sans nuages. Quelquefois passent des voitures attelées de mules et conduites par des cochers nègres; de grands personnages indigènes s'y trouvent. A neuf heures, le canon se fait entendre : c'est le convoi mortuaire qui maintenant seulement quitte le Bardo; il ne sera ici que dans une heure et demie au plus tôt.

Je profite de ce répit pour faire avec M. B. encore un tour en ville. Tout est calme, tranquille, comme à l'ordinaire; seulement les bazars sont fermés pour trois jours par ordre supérieur. Nous voyons comme la veille Maures et Juifs accroupis silencieusement devant leurs maisons, la pipe à la bouche, dormant à demi. Évidemment, le bey mort n'est pas plus regretté que le nouveau bey n'est désiré; l'un n'est pas plus aimé que l'autre. Quel écueil, quelle punition pour ces gouvernements despotiques, arbitraires, qui croient leurs sujets faits uniquement pour payer leur luxe ou leurs plaisirs, que cette indifférence du peuple à leur égard! Ces gouvernements ne se font obéir, ne se maintiennent qu'en l'abrutissant. Mais, le peuple une fois abruti, le sens moral éteint, l'énergie disparue, que reste-t-il? Une population facile à conduire, sans doute, mais incapable aussi de faire le bien; incapable de se révolter contre son souverain, mais incapable aussi de le défendre; incapable de le haïr fortement, mais incapable aussi de l'aimer. On ne gagne rien à tuer l'homme, à tuer en lui ce qui fait sa grandeur, sa noblesse : l'amour de la liberté et l'esprit d'indépendance, l'énergie morale, la force du caractère, l'amour de ce qui est juste et élevé, l'amour du bien sans arrière-pensée.

Tout en faisant ces réflexions, nous étions revenus sur la place de la Kasbah. Nous y trouvons nos camarades de l'hôtel qui nous accueillent avec émotion, avec joie. Il y a là une trentaine d'Européens réunis, tous inquiets et préoccupés, heureux cependant de se voir en nombre. La plupart de ces messieurs, nous dit-on, s'étaient aventurés hors des portes de la ville, dans la campagne. La foule y était nombreuse. Soudain quelques Arabes commencent à les injurier, d'autres suivent, et bientôt une grêle de pierres tombe sur les chrétiens et les juifs. Quelques-uns sont blessés, d'autres renversés. La foule des fanatiques grossit. Les chrétiens, saisis d'une terreur panique, se débandent, s'enfuient en désordre, et courent les plus grands dangers, jusqu'à l'arrivée d'un officier du bey à cheval qui les délivre et fait arrêter les mutins par les soldats de son escorte. Mes deux amis marseillais avaient été séparés un instant des autres Européens, et n'avaient dû leur salut qu'à un cavalier kabyle, couvert d'un immense chapeau de paille, selon la mode du pays, et bien armé. Il les avait pris sous sa protection, les avait placés devant son cheval, et avait déclaré à la foule que si on les attaquait, on aurait affaire à lui. Au moment où l'on me faisait ce récit, les soldats et les gens de la police amenaient les séditieux qu'on avait arrêtés, une centaine environ. On les conduisait en prison ; et ils avaient l'air de s'y résigner d'assez bonne grâce. Ces gens n'ont pas l'air féroce, plutôt ignorant ou abruti ; on dirait qu'en tua. monde, ils ne songent pas au mal qu'ils lui font.

Tout à coup, sur la place même de la Kasbah, des cris se font entendre ; une poussée formidable a lieu ; on commence à fuir. J'avais reculé de trois pas, lorsqu'un Maure me saisit par le bras en me disant : « Chouya, chouya » (reste tranquille), et en me faisant signe qu'il n'y a rien à craindre. Ce n'était rien, en effet, que les soldats occupés à faire ranger la foule pour le passage du cortége. Celui-ci paraît bientôt : d'abord un détachement de soldats marchant avec une gravité grotesque, musique en tête, les tambours couverts d'un crêpe. Les musiciens, n'importe leur instrument, jouent tous les mêmes notes à l'unisson ; l'harmonie est inconnue chez ces peuples. Quelques marabouts suivent à cheval avec de gigantesques turbans blancs, et marmottant des litanies. Alors vient le cercueil porté par huit grands dignitaires de l'armée, et surmonté de l'uniforme du bey qui lui sert comme de couverture ; puis quelques officiers, tenant l'un son sabre, un autre son fusil, etc., comme à l'enterrement du Marlborough de la chanson. Derrière marchent quelques autres troupes et la suite du prince, tous murmurant des prières, qui sont répétées successivement par les femmes dispersées dans la foule. Le cortége s'arrête un instant sur la place, et un marabout s'avançant à cheval chante une invocation religieuse en l'accompagnant de gestes de circonstance. Enfin on se remet en marche pour transporter le corps à la mosquée voisine où il doit être enterré. Je regarde une dernière fois — coup d'œil admirable — cette foule indigène debout et assise sur les terrasses de toutes les maisons qui environnent la place, ces formes blanches, comme autant de spectres, au milieu desquelles se détachent parfois la peau noire et les habits rouges ou bigarrés d'un nègre ou d'une négresse. Puis je suis mes compagnons du côté de la mosquée ; nous voyons encore une fois passer le cortége ; mais dès lors nous devons renoncer à aller plus loin, les Arabes ne souffrant pas que des infidèles voient de trop près leurs cérémonies religieuses.

Déjà nous avions commencé à redescendre la ville tous ensemble pour retourner à notre hôtel, quand subitement nous voyons accourir dans la rue étroite où nous nous trouvons une foule de gens qui se sauvent, Arabes, Européens, Juifs, tous pêle-mêle. Aussitôt une terreur panique s'empare de tout le monde; on s'enfuit sans savoir pourquoi. Je m'étais élancé dans une rue de traverse, et j'y avais fait quelques pas, lorsqu'en me retournant je vois que tous mes compagnons ont disparu ; M. B... seul est encore au coin de la rue dont il n'a pas bougé pendant le tumulte. Nous reprenons ensemble le chemin d'où nous était venue cette foule effrayée. Au coin suivant, quelques Juifs européens qui passent accompagnés et protégés par un officier tunisien nous engagent à venir avec eux, nous. faisant un noir tableau des dangers que nous courons ; ils nous offrent de nous ramener à notre hôtel par des chemins détournés. Ne tenant aucun compte de cet avertissement, nous avions continué à avancer, lorsque, deux rues plus loin, un Arabe me prend le bras, et me dit en assez bon français : « Toi retourner ; toi rien avoir à faire ici ; pas bon chemin pour toi ; Arabes là avec bâtons pour Français. » A un avertissement aussi catégorique, il eût été imprudent de résister : nous nous laissons donc conduire à travers quelques rues par notre protecteur. C'est un Algérien; il a voulu nous rendre service comme compatriote, et ne s'éloigne qu'après nous avoir indiqué notre chemin. Plusieurs fois encore d'autres Arabes nous arrêtent au passage et nous disent de ne pas aller de tel ou tel côté. Une seule fois il nous arrive d'être insultés à haute voix, et encore par des nègres. Il est facile dès lors de voir qu'il y a à Tunis un parti qui est hostile aux Européens, mais que le reste de la population les voit, sinon avec faveur, au moins avec indifférence; enfin qu'il y a dans ce peuple fanatique des gens connaissant et pratiquant les devoirs de l'humanité. Peu après nous rencontrons de nouveau la troupe de Juifs de tout à l'heure. Cette fois nous acceptons leur offre; nous les suivons par des rues vides et plus ou moins détournées et finissons par arriver à notre hôtel.

Nous y trouvons nos compagnons tous également revenus sains et saufs, à part quelques contusions légères. Chacun alors se met à raconter; on parle de consuls, de vice-consuls européens tués ou blessés, et d'autres accidents moins graves. On apprit le soir que quelques Juifs avaient été dépouillés de leurs vêtements, volés et battus dans cet état; l'un avait reçu en pleine poitrine de vigoureux coups de poing de chacun des assistants à tour de rôle. Il y avait eu aussi quelques Européens blessés.

Après les grandes chaleurs du milieu du jour, nous sommes allés avec Khalif faire un tour dans le quartier juif. Là nous ne courions pas les mêmes risques que dans les rues mauresques; d'ailleurs nous étions une dizaine. Les toilettes des dames juives sont célèbres à Tunis; nous étions au sabbat, jour où elles ont l'habitude de se parer. Nous n'y avons rien trouvé de beau : habillement riche, cher, mais disgracieux, sans élégance.

Nous avons aussi visité quelques synagogues ; elles sont tenues avec un certain luxe, et le marbre y joue son rôle. Tous les cultes ont des temples à Tunis ; car des populations de tous pays s'y rencontrent. Il y a une église catholique et un temple protestant, mais le culte chrétien qui domine est le grec. Les Grecs sont en effet très-nombreux à Tunis ; le commerce presque entier de la Méditerranée est entre les mains de la Grèce ; et sa marine marchande y est, dit-on, plus nombreuse que celle de la France.

De là nous sommes allés faire un tour de promenade jusqu'au lac ; le temps était superbe, et l'échauffourée du matin complétement oubliée.

Cependant à table on en a reparlé. Les coupables ont été arrêtés pour la plupart sur la demande des consuls européens. On leur a distribué provisoirement cinq cents coups de bâton pour les forcer à dénoncer leurs complices. Il y aura de plus quelques exécutions, et tout sera fini.

Avant de rentrer à l'hôtel, nous nous sommes arrêtés un instant sur la place qui forme l'entrée du quartier européen. Nous y avons trouvé plusieurs connaissances, et nous avons pu admirer l'enseigne emphatique d'un professeur de danse ; seulement ses élèves sont des souris blanches. Il leur fait exécuter leurs plus beaux pas sur un petit théâtre de circonstance, qu'il intitule « Spectacle de Paris. »

Une autre rencontre mérite aussi d'être mentionnée. C'est un jeune Arabe qui nous accoste, ayant appris que nous nous rendons à Bône ; il nous prie en très-bon français de nous charger d'une commission pour cette ville qu'il habite. Il porte le costume indigène, mais il a une montre et un portefeuille. Il nous dit être venu à Tunis pour recueillir un héritage, et nous explique toutes les démarches qu'il va faire, et les précautions qu'il prendra pour n'être pas frustré. « C'est que, ajoute-t-il avec aplomb, je me connais en ces matières; j'ai travaillé plusieurs années à Bône chez un défenseur. » Il nous parle avec mépris de l'émeute du matin. « On voit bien, dit-il, que les Tunisiens sont des barbares; nous autres gens civilisés nous sentons à merveille l'avantage qu'il y a à être Français. Du reste, j'enverrai un article là-dessus à mon ami Olivier, qui le fera insérer dans la *Seybouse;* » (c'est le journal de Bône).

Chose triste à dire ! cette élégance de langage et de manières, cette instruction, cette intelligence que notre contact leur a données, ce n'est en général qu'aux dépens de leurs qualités morales que les Arabes les ont acquises. Je l'appris pour ce jeune homme à Bône, où je pris des informations sur son compte, et il y en a encore bien d'autres exemples. Chez le musulman, la religion est si intimement liée à la vie entière, aux mœurs, aux coutumes, aux préjugés, qu'en se dépouillant de ceux-ci, en se francisant, il rejette en même temps sa religion, le seul frein qui lui conservât quelques vertus. Il ne lui reste plus même alors la religion naturelle la plus élémentaire. Il adopte nos vices avec frénésie, il croit se grandir par là, et n'y garde plus aucune mesure. S'il transgresse le précepte qui lui défend l'usage du vin, c'est pour se livrer à l'ivrognerie, et ainsi du reste. Sceptique alors par tempérament, par corruption, par intérêt, il ne recule plus devant les moyens les plus lâches et les plus vils pour arriver à son but. Comment pourrait-il en effet reconnaître la supériorité des chrétiens, sans s'avouer en même temps l'infériorité de sa religion, sans la mépriser? Il la méprise donc, mais sans adopter celle qui est meilleure; car il faudrait pour cela qu'il la connût d'abord. On ne devrait jamais démolir sans reconstruire, jamais enlever à un homme ses croyances sans lui en donner d'autres supérieures. Les Anglais attribuent avec raison la terrible insurrection qui, il y a peu d'années, faillit compromettre leur dominanation dans les Indes, au soin qu'on eut d'instruire, de civiliser les indigènes sans leur enseigner, sans leur permettre même d'adopter la religion chrétienne. L'expérience les a engagés à agir autrement à l'avenir.

VI

La Marsa; les ruines de Carthage.

Dimanche, 25 septembre 1859.

J'ai quitté aujourd'hui avec un mélange de satisfaction et de regret cette ville de Tunis si barbare, si peu confortable et cependant si originale, si intéressante. Le bateau à vapeur, le même qui nous avait amenés, partait à midi : je devais m'y embarquer avec les deux jeunes gens de Marseille, mes compagnons des jours précédents. Il fut convenu que nous consacrerions la matinée à visiter la Marsa, résidence d'été du dernier bey, qui vient d'y mourir, et les ruines de Carthage. Khalif devait nous accompagner en sa qualité d'interprète, et de Carthage nous comptions nous rendre directement à bord.

A cinq heures du matin nous étions prêts, et un instant après nous sortions de la ville et nous mettions en voiture. Nous étions conduits par un Maltais, et comme à l'ordinaire nous avions deux rosses d'un aspect pitoyable, mais qui une fois en marche auraient défié nos meilleurs chevaux de France pour la rapidité et la résistance à la fatigue.

Vers sept heures nous arrivions à la Marsa. Cette construction, tout aussi irrégulière que le Bardo, est pourtant un peu plus architecturale et plus digne par son extérieur de servir de résidence à un souverain. La façade, très-simple, du reste, et ressemblant à celle d'une maison ordinaire, est peinte partiellement en couleur crues parmi lesquelles le rouge et le vert dominent. Sous la porte se trouvaient deux eunuques noirs, et près d'eux des soldats qui montaient la garde ; en face, les écuries, et la vaste tente où le bey jugeait lui-même les différends de ses sujets, comme saint Louis : le droit et le devoir de rendre la justice sont une prérogative que le Coran attribue au prince dans certains cas. On venait de commencer, juste à côté de cette tente, un bâtiment massif en pierre qui devait servir de palais de justice, et dont la mort du bey retardera ou même empêchera peut-être l'achèvement.

Tout auprès on rencontre les maisons de campagne des ministres du bey et des consuls européens, qui, sauf les dimensions, ne le cèdent ni en beauté ni en élégance au palais du souverain. Cependant toutes les constructions de la Marsa manquent, en général, de proportions, de style, de distinction : ce ne sont que des murs blancs avec quelques fenêtres irrégulièrement percées ; on dirait presque des tombeaux gigantesques.

Il nous restait à voir les ruines de Carthage. Déjà nous avions longé à plusieurs reprises les restes de son aqueduc. Au bout d'un quart d'heure nous arrivions sur l'emplacement de cette ville mémorable, le cœur plein des souvenirs que rappelle un nom autrefois si puissant et si respecté. Une grande plaine couverte de pierres taillées et de ruines, battue d'un côté par les flots de la mer, terminée de l'autre par quelques collines peu élevées, sillonnée en tous sens par les troupeaux de l'Arabe ignorant et grossier, qui erre avec indifférence au milieu de ces débris augustes, voilà tout ce qui reste de la reine des mers, de la rivale de Rome, de cette ville qui rêvait des destinées si brillantes, qui avait des sujets d'espérance si légitimes, si conformes aux succès de son passé. Un tour de roue, et la fortune changea. Bientôt à la place de cette vie si animée, si pleine d'une séve vigoureuse, il n'y eut plus qu'un cadavre.

Qui saurait dire l'influence que la chute de Carthage a exercée sur l'histoire du monde ? Qui pourrait se rendre compte des différences qui eussent signalé le cours des événements, si Carthage, au lieu d'être vaincue et détruite, avait triomphé ? Sans doute elle aurait soumis le monde ; elle aurait joué le rôle que joua plus tard la toute-puissante Rome ; et alors, au lieu des principes romains qui ont laissé partout leur trace ineffaçable, les principes phéniciens auraient conquis les nations ; la civilisation carthaginoise, qu'on n'a peut-être jusqu'ici pas appréciée avec assez de faveur, aurait pris partout la place prédominante que s'est attribuée plus tard à tort ou à raison la civilisation romaine. L'humanité s'en serait-elle trouvée plus mal, ou mieux ? Vaste matière à conjectures ! Mais la face du monde eût été transformée. — Et de nos jours même, qui sait si des destinées brillantes n'attendent pas Tunis, l'héritière de la position si favorable de Carthage ? Il faudrait pour cela que le nord de l'Afrique se réveillât de sa léthargie et reconquît son antique splendeur.

Les souvenirs s'amassent sur cette plage aujourd'hui déserte. C'est ici, sur le bord de cette mer éclairée par un si beau soleil, que quelques navigateurs phéniciens, qui accompagnaient Didon fugitive, suivant la poétique tradition de Virgile, demandèrent aux habitants du pays la permission de s'établir sur l'espace de terrain que limiterait une peau de bœuf. C'est là peut-être où croissent avec vigueur quelques figuiers verdoyants, que le vieux Caton cueillit les figues savoureuses, de funeste mémoire, qu'il présenta au sénat, pour faire admirer leur fraîcheur, en ajoutant d'une manière significative que la ville qui produisait de tels fruits était à trois journées seulement de Rome, et qu'elle devait disparaître pour la tranquillité de la république : « Delenda est Carthago. » C'est ici que Marius exilé, appuyé sur le tronçon d'une colonne de marbre, songeait mélancoliquement aux vicissitudes du sort. Là, vers la droite, on a reconnu l'endroit par où Scipion Émilien commença l'attaque de la ville, lorsqu'il vint remplir le vœu de Caton et détruire Carthage. Là enfin périt saint Louis, au milieu de sa croisade contre les infidèles.

Que d'empires fondés, florissants, puis tombés à cette même place, où ils se sont succédé chacun avec ses jours de labeur, de puissance, de gloire et de décadence ! Carthage, Rome, les Vandales, les Arabes, les Turcs, les Espagnols.

Nous avons vu d'abord les citernes, qui sont remarquablement bien conservées, et de proportions gigantesques ; quelques murailles ont même gardé leur crépi et renferment encore de l'eau. Ces citernes se composent d'une série de vastes loges voûtées en solide maçonnerie et servant aujourd'hui de retraite à quantité de crapauds et d'oiseaux de nuit.

Sur le bord de la mer, les restes des travaux du port sont encore très-visibles. Là se trouvent les débris les plus considérables, des tombeaux, des maisons faciles à reconnaître, avec leurs murailles massives et leurs caves voûtées, des colonnes de marbre, quelques parties de la jetée.

Je contemplais mélancoliquement ce spectacle émouvant de l'instabilité des choses humaines, lorsque je fus distrait de mes réflexions par la voix d'un petit berger arabe qui gardait des chèvres et des moutons à quelque distance. Il m'apportait une pièce de monnaie romaine qu'il venait de trouver dans les ruines.

Elle portait sur le revers une croix ; car le christianisme, qui commence à peine aujourd'hui à obtenir ici le droit de vivre, y régnait autrefois en maître, du temps où les Églises de l'Afrique septentrionale étaient dirigées par la houlette pastorale de deux cents évêques.

Il ne nous restait plus qu'à monter à la chapelle Saint-Louis, élevée par Louis-Philippe, sur un terrain acheté par la France, à la mémoire du saint roi qui succomba à cette place. En elle même cette chapelle ne présente rien de remarquable ; mais dans le jardin qui l'entoure on a rassemblé et disposé avec goût une foule d'antiquités trouvées à Carthage, mosaïques, statues, bas-reliefs, lampes funéraires, urnes, etc. Un savant archéologue, qui a exploré et étudié avec le plus grand soin et une persévérance à toute épreuve les ruines de Carthage, M. Beulé, se basant sur des calculs habiles faits d'après les données très-exactes qu'ont fournies les historiens romains sur la prise de la ville, avait déterminé que les restes de la citadelle de Byrsa et du temple romain construit plus tard à la même place devaient se trouver sous la chapelle Saint-Louis et formaient peut-être même le monticule peu élevé sur lequel elle est bâtie.

Il ne s'était pas trompé. Des fouilles intelligentes qu'il entreprit à ses frais, en véritable et zélé disciple de la science, lui firent découvrir sous le jardin de la chapelle les ruines encore parfaitement conservées du temple d'Esculape, les voûtes avec leurs encadrements, qui présentent un fort bel effet. Il retrouva aussi des restes des fortifications puniques de Byrsa. Il serait digne du gouvernement français de faire continuer ces fouilles dont les frais sont trop lourds pour un simple particulier. Dans le cours de ses explorations, M. Beulé a obtenu des résultats fort intéressants, notamment en ce qui concerne les ports de la ville, les tombeaux et les sépultures des habitants. Il y a là de précieuses ressources pour l'histoire des races, des mœurs et des croyances des différents peuples qui se sont succédé à Carthage.

Notre excursion s'est terminée par un déjeuner frugal, mais assaisonné de bon appétit, que nous avons pris sur les ruines du temple et de la citadelle. Puis nous sommes remontés en voiture, et bientôt nous étions arrivés à la Goulette. L'*Oasis* chauffait, une barque nous conduisit à bord, et peu après le signal du départ fut donné.

Je ne connais rien de comparable à un voyage maritime. D'un côté la terre qui s'enfuit, les villes, les villages, les rochers, les arbres, qui disparaissent tour à tour; de l'autre la mer immense, infinie, toujours semblable. N'est-ce pas l'image de la vie? D'un côté tout passe, de l'autre il y a quelque chose de stable, d'immuable, l'infini, l'éternité.

C'est ainsi que nous avancions doucement sur les flots calmes et unis comme ceux d'un lac. Le soir vint, le ciel se revêtit de son manteau d'étoiles brillantes, leur éclat augmenta peu à peu ; la lune apparut à son tour. Assis à l'arrière du navire, je ne sentais pas s'écouler les heures ; j'étais plongé dans une rêverie profonde, un ravissement inexprimable; je contemplais avec délices la voie lactée et ses innombrables soleils, centres d'autant de mondes semblables au nôtre. Que doit être l'univers entier ? Quelle pensée dépassant notre intelligence que ces milliards de milliards de mondes derrière lesquels on trouverait encore perpétuellement d'autres milliards ! On conçoit que les pâtres de la Chaldée aient été les premiers astronomes : les nuits sont si splendides dans les pays chauds !

CHAPITRE III

DE BÔNE A CONSTANTINE

I

Les hauts-fourneaux et le haras de l'Alelik; les plantations de coton;
Guelma; mon guide arabe; les chiens indigènes.

A six heures du matin, nous débarquions à Bône. J'ai passé la journée à visiter les environs. J'ai vu les fonderies de fer et les hauts-fourneaux de l'Alelik où travaillent un grand nombre de nègres. Un peu plus loin est le dépôt d'étalons. Partout, en Algérie, les écuries se composent simplement d'un toit, soutenu par un mur du côté de la mangeoire. Par derrière, elles sont ouvertes; tout au plus des nattes y sont-elles suspendues pour empêcher le vent ou la pluie de pénétrer. De cette manière les chevaux sont à peu près au grand air, ce qui doit les rendre plus vigoureux. Je fus enthousiasmé des magnifiques bêtes de ce haras; il y avait des chevaux syriens superbes, quelques-uns d'un poil blanc si fin et si soyeux, que la peau, visible à travers, leur donnait un reflet rose admirable.

M. G., mon ami, m'a mené voir des plantations de coton; de loin on dirait des forêts de petits arbustes à fleurs blanches. Des enfants y étaient occupés à la cueillette. Malheureusement cette culture est encore si récente, elle occupe un territoire si restreint que ce n'est, pour ainsi dire, qu'un essai ; il y a loin de là à une véritable production en grand. Cependant l'essentiel est de commencer; car, malgré les difficultés, le succès ne paraît pas douteux. Mais il faut du temps et de la persévérance ; il faut enfin des capitaux, des machines, et des ouvriers à bon marché.

J'ai oublié de parler d'une des curiosités naturelles de Bône : on voit sur le bord de la mer un rocher d'une forme particulière, qui à distance représente à merveille un lion gigantesque couché sur l'eau. En somme, cette ville a un grand avenir sous le rapport commercial et agricole : la végétation dans les campagnes environnantes a une séve et une vigueur incomparables.

J'ai quitté Bône à sept heures du soir par la diligence de Guelma. Celle-ci ne m'a que très-médiocrement satisfait, et cependant j'avais une place de coupé ; mais la banquette était si étroite, les coussins si usés et si durs, la voiture si mal suspendue, que je suis arrivé à destination à moitié rompu. Je n'avais rien vu d'intéressant sur la route que de nombreux rouliers qui voyagent de nuit à cause de la chaleur. Les villages que nous avions traversés m'avaient paru assez prospères.

Je voulais partir immédiatement pour Constantine; il était six heures et demie du matin. Le conducteur de la diligence, que j'avais prié de me procurer une monture, n'a pas tardé à se mettre en relation avec un Arabe qu'il avait trouvé au marché, avec son cheval, occupé à vendre son blé; seulement j'ai dû attendre pour partir qu'il l'eût fait mesurer. J'ai profité de ce répit pour visiter les antiquités romaines de Guelma, dont quelques-unes sont assez bien conservées: un amphithéâtre, un établissement de bains, et quelques restes de fortifications. Du reste, Guelma est une jolie petite ville, bien située, bien bâtie, avec un marché important et qui se développe tous les jours davantage.

J'allais donc, pour la première fois, me confier à un indigène. J'allais voir de près ces mœurs patriarcales dont les récits lointains ont pour nous tant de charme. Je pensais à cette hospitalité célèbre, à cette *anaya* si touchante, cette espèce de solidarité à toute épreuve qui existe entre un Kabyle et celui qu'il a pris sous sa protection. Les Arabes sont-ils vraiment corrompus et menteurs comme beaucoup le disent? ou bien sont-ils au contraire ce peuple noble et fier, libre, et aux grandes allures dont leur vêtement ample et si majestueusement drapé est un vivant symbole? J'allais pouvoir en juger par mes propres yeux.

Enfin mon Arabe arriva. Il était grand, beau, d'une mine fière et imposante. Il me salua d'un *bonjour* français bien accentué, me saisit la main, la porta à ses lèvres et la baisa. Mon conducteur de diligence ne sachant pas assez d'arabe pour s'expliquer parfaitement avec lui, on appela un Maltais qui fit l'interprète, et lui répéta soigneusement mes conditions. Il s'agissait de me conduire d'abord à Hammam-Meskoutine où je voulais voir les sources thermales, et de là à Constantine où je devais être rendu le lendemain matin de bonne heure; le tout pour douze francs.

L'Arabe ayant accepté d'un air à la fois grave, bienveillant et empressé, je me mis en devoir de m'installer sur son coursier. Mais quelle déception, hélas ! Je m'attendais à monter un vrai cheval arabe, celui dont parle le général Daumas et tant d'autres écrivains, celui que les poëtes de l'Islam célèbrent dans eurs chants, qui conduit les guerriers aux batailles, s'enivre du bruit de la poudre, partage et conjure, par sa course rapide, les périls de son cavalier, et se tient ensuite, doux et tranquille, à l'entrée de la tente, jusqu'à ce qu'il plaise au maître de se servir de lui ; qui supporte les fatigues et les privations ; qui brille en même temps par ses formes nerveuses et élégantes, par son œil de feu, ses naseaux fumants, sa crinière épaisse, sa queue trainante et ses jarrets d'acier. Et qu'avais-je devant moi ? Une pauvre rosse comme on en voit en tout pays, le corps lourd et trapu, les jambes épaisses et roides, la tête basse au bout d'une encolure trop courte, la crinière en partie absente, la queue paresseuse et peu fournie. Sur son dos pacifique on avait attaché par une corde usée un bât de transport recouvert d'une espèce de large sac, en laine épaisse, et rayé de vert, de noir et de rouge, qui pendait sur les côtés. L'ouverture en était tournée vers la tête, et le fond vers la croupe, de sorte qu'à droite et à gauche du cheval il formait comme un tuyau longitudinal dans lequel on pouvait introduire paquets et bagages. Tel est l'accoutrement ordinaire du cheval ou du mulet de bât. Avant de partir, on replie sur lui-même le sac, près de son ouverture, de manière à fermer les deux poches latérales; leurs embouchures, alors tournées vers l'arrière, servent d'étriers au cavalier. L'Arabe mit dans une de ces poches un sac d'orge, dans l'autre ma valise.

A peine suis-je en selle qu'il me réclame les douze francs que je devais lui payer. Curieuse demande! Ordinairement, en pareil cas, on ne paye qu'après être arrivé; c'est le moyen d'être bien servi. Mon Arabe ne se fierait-il pas à moi? Les Français sont si voleurs, et si souvent déjà ils ont abusé l'indigène, que je comprends aussitôt ce soupçon blessant, et j'en ai honte pour ma patrie. Je n'hésite pas un instant, l'honneur national est en jeu. Aussi, au risque d'être moi-même sa dupe, je le paye bravement, m'ôtant ainsi contre lui tout recours et toute garantie. Bien plus, je me félicite de pouvoir montrer à ce noble habitant de la tente qu'un Français ne lui est pas inférieur en loyauté.

Mais comment? il n'est pas satisfait! il demande une bonne-main! Les Arabes seraient-ils, comme beaucoup le prétendent, cupides? il a cependant une si belle et si noble figure! Je lui donne encore un franc. Il le met dans sa bourse sans remercier, et réclame du tabac. Je commence à trouver mon patriarche singulièrement vulgaire, pour ne pas dire mendiant. D'ailleurs je n'ai pas de tabac. Je lui donne quelques sous pour en acheter ; il les empoche sans hésitation. Mais quoi ! ce n'est pas tout ? se figurerait-il par hasard que je n'ai pas compris sa demande ? En effet, il tire de sa poche une blague à tabac, et me fait signe que c'est là la monnaie qu'il voudrait, tout en gardant l'autre. Je lui répète que je n'ai pas de tabac. Il remet alors sa blague en poche, et sort une tabatière ; il l'ouvre, et, me faisant voir qu'elle est presque vide, il me prie de la remplir. Pour le coup, c'est trop fort : je refuse catégoriquement. Ne croyez pas toutefois qu'il se décourage ; c'est le tour du papier à cigarette ; et pour ne pas laisser d'équivoque, il m'en montre un paquet entamé. O caractères nobles et élevés ! vertus de la vie patriarcale ! N'êtes-vous que de poétiques illusions ? J'articule un *makach* (non) bien sonore, et lui dis de se mettre en marche.

Nous sortons de la ville, et traversons une grande place remplie d'Arabes avec leurs bêtes ; une espèce de marché. Ils regardent d'un air curieux et approbateur mon parapluie que je tiens ouvert pour me préserver du soleil déjà brûlant. Mon guide me prie d'attendre ; il achète quelques melons, et d'autres provisions encore, les met dans le sac sur lequel je suis assis, et nous repartons.

En ce moment, quelques Arabes nous rejoignent ; ils montent tous des mulets, et en conduisent un à vide. Mon compagnon leur parle, et, prenant la place inoccupée, laisse reposer ses jambes. Serait-il déjà

fatigué? est-ce possible? ou bien est-ce paresse?
La résistance à la fatigue, l'énergie physique et morale des Arabes seraient-elles aussi problématiques que leur délicatesse et leur désintéressement? En serait-il de même de leur sobriété si vantée, qui n'aurait pour cause, comme on l'assure, que leur avarice ou leur dénûment, et cesserait dès qu'ils se nourrissent aux frais d'autrui, ou que la table est abondamment servie? C'est ce que je saurai plus tard. Les opinions sont si différentes et si contradictoires sur ce peuple original.

Au bout d'une heure les Arabes nous quittent pour prendre un autre chemin. Mon guide est obligé de leur rendre le mulet et de se remettre à pied; mais il a soin de tenir en main ses babouches pour ne pas les user. Nous traversons colline après colline dans un pays vide et désert, ne rencontrant que quelques rares troupeaux de bœufs, ou quelques Arabes qui se rendent à Guelma.

Enfin nous arrivons à un douar, et je me réjouis déjà de voir de près ces gourbis et ces tentes, lorsque tous les chiens du village s'élancent sur moi, l'œil sanglant, et avec des hurlements féroces. Ces *amis de l'homme*, comme tous ceux qu'on voit chez les indigènes de l'Algérie, sont fauves avec le poil ras, le museau pointu, les oreilles courtes et droites, et une queue de renard, exactement la forme que les naturalistes attribuent aux chiens sauvages; et ils le sont véritablement. « Chiens mangiar Francis, » (les chiens mangent les Français), me dit mon compagnon en chassant à coups de pierres ces animaux inhospitaliers. Un peu plus loin il se détourne pour nous faire passer près d'une source. Il y boit, m'engage à l'imiter, fait boire le cheval, et s'acquitte lui-même de ses ablutions du matin, en commençant par se laver les pieds. Il est à remarquer qu'à l'opposite de ce qui se fait en France, les Arabes font boire leurs chevaux dès qu'ils rencontrent de l'eau, et lors même qu'ils sont trempés de sueur ; ils ont toujours soin également de les faire boire avant de leur donner à manger.

De plus en plus le paysage qui nous entoure devient étrange d'aspect ; ce ne sont que collines nues et terreuses, quelquefois parsemées de pierres et de quartiers de roc. Il faudrait le voir dans sa période de splendeur, au printemps, quand il est couvert de riches moissons, et qu'une végétation luxuriante, née des pluies de l'hiver, colore en vert intense ces surfaces aujourd'hui grises et arides, ce sol brûlé, durci par un été impitoyable, ce désert qui semble voué à une stérilité perpétuelle. Nous apercevons dans le fond la Seybouse, et tout là-bas l'emplacement d'Hammam-Meskoutine. Arrivé au bord d'un champ cultivé et entouré d'une haie épaisse de cactus, mon guide s'arrête ; il me dit que cet enclos lui appartient et m'invite à en goûter les produits. Je lui passe mon couteau ; il coupe une figue de Barbarie, l'épluche et la dissèque avec une dextérité remarquable, et me l'offre gracieusement. En général, je ne trouve pas ce fruit à mon goût ; il manque de saveur et de sucre. Cependant les Arabes en sont grands amateurs.

II

La langue sabir; la politesse arabe; un gourbi et une famille indigènes.

Nous étions parvenus à nous expliquer tant bien que mal ensemble, recourant aux gestes quand les mots ne suffisaient pas, et nous commencions à nous entendre assez bien. J'ai toujours admiré comment deux hommes qui ne parlent pas le même langage peuvent arriver à se comprendre. Mais ce qu'il y a de plus curieux, c'est que dans un pareil commerce journalier il se forme peu à peu une troisième langue intermédiaire, composée de mots pris au hasard dans les deux idiomes primitifs. Ce qui a lieu ainsi d'homme à homme, se répète sur une grande échelle quand il s'agit de peuples entiers.

Sur tout le littoral de la Méditerranée, les fréquents rapports qui ont existé depuis l'antiquité entre les peuples chrétiens et les musulmans, et surtout depuis les croisades, ont fini par créer une pareille langue, de racine moitié latine et moitié arabe, et qui est connue généralement sous le nom de *langue franque*. En Algérie cet idiome revêt certaines formes spéciales dues à des particularités locales, et prend le nom de *langue sabir*, dérivé de l'un de ses mots les plus importants et les plus employés, le verbe *sabir,* dans lequel on reconnaît facilement le verbe latin *sapere*, et qui veut dire savoir, connaître, comprendre, penser, croire, etc.

La langue sabir, telle qu'elle se parle aujourd'hui en Algérie, comprend environ moitié de mots arabes, un quart de mots plus ou moins français, le reste emprunté à l'italien, à l'espagnol ou directement au latin, et souvent altéré. On conçoit qu'un semblable idiome ne soit pas riche. Comme il ne sert qu'à certaines transactions commerciales ou aux rapports des voyageurs avec les indigènes, on n'y trouve guère qu'un petit nombre de mots, tous relatifs à ces deux ordres de questions. Pour suppléer à cette pauvreté de la langue, chaque mot revêt en général plusieurs sens analogues, et sert à exprimer toutes les nuances, même les plus différentes, d'une idée.

En voici quelques exemples, choisis parmi les plus usuels :

RACINES ARABES.

Beseff, — beaucoup.
Barka, — assez.
Fissa, — vite.
Chouya, — doucement, lentement, halte.
Kifkif, — comme, également, aussi.
Hé, — oui.
Makach, — non, ne pas.
Ouaïn, — où.
Meneh, — ici, là.
Meleh, — bon, bien.
Kifèche, — Comment?

Kadèche, — combien.
Ache ou Eche, — quoi.
Balek, — gare.
Esbeur, — attends.
Selam, — la paix, adieu.
Ala, — sur.
Selam alek, — la paix sur toi.
Selam alekoum, — la paix sur vous.
El ioum, — aujourd'hui.
Rhedoua, — demain.
El Kabaïle, — le Kabyle.
El Arabi, el Arbi, — l'Arabe.

Djezaïr, — Alger.
Ksentina, — Constantine.
Bariz, — Paris.
Boudjaia, — Bougie.
Andekchi, — as-tu?
Ouled, — enfant.
Ya ouled, — écoute, enfant; employé pour appeler les Arabes.
Ben, pl. beni, — fils.
Baba, — père.
Maboul, — fou.
El trek, — le chemin.
Chouf el trek, — vois le chemin, ceci est le chemin.
Oued, — rivière.
Kantara, — pont.
Bab, — porte.
Cherab, — vin.
Hammam, — bain.
Aoud, — cheval.
Saïd, — lion.
Saïda, — lionne.
Keleb, — chien.
Keleb ben keleb, — chien fils de chien.

Halouf, — porc.
Essa, — heure.
Kadeche essa, — quelle heure est-il?
Requad, — se coucher, dormir.
Cahoua, — café.
Cahouadji, — cafetier.
Cherob, — boire.
Doukhran, — tabac.
Helib, — lait.
Khrobs, — pain.
Toubib, — médecin.
Kebir, — grand.
Ana, — je, moi.
Enta, — toi.
Ouahed, — un.
Zoudj, etnin, — deux.
Tlata, — trois.
Arba, — quatre.
Khramsa, — cinq.
Setta, — six.
Sebaâ, — sept.
Tsemenia, — huit.
Tessaa, — neuf.
Aachera, — dix.

RACINES LATINES.

FRANÇAIS.
- *Dis donc*, — employé par les Arabes pour appeler les Français.
- El Francis, — le Français.
- Mulet, — id.
- Cheval, — id.
- Tomber, — Descendre.
- Zallumette, — allumette, feu, lumière.
- Babour, — vapeur, machine ou bateau à vapeur, chemin de fer.
- Samisami, — ami.

ESPAGNOL.
- Muchacho, — enfant.
- Mujer (pron. muher avec l'*h* aspirée), — femme.
- Borrico, — bourriquet, âne.
- Crossar (esp. cruzar), — traverser.
- Tocar, — frapper, tirer (avec une arme à feu).
- El agua, — l'eau.
- Douro, — cinq francs, écu.

ITALIEN.
- Andar, — aller.
- Mangiar, — manger.
- Casa, — hutte, maison.
- Carta, — papier.
- Morto, — fatigué.
- Carrozzo, — voiture, diligence.
- Caldo, — chaud.
- Mercanti, — marchand, civil (opposé à militaire).

LATIN.
- Sourdi, — des sous.
- Roumi, — Romain, chrétien.
- Bibir, — boire.
- Chanti (ascendere), — monter.
- Bono, — bon, bien.

Inutile d'ajouter que le sabir varie avec les conditions locales. Là où les colons espagnols sont en grand nombre, leur langue y joue un rôle plus important que d'habitude. Il en est de même de l'italien. L'élément germanique même a fourni son contingent à ce salmigondis de langages, là où les Allemands forment masse. C'est ainsi qu'en certains endroits, et probablement sous l'influence de la légion étrangère, le dimanche a fini par s'appeler *fouchta* (dérivé de festtag, jour de fête), et que l'on désigne les aliments sous le nom de *frichti* (frühstück, déjeuner). Disons cependant que le français gagne de plus en plus, aussi bien chez les Arabes et les Kabyles que chez les colons étrangers; et l'on peut prévoir le moment où notre langue sera comprise et parlée sur le territoire entier. Les écoles sont en effet nombreuses et fréquentées, et l'intercourse des populations va croissant.

Ce qui n'est pas moins intéressant, c'est de voir le haut degré de raffinement auquel est arrivée la politesse arabe, même chez les Bédouins de la campagne. J'ai pu en juger à loisir pendant ce trajet; car mon guide, qui paraissait un homme important dans ces parages, un fils de bonne maison, ou de *grande tente*, comme on dit dans le pays, rencontrait souvent des Arabes de sa connaissance. En pareil cas, on fait aussitôt échange de graves et tendres sourires et d'affectueux *selam alek* (la paix soit avec toi!), *ouache alek* (comment vas-tu?), *ouache enta* (comment, toi?); on se donne un cordial *shakehands* à l'anglaise; chacun des deux amis porte à tour de rôle à ses lèvres la main de l'autre et la baise. Puis vient, sur un ton monotone et sans expression, une espèce de monologue assez long, que l'un commence et que l'autre continue en guise de réponse. On croit entendre réciter des prières ou des versets du Coran; mais il s'agit uniquement de marques d'intérêt et de compliments interminables, où le formalisme de l'habitude a entièrement fait disparaître le sentiment et le naturel. Chacun poursuit son chapelet de questions sans attendre les réponses, et quand il a fini, l'autre, au lieu de répondre, répète à son tour les mêmes interrogations : « Comment vas-tu? comment va ton père? comment va ta mère?

comment va ton grand-père, ton frère? etc., etc. » Jamais cependant on ne dirait : « Comment va ta femme? » Puis on se quitte après un nouvel échange de démonstrations aussi vives que les premières. Et cela à tout bout de chemin. Notre politesse française est une politesse d'Iroquois à côté de cette politesse obséquieuse, formaliste et raffinée des Arabes.

Le temps passait rapidement; il était près de midi, et Hammam-Meskoutine était encore assez loin vers la droite, lorsque mon guide qui, depuis quelque temps, se plaignait misérablement de la fatigue et de la chaleur, me supplia de nous diriger vers son habitation située dans le voisinage, et de nous y reposer jusqu'à ce que le soleil fût moins ardent. Après une assez longue résistance je cédai, sur sa promesse que nous arriverions pourtant à Constantine le lendemain matin de bonne heure. Il se dirigea alors un peu vers la gauche, et me fit traverser à gué la Seybouse. Quelques instants après nous arrivions dans le douar, composé d'un petit nombre de misérables chaumières. Il me fit arrêter devant l'une d'elles en me disant : Voilà la casana (*na* affixe signifie *notre* en arabe).

Qu'on se figure une hutte d'environ dix mètres de longueur sur une largeur de quatre; des murs hauts d'un mètre, et formés de branchages entrelacés, dont les intervalles sont incomplétement garnis de terre. Une épaisse couche de roseaux, soutenue par quelques fortes branches en guise de charpente, imite assez bien notre traditionnel toit de chaume. Deux ouvertures en face l'une de l'autre coupent par le milieu les deux murs longitudinaux de l'habitation et servent de portes. Tel est le gourbi classique, tel était celui que j'avais devant les yeux.

« Enta tomber » (c'est-à-dire : toi descendre), me dit mon hôte. Lorsque je fus à terre, il déchargea son cheval pour le laisser brouter le peu d'herbe qui croissait dans les environs. Puis soulevant une natte, qui fermait la porte en face de nous, il m'invita à entrer. J'y parvins en me courbant à demi ; mais la hutte était si basse que je ne pus me relever pour me tenir debout que tout au milieu, là où le toit avait sa plus grande hauteur. L'Arabe me suivit, étendit à terre une couverture de laine d'une propreté douteuse, et me dit de me coucher dessus. Il me donna l'exemple ; mais je n'avais pas sommeil. Je n'en eus que plus de loisir pour examiner l'intérieur du gourbi et ses habitants.

Le sol était légèrement incliné, et la hutte divisée dans sa longueur en trois parties de hauteur inégale, séparées chaque fois par une marche. Nous étions dans la plus basse, qui comprenait la moitié de l'habitation jusqu'aux portes. Vers son extrémité, quelques branches enfoncées en terre verticalement supportaient à une certaine élévation une espèce de plancher de roseaux, assez large pour servir de lit à trois enfants qui y dormaient paisiblement. Dans la partie du milieu, près de nous, une femme était assise sur une natte.

Entre ses jambes allongées, elle tenait, en guise de meule, une pierre ronde et plate, couverte de grains de blé qu'elle était occupée à moudre avec un gros caillou. Son costume était des plus simples : elle avait la tête coiffée d'un mouchoir en indienne de Rouen, qui lui retombait sur le dos; les bras nus; le corps vêtu d'une espèce de robe, aussi d'indienne, composée de deux pièces distinctes, l'une devant, l'autre derrière, réunies sur les épaules par de grandes agrafes d'argent, et serrées autour de la taille par une ceinture rouge. (L'étoffe, cependant, n'avait pas été destinée à servir de robe; car elle était formée d'une suite de foulards carrés imprimés sur la même pièce de calicot et qui avaient été vendus ainsi sans être séparés.) Aux bras et aux jambes figuraient de larges bracelets d'argent. D'autres anneaux du même métal, d'au moins dix centimètres de diamètre, faisaient l'office de boucles d'oreilles. On conçoit que leur poids n'avait pas manqué d'allonger ces dernières et de leur donner une forme peu élégante. Le cartilage du nez était traversé par une tige osseuse, probablement une arête de poisson, longue comme la main. Enfin le front, les joues, les bras, les épaules et les jambes étaient ornés de grossiers tatouages d'un noir bleuâtre. Ajoutez à cela des regards apathiques et mornes, un air abruti, usé, flétri, des mouvements lents et fatigués, comme d'une femme de soixante ans, tandis que probablement elle en avait à peine trente : telle était cette pauvre créature. Je ne pensais pas, quoi qu'on en ait dit, trouver la femme arabe aussi dégradée. Chez les peuplades les plus sauvages cela ne saurait être pire.

Près d'elle, trois enfants, au-dessous de dix ans, dormaient ou jouaient avec un jeune chien et un chat. Ils n'avaient pour vêtements qu'une espèce de chemise, et un fichu sur la tête. Quelques poules familières se promenaient en long et en large dans le gourbi, ou bien sommeillaient dans un coin. Au toit pendaient des cannes de palmier, une ligne à pêcher, un fusil, des outres en peau de chèvre renfermant de l'eau. Plus loin on voyait un alcarazas, cruche de grès poreux, dont l'eau se conserve fraîche par l'évaporation des gouttes qui suintent sans cesse à travers ses parois; des nattes et quelques couvertures de laine, qui formaient une espèce de lit à l'extrémité supérieure de la hutte, probablement pour l'Arabe lui-même. Des vases d'étain, un grand couteau, quelques burnous et une seconde meule à blé, complétaient l'ameublement de ce logis, dont le confortable paraît douteux, quand on songe qu'il devait loger neuf personnes et plusieurs animaux. Passe encore pour l'été; mais pendant la saison des pluies, on se demande comment il est possible d'y vivre.

J'avais à peine fini cet examen sommaire, quand la portière se souleva et donna passage à une autre femme, vêtue comme la première, mais d'étoffe bleue. Son visage régulier, ses mouvements plus dégagés et plus lestes, son air de jeunesse en un mot, me firent supposer qu'elle n'avait guère plus de vingt ans, quoiqu'en Europe, où les femmes se conservent mieux, on lui en eût donné trente. Elle se dirigea vers les trois enfants endormis sur le grabat du fond, et se mit à faire leur toilette. Mon hôte, qui lui avait amicalement adressé la parole à son entrée, me dit en me la montrant d'un air de satisfaction et même d'orgueil : « La mère d'eux. »

Puis il prit un des melons qu'il avait achetés à Guelma, me demanda mon couteau, m'en coupa quelques tranches, et se servit à son tour. Il me donna aussi un morceau d'une espèce de galette plate et peu épaisse, mais très-dure et qui craquait sous les dents. Le goût m'en parut fort médiocre. C'est le pain arabe. Enfin, il versa de l'eau dans un vase d'étain et m'en offrit.

Pendant ce temps la jeune femme en bleu avait fini d'habiller ses enfants. Elle leur rogna alors soigneusement les ongles des mains et des pieds, et avec le même couteau, sans l'essuyer le moins du monde, elle se coupa une bonne tranche de melon qu'elle partagea avec eux. Elle passa le couteau à l'autre femme qui avait rassemblé également autour d'elle ses trois enfants, et qui leur donna à manger à leur tour.

— « Tu as deux femmes », dis-je à l'Arabe. Il me répondit affirmativement. J'étais donc en pleine polygamie et je voyais devant moi les deux épouses, chacune avec ses enfants. Quoique la plus âgée parût un peu délaissée pour sa rivale plus jolie et plus agréable, elles avaient l'air de vivre en assez bonne intelligence. Lorsque les enfants furent prêts, elles se remirent toutes deux à l'ouvrage : la vieille à moudre le blé, la jeune à tamiser la farine.

Mon hôte, après avoir mangé deux fois autant que

moi (ô sobriété arabe!), s'était recouché et ronflait paisiblement, la tête et tout le corps soigneusement enveloppés dans son burnous pour se préserver des moustiques. Je n'étais guère tenté d'en faire autant au milieu de ce malpropre entourage de toute race et de toute grandeur, depuis les chiens et les poules jusqu'aux parasites de petite taille qui avaient élu domicile dans le gourbi. Et je réfléchissais, non sans un sentiment de vague et naïf étonnement, à l'étrange société dans laquelle je me trouvais en ce moment, si différente de celle où j'ai l'habitude de vivre. Je n'aurais pas été plus surpris de me voir au milieu des Hottentots ou des Sioux.

III

Hammam Meskoutine; une églogue de Virgile; le kaïd Ben Hasman.

Quand il fut deux heures, je dis à l'Arabe qu'il serait temps de partir. Il me répondit que son cheval n'avait pas encore pris assez de nourriture pour réparer ses forces, et me proposa de nous rendre à pied à Hammam-Meskoutine, qui était peu éloigné : nous retrouverions ensuite son cheval frais et dispos, et nous pourrions *andar belforce* (marcher vigoureusement) et rattraper le temps perdu. J'acceptai, mais non sans une certaine méfiance. Il ne marchait pas vite, et quoique j'eusse pris les devants, je ne tardai pas à m'apercevoir qu'Hammam-Meskoutine était à une bonne lieue. Le chemin traversait de longues prairies desséchées et sans ombre, à peine entrecoupées de loin en loin par quelques rares broussailles dont on apprécie d'autant plus vivement la fraîcheur sous ce ciel enflammé. Mes regards altérés cherchaient de loin les célèbres sources chaudes. Enfin je les découvris dans toute leur étrange et pittoresque beauté.

Représentez-vous un assemblage de cônes grisâtres passablement évasés, pouvant avoir une largeur d'un mètre à la base ; plus loin des cônes pareils, mais blancs de neige. Chacun de ces derniers donne passage par son sommet, qui a la forme d'un cratère de volcan, à une eau blanche, semblable à du lait, et bouillante au point de répandre au loin d'épaisses colonnes de vapeur. Les divers ruisseaux laiteux qui en résultent se réunissent au haut d'un rocher qu'on dirait de craie, pour constituer une nappe unique qui s'élance en cascades pittoresques d'une hauteur d'au moins vingt mètres, sur un terrain éblouissant de blancheur, mais par places veiné de rouge dû à des détritus végétaux. Là elle forme une large rivière assez chaude encore pour qu'on s'y brûle les doigts. Aussi n'est-ce pas sans surprise qu'on y voit nager en tous sens, avec la plus grande vivacité, de gros poissons qui ont l'air de se trouver à leur aise dans cette température de 40 degrés centigrades. L'eau, à la source, a 95 degrés de chaleur ; on y fait cuire des œufs et bouillir des poules. Elle contient différents sels calcaires, qui, dissous à cette haute température, se déposent à mesure que l'eau perd de sa chaleur, la rendent laiteuse, et produisent des incrustations remarquables, surtout ces rochers blancs marbrés de rouge et de gris, qui donnent aux cascades un si merveilleux aspect.

Le même phénomène a donné naissance à ces curieux cônes blancs que j'ai mentionnés, et qui, avec le temps, finissent par devenir gris sous l'influence combinée de l'air, de la poussière, du soleil et de la pluie. A l'endroit même où l'eau jaillit du sol, elle forme un dépôt circulaire qui, s'élevant sans cesse et s'élargissant à l'extérieur, finit par acquérir une hauteur où la force ascensionnelle de la source ne peut plus faire monter l'eau. Peu à peu alors l'ouverture supérieure se rétrécit, se ferme, le tube lui-même se bouche complétement, et l'eau est obligée de chercher plus loin une issue où elle formera un cône semblable.

Ces cônes, vus à distance, ressemblent assez à des burnous. On conçoit, du reste, qu'il n'en fallait pas autant pour fournir un sujet précieux à l'imagination poétique des Arabes. Voici la légende à laquelle ces sources thermales doivent leurs noms, car Hammam-Meskoutine signifie en arabe : « Bains enchantés (ou maudits) »:

« Un frère et une sœur voulaient se marier; mais le ciel ne pouvait permettre une impiété pareille. Déjà la société entière était rassemblée, les instruments de musique avaient donné le signal de la cérémonie; un instant encore et ce mariage contre nature allait recevoir la dernière sanction religieuse, lorsque soudain une transformation terrible s'accomplit : le cadi, les témoins, les époux et tous les invités de la noce furent changés en pierre. Le temps a altéré leurs traits ; mais on distingue encore la forme de leurs burnous ; les musiciens sont à leur place avec leurs instruments ; ici on voit les jeunes mariés, là les parents, tous les assistants en un mot : une véritable noce pétrifiée. En outre, comme témoignage permanent de sa vengeance, Dieu irrité permit l'éruption d'une source d'eau bouillante à l'endroit même où le kouskous venait d'être préparé. »

Tout en admirant ces bizarres jeux de la nature, j'étais arrivé au bas du rocher d'où s'élancent ces ravissantes cascades. Là se trouve un établissement provisoire de bains thermaux, qui d'ici à peu devra céder sa place à un bâtiment plus grand, plus convenable, plus digne, en un mot, des riches qualités de cette eau remarquable.

J'eus à peine trouvé le gardien, un Français, autrefois militaire, que je m'empressai de lui communiquer les soupçons que mon guide m'inspirait, et la crainte que j'avais de ne pas arriver à Constantine dans le délai convenu. Ne sachant lui-même pas très-bien l'arabe, il appela un Maltais, qui servit d'interprète. Je n'avais en effet que trop raison : l'Arabe, alléguant l'heure avancée, voulait maintenant me faire coucher dans son gourbi, et ne me faire partir pour Constantine que le lendemain matin. Enfin, après bien des pourparlers, je vis que grâce à la mauvaise foi de mon guide, je ne pourrais plus arriver au caravansérai français de l'Oued Zenati, où j'avais compté passer la nuit. Je persistai cependant à partir encore le soir même, et à me diriger, suivant le conseil des deux Européens, vers le *bordj*, ou *maison de commandement* du kaïd Ben-Hasman, situé à deux lieues dans la montagne. Le kaïd, disaient-ils, pourrait alors me faire conduire chez son fils, cheikh d'une tribu plus éloignée, et qui y occupe, avec quelques spahis, un poste fortifié.

L'Arabe se résigna ; et après avoir visité encore quelques restes d'un établissement de bains thermaux que les Romains avaient construit à Hammam-Meskoutine, comme le témoignent quatre bassins en ruines, nous reprîmes le chemin du gourbi.

Bientôt le cheval fut prêt, et je pus quitter le douar après quatre heures. Les habitants occupés à faire boire leurs chevaux et leurs mulets me suivaient des yeux avec curiosité. Mon guide ne tarda pas à se plaindre de nouveau. « Son frère morto », répétait-il, voulant dire : « ton frère (autrement dit « je ») est fatigué. » Bientôt il me demanda de monter en second sur le cheval, suivant la méthode du pays. J'eus pitié de lui, et j'y consentis, riant intérieurement du curieux spectacle que nous devions présenter, mais je ne tardai pas à m'en lasser et à le faire descendre. Forcé de garder toujours la même posture roide et immobile, je me fatiguais énormément. Je commençais d'ailleurs à apprécier à leur juste valeur ses lamentations incessantes. Depuis le matin, j'avais eu le temps de me désillusionner complétement sur le compte de la franchise et de la loyauté arabes, et je reconnaissais maintenant à mes dépens la vérité de ce qu'on m'avait dit naguère à Bône et ailleurs. « L'Arabe est essentiellement menteur, paresseux, cupide, impudent et toujours disposé à tirer parti de votre bonté et de votre douceur à son égard ; si l'on ne veut pas être sa dupe, il faut le mener haut et ferme. »

Le chemin que nous suivions longeait la côte d'une montagne ; en face se trouvait une forêt peu touffue, habitée, disait mon guide, par des lions et des panthères. Au charme douteux de ce voisinage venaient s'ajouter des émotions plus douces ; la contrée était parfois très-pittoresque. Au fond de l'étroite vallée, serpentait un frais ruisseau au murmure argentin. Des lauriers roses l'ombrageaient de leur vert feuillage, et sous ce manteau sévère on voyait les fleurs de l'élégant arbuste avancer discrètement leurs têtes empourprées et joyeuses. Plus loin, des bosquets délicieux invitaient au repos. Partout la nature était calme et riante ; le soleil déclinait à l'horizon et répandait sur le paysage entier ces teintes ardentes et inquiètes qui annoncent le soir. Dans le lointain, quelques Arabes, à pied ou sur des mulets, cheminaient paisiblement par petits groupes dans leur costume primitif et plein de souvenirs.

Je songeais à la Grèce, à l'Italie, à l'Arcadie même, à ces lieux enchanteurs, à ces mœurs simples et agrestes qu'ont célébrés les poëtes de Rome et les compatriotes d'Homère ; je voyais devant moi l'un de ces tableaux classiques qui ont inspiré le poétique pinceau de Poussin. En ce moment, le son d'une flûte champêtre vint ajouter à l'illusion. Quelques chèvres broutaient à plaisir les jeunes pousses qui croissaient dans le creux des rochers, et au milieu d'elles, rêveur et absorbé, un berger arabe en burnous blanc, la tête nue, les pieds enveloppés jusqu'à mi-jambe de grossières bottines en peau de chèvre au poil tourné en dehors, faisait jouer ses doigts sur un chalumeau rustique dont il tirait des sons tantôt mélancoliques, tantôt tendres et passionnés. Cette posture, ce costume vu à distance, cette scène tout entière, ce n'était plus le xixe siècle; c'était une églogue de Virgile prise sur le fait :

> Tityre, tu patulæ recubans sub tegmine fagi
> Sylvestrem tenui musam meditaris avena.

Le jour baissait rapidement. Il nous fallut encore gravir la montagne, et bientôt je vis avec plaisir apparaître le bordj du kaïd Ben Hasman au milieu des gourbis de ses sujets. C'était une espèce de caravansérai; un grand mur blanc, servant d'enceinte à une cour carrée, et supportant à l'intérieur quelques toits pour abriter les bêtes, plus une maison grossière pour le kaïd et ses hôtes.

Devant ce mur, à l'extérieur, se trouvaient accroupis une vingtaine d'Arabes, dont la plupart fumaient ou causaient tranquillement. Au milieu d'eux, et ne se distinguant que par la croix de la Légion d'honneur qui brillait sur sa poitrine, le kaïd borgne Ben Hasman semblait un patriarche des temps bibliques. A ses côtés se tenait son fils le cheikh, jeune homme de bonnes manières, élevé au collége arabe d'Alger, et parlant très-bien le français.

Mon guide se fit désigner Ben Hasman, s'approcha de lui respectueusement, s'inclina, et lui baisa la main. Je m'avançai à mon tour, mais sans descendre de cheval, et après un échange raisonnable de selamaleks et d'autres politesses, le kaïd m'offrit l'hospitalité, et insista vivement ainsi que son fils pour me faire passer la nuit chez lui. Je les remerciai, en prétextant mon désir d'arriver sans retard à Constantine. Le cheikh me dit que la distance était grande, et que pour être à Constantine avant le lendemain soir, ou même le surlendemain, il n'y aurait pas d'autre moyen que de voyager pendant la nuit. Je me plaignis alors du manque de foi de mon guide, tandis que celui-ci se lamentait de son mieux, et disait que je le tuais de fatigue. Mais Ben Hasman et son fils, reconnaissant l'évidence de mon droit, car en définitive à Guelma mon Arabe avait su à quoi il s'engageait, lui ordonnèrent de me suivre plus loin. Celui-ci prétexta alors les lions et les panthères qui pendant la nuit hantent la plaine où passe le chemin. Pour éviter ce danger le jeune cheikh me conseilla de rester sur la montagne, de m'y enfoncer encore davantage, et d'aller loger à deux lieues de là à son bordj au milieu de ses spahis. Je ne manquai pas d'accepter immédiatement cette offre, sur laquelle j'avais compté. Il indiqua alors le chemin à mon guide, et me dit que lui-même retournerait bientôt à son bordj, et qu'il se chargerait de me faire partir le lendemain matin de très-bonne heure, par une traverse qui abrégerait sensiblement. Il n'y avait pas de temps à perdre, je saluai ces messieurs en les remerciant, et m'éloignai.

Un instant après il faisait nuit close. Souvent il y avait au milieu du sentier ou sur ses bords des fondrières et des crevasses presque invisibles dans l'obscurité. Je ne tardai pas à m'abandonner complétement à l'instinct de mon cheval, qui, le cou tendu, la tête baissée, l'œil attentif, flairait le danger, et marchait avec une sûreté de pied remarquable.

Mon Arabe perdit son chemin à plusieurs reprises. En pareil cas, nous avancions au hasard, jusqu'à ce que des feux brillant à distance nous eussent indiqué la proximité d'un douar. Alors on s'arrêtait, car il serait dangereux d'approcher davantage. Mon guide se mettait à articuler de toute la force de ses poumons, et avec des intonations musicales caractéristiques. plusieurs phrases qui avaient pour but d'appeler les habitants, de les prévenir de notre présence, et de les empêcher de nous prendre pour des maraudeurs. D'abord il ne recevait ordinairement d'autre réponse que les aboiements de ces vigilants chiens de douars, véritables bêtes féroces, qui fondaient sur nous, et seraient redoutables sans leur lâcheté. Il suffit en effet, pour les repousser, de se baisser, comme si l'on voulait ramasser une pierre, et aussitôt ils s'enfuient à toute vitesse. Quand enfin ses interpellations réitérées avaient été entendues des habitants, l'un d'eux répondait sur le même ton, s'approchait, et venait nous indiquer le chemin. C'est là un des premiers devoirs de l'hospitalité arabe. La température baissait sensiblement, et j'en profitai pour faire, non sans un certain plaisir, une partie de la route à pied, tandis que l'Arabe se prélassait sur le cheval. Enfin à huit heures et demie nous arrivions au bordj par une obscurité profonde.

IV

La nuit au bordj; une marche nocturne, son charme et ses dangers.

Qu'on imagine un large espace fermé par un mur blanchi à la chaux ; dans l'intérieur, au fond, une basse maison à l'européenne, précédée d'une cour étroite; devant celle-ci, une maigre plantation d'arbres, entremêlés de quelques fleurs, simulacre d'un jardin futur pour lequel semble merveilleusement préparé le vaste terrain vide et inculte renfermé dans l'enclos. Telle est la demeure du cheikh.

Nous y sommes reçus par un chien furieux. Au bruit de ses aboiements, un des habitants du bordj s'avance à pas comptés, le fait taire, me dit bonjour en très-bon français, me baise la main et me fait force politesses. Je descends de cheval; mon guide s'en va coucher dans le douar avec sa bête.

A la porte de la maison et sur la fenêtre, je trouve accroupis quatre ou cinq Arabes, fumant la pipe ou la cigarette et causant tranquillement. Malgré la réserve de leur expression, on voit poindre sur leurs lèvres la malicieuse gaieté qui accompagne ordinairement les conversations intimes où l'on s'égaye aux dépens de son prochain. En m'apercevant ils se lèvent, me saluent avec beaucoup de respect d'un *bonjour* bien accentué, et s'informent tous avec intérêt de ce qui m'amène. On m'introduit dans une grande chambre aux parois blanchies à la chaux, ornée d'une cheminée comme en Europe ; du reste sans autres meubles que quelques nattes étendues sur l'argile du sol, et une chaise de paille française sur laquelle on me fait asseoir.

Les Arabes, en hôtes courtois, me suivent, les uns par la porte, les autres par la fenêtre, et s'accroupissent ou se couchent sur les nattes. Ils m'adressent quelquefois la parole en français mêlé de sabir, ou se disent quelques rares mots à demi-voix. La plupart du temps ils fument si silencieusement qu'on les dirait muets. Ce sont les spahis du cheikh. Bien que vêtus de blanc comme tous les indigènes, et non de leur brillant costume de parade, ils n'en ont pas moins belle apparence : corps robustes et figures distinguées, la peau brune et sèche, les membres nerveux, la barbe noire et virile, les yeux profonds brûlant d'un feu sombre sous des sourcils d'ébène. Tout cela dans un clair obscur mystérieux : une vraie scène à la Rembrandt, à peine éclairée par la lueur vacillante et incertaine d'une veilleuse primitive : un verre à boire placé sur la cheminée et rempli d'huile dans laquelle plonge une mèche dont un bouchon de liége fait surnager la pointe enflammée.

Dans un coin une cruche poreuse, un alcarazas, au col ébréché, sert à désaltérer les assistants tour à tour. Cette eau est saumâtre, et son odeur repoussante ; car les Arabes ont la mauvaise habitude de laisser leurs bêtes se désaltérer aux mêmes sources qui leur servent à eux-mêmes. Mais une soif brûlante me dévore, le sable et la poussière m'ont desséché la poitrine, et je n'ai presque rien bu depuis le matin. Je me décide enfin, quoi qu'il m'en répugne. Mais une fois que j'ai pu, non sans grimace intérieure, porter à mes lèvres le col de l'amphore (car il n'y a pas de verre), j'oublie qu'un instant avant ces Arabes qui me dégoûtent l'ont honoré de leurs embrassements réitérés, et bientôt la cruche est vide. En ce moment on vient déposer dans un coin de la salle une espèce de matelas ; on le recouvre d'un tapis de laine épais à dessin riche et coloré. C'est mon lit. J'y suis à peine installé, qu'on m'apporte sur un vieux cabaret à la française le repas du soir. On m'a sans doute attribué la vertu par excellence des Arabes, la sobriété, car le menu, par sa simplicité, satisferait le plus rigide moraliste.

Il se compose de cinq œufs à la coque s'entrechoquant sur une assiette invalide et fêlée, et de deux raisins de bonne tournure, à l'étroit sur un autre débris de faïence. Un troisième vestige de plat contient la galette indigène, le pain arabe, mais tendre, savoureux et tout chaud cette fois-ci, pas comme celui de mon Arabe d'Hammam-Meskoutine. Enfin, agréable surprise! un verre à boire, un véritable, un compatriote, un verre français, accompagné d'un couteau sale. A peine a-t-il déposé à terre tous ces objets appétissants que mon pourvoyeur sort pour revenir un instant après avec une petite table ronde et basse, ayant à peine vingt centimètres de hauteur. Il la pose à côté de mon lit, et y met les plats l'un après l'autre; puis il place auprès la cruche déjà décrite, qu'il a eu soin de remplir d'eau fraîche. Je me félicite déjà du droit que j'aurai désormais d'y puiser tout seul, lorsque mon hôte, crainte que je n'abuse du privilége, se hâte d'en boire lui-même une longue rasade. Cependant, par délicatesse sans doute, il ne se sert pas du verre. Quant à moi, forcé de prendre sur mon lit de parade la posture classique des anciens à table, je savoure avec délices, avec l'appétit bien connu du voyageur fatigué, ce frugal repas, qui passe tout entier dans mon estomac affamé. Puis je m'étends pour dormir, la tête appuyée sur ma valise en guise d'oreiller, le pistolet à portée de la main.

A dix heures le cheikh rentre, vient s'asseoir en face de moi sur l'unique chaise du local, et me fait la conversation pendant un bon quart d'heure. C'est un beau jeune homme, grand, bien fait, avec une petite moustache blonde et des yeux bleus. Ces caractères appartiennent plutôt au type kabyle ou berbère et y sont assez fréquents. Les Arabes au contraire sont généralement très-noirs. Le cheikh parle très-bien et couramment le français; il possède un certain degré d'instruction. Je lui racontai mon excursion à Tunis. Il n'y avait jamais été, et m'écouta avec une grande attention. Le sujet l'intéressait vivement. Il m'engagea à partir de fort bonne heure, si je voulais être à temps à Constantine, et donna ses ordres en conséquence. Puis, me souhaitant bonne nuit et bon voyage, il me quitta pour se retirer dans son appartement.

J'essayai alors de dormir un peu, mais en vain. Un des petits enfants du cheikh pleurait sans discontinuer au fond de la maison. Les spahis mes voisins ronflaient sur leurs nattes avec la sonorité d'une bonne conscience, et comme autant de calorifères vivants, augmentaient sans cesse la chaleur déjà insupportable de l'appartement. Enfin, pour comble de politesse, ils m'avaient cédé à l'envi une foule de ces commensaux parasites, kangourous bien connus des voyageurs dans les pays chauds, et qui disputent aux moustiques le privilége de l'exaspérer. Ces souffrances devenaient intolérables ; depuis mon souper je n'avais pu fermer l'œil.

Aussi, malgré ma répugnance à voyager de nuit tout seul avec un Arabe, et par une obscurité pareille, surtout après les fatigues des deux jours précédents, je me décidai à me mettre en route le plus tôt possible, dès que la lune paraîtrait.

Enfin, à une heure et demie, je me levai définitivement et j'allumai la mèche à huile qu'un spahis avait soufflée le soir. Un Arabe, portier du logis, et qui en cette qualité ronflait dans le corridor, barrant la porte de son corps allongé, me demanda ce que je désirais ; je dis que je voulais partir. Je sortis avec lui de la maison ; la lune commençait à percer de quelques lueurs timides la noirceur de la nuit. Il appela quelque temps, avec ces intonations vigoureuses et mélodiques dont j'ai parlé déjà. Enfin, après plusieurs vocalises réitérées, on répondit du douar, et une demi-heure après mon guide arrivait avec son cheval, tous deux remis des fatigues de la veille. « Chanti » (monte), me dit l'Arabe. Je m'élançai sur la bête et quittai le bordj sans que personne y fît attention, à l'exception du chien, qui s'élança sur moi et me poursuivit longtemps de ses hurlements sauvages.

Je ne puis rien imaginer de plus solennel, de plus émouvant qu'un voyage de nuit dans ces plaines et ces montagnes désertes. L'obscurité était profonde, le ciel lui-même noirâtre et les étoiles cachées par un brouillard invisible, rosée qui nous mouillait de sa froide haleine. En vain un mince croissant de la lune, qui approchait de sa période invisible de chaque mois, projetait sur nous quelques maigres rayons; je ne pouvais voir à dix pas de distance mon guide en burnous blanc. Je distinguais à peine le sentier que nous suivions et les accidents de terrain, et je laissais mon cheval marcher comme il l'entendait et choisir lui-même sa route. Le silence était absolu, et notre marche sourde sur la terre humide troublait seule la somnolence de nos oreilles.

Quelquefois on entendait s'avancer doucement un autre bruit de pas; des apparitions fantastiques, des fantômes blancs glissaient comme des formes vagues dans le demi-brouillard qui nous environnait. Tout près de nous ils devenaient distincts. C'étaient des groupes de deux, trois ou quatre Arabes à cheval, le capuchon pointu sur la tête, comme des templiers, leurs longs fusils posés en travers de leurs selles rouges. Ils passaient silencieusement ou bien nous saluaient d'un grave *selam alekoum*, et disparaissaient de nouveau comme des ombres dans la nuit.

Cependant le froid et le sommeil me gagnaient, et mon compagnon recommençait à se plaindre de la fatigue. Je lui cédai ma monture, et fis une partie de la route à pied. Inconvénient plus grave : il nous arriva plusieurs fois de perdre le chemin, mais heureusement pour le retrouver bientôt après ; méprises dangereuses cependant lorsqu'il fallait franchir des cours d'eau dont nous avions manqué le gué. Enfin arrivé au haut d'une montagne, mon guide regarda avec satisfaction autour de lui et me dit qu'il se reconnaissait bien maintenant, et qu'il allait prendre la traverse. Il se lança effectivement à travers champs ; je le suivais tout droit. L'obscurité était un peu moins forte, et par une de ces curieuses illusions d'optique auxquelles la clarté de la lune expose, je crus longtemps voir au bas de la côte que nous suivions un large fleuve. Cependant à mesure que nous en approchions, l'eau se changeait en terre ferme.

A la fin cependant une vraie rivière se présenta. L'Arabe passa ; je le suivis, lâchant la bride à mon cheval, pour le laisser se diriger seul. Il atteignit l'autre bord qui s'élevait roide à une hauteur d'au moins sept à huit mètres. La brave bête prit aussitôt un vigoureux élan, et en plusieurs sauts arriva à mi-hauteur. Mais là, elle s'arrêta court ; le talus devenait vertical. Impossible de grimper plus haut.

Redescendre eût été tout aussi dangereux, car le terrain était si fortement incliné, que le cheval eût trébuché ou glissé dans l'obscurité. Le moindre mouvement pouvait devenir fatal. Ainsi suspendu entre ciel et terre, j'eus un moment de sueur froide. La nuit, qui empêchait de voir aussi bien le danger, le rendait plus terrible encore. Heureusement, qu'en pareil cas la décision est prompte. En un clin d'œil je m'étais accroché à des racines, soulevé de ma bête, et posé avec précaution sur mes pieds. Au moment où je touchais le sol, il manqua subitement sous moi ; des pierres se détachèrent et s'élancèrent bruyamment dans l'eau. Mais déjà, m'aidant des pieds et des mains, me cramponnant aux racines, aux ronces, aux aspérités du terrain, j'avais grimpé jusqu'au sommet. J'eus à peine franchi d'un saut une crevasse profonde, creusée par la sécheresse de l'été entre la rive et les terrains voisins, que les terres ainsi séparées, perdant leur équilibre, s'ébranlèrent sous le choc de mon pied, chancelèrent un instant, et se renversant d'un seul coup, comme un mur, tombèrent à l'eau avec fracas. J'étais sauvé ; mais qu'était devenu mon cheval ? La pauvre bête aurait certainement été entraînée par la chute des terres, si par un bonheur providentiel, allégée de mon poids, elle n'avait pu faire quelques pas en avant, pour chercher, elle aussi, une issue. L'Arabe était revenu ; il avait trouvé un endroit où le ravin était moins à pic. Il appela le cheval, l'y mena avec précaution, et le fit parvenir sans encombre au sommet.

Là je me remis en selle, et la route se continua comme si de rien n'était. Elle traversait montagne après montagne, toutes encore couvertes de tiges de blé brûlées par les ardeurs de l'été, et dont le pied encore debout, mais durci par le soleil d'Afrique, rendait notre marche assez pénible. L'Arabe descendait tout droit d'un pas rapide les pentes les plus roides. Après un peu d'hésitation, confiant dans le pied si sûr de ma bête, je fis comme lui, et elle s'en tira admirablement.

V

Mes nouveaux compagnons de route; avantages du costume arabe; le télégraphe électrique; un repas frugal; arrivée à Constantine.

Bientôt le jour s'annonça, et l'Arabe me dit fièrement : « A ha, enta sabir son frère sabir la route; son frère sbahis, son frère sabir francis » (tu vois que je sais la route, j'ai été spahis, je sais le français). Tout à coup il regarda devant lui attentivement, puis se mit à marcher avec rapidité. J'aperçus, à quelque distance, des tentes, des gourbis et des Arabes. Il était cinq heures du matin. « *Dis donc*, s'écria mon guide en me faisant signe de la main, chouya, chouya » (arrête-toi ici). Il me quitta, rejoignit les Arabes, leur parla, puis revint vers moi et me dit : « Fissa, fissa, mon frère andar fissa K'sentina » (vite, vite, tu iras vite à Constantine). Il avait trouvé un Arabe de sa connaissance et le kaïd de sa tribu, qui se rendaient au marché de Constantine, montés sur de bons mulets. Il leur avait demandé de me prendre avec eux, pendant que lui-même resterait dans le douar à attendre qu'ils lui ramenassent le cheval. Cette proposition ne pouvait que me convenir; je l'acceptai avec empressement.

Il me conduisit à la hâte vers ses compatriotes qui me saluèrent cordialement, et me baisèrent la main. Ils étaient campés à quelque distance du douar, au nombre de dix environ, sous une vaste tente, avec une douzaine de mulets. Je vis dans un coin une cafetière, déjà vide, il est vrai. Qu'une tasse de café chaud m'eût fait de bien en ce moment! j'étais roidi par le froid et la fatigue, transi par le brouillard et la rosée. Comme cependant les Arabes ne souffrent jamais qu'on leur paye leur hospitalité, je mis une fausse délicatesse à ne pas leur demander le café, qu'ils négligeaient de m'offrir. Oubliant que je n'étais pas sur une route d'Europe, je comptais trouver tôt ou tard un caravansérai français où je pourrais me rattraper sans scrupule, en payant ma consommation.

Bientôt on plia la tente et on la chargea sur un mulet. Sur un autre on mit les pieux et les ustensiles de ménage. Chacun reçut son contingent, excepté celui du kaïd; et quelques instants après nous partions au nombre de sept, tous montés. Mon Arabe vint encore me baiser la main avec de nombreux témoignages d'affection, employant tout le français qu'il savait, et beaucoup plus qu'il n'avait voulu en faire semblant jusque-là.

Le kaïd était un beau vieillard à barbe grise, simplement habillé comme tous les Arabes, mais un peu plus proprement, avec des bandes de soie dans le haïk de laine fine qui enveloppait sa tête. Sur son dos était suspendu un gigantesque chapeau de paille, de même forme que les chapeaux tyroliens ou calabrais, mais quatre fois plus grand. Il s'en couvrait la tête de temps à autre, lorsque l'ardeur du soleil n'était pas tempérée par un peu de vent. Il montait un beau mulet gris marchant l'amble, et paré d'une brillante selle arabe en velours rouge, avec harnachement assorti.

Les Arabes, pour conduire leurs bêtes, ont deux moyens infaillibles avec lesquels ils les font marcher deux fois plus vite qu'un Européen novice. D'abord ils ne cessent de leur attaquer les flancs par un battement régulier de leurs talons, sans jamais se fatiguer de ce perpétuel effort. Puis ils poussent de temps en temps le cri retentissant et caractéristique de « Errrra » que nous ne parvenons pas à imiter exactement. Je ne possédais aucun de ces deux talents à un degré suffisant pour parvenir avec eux seuls à exciter mon cheval, qui avait le pas plus court que les mulets. Ce que voyant, je dis à l'un des Arabes que ma monture était mauvaise, tandis que la sienne était bonne, et je lui proposai de changer. Il se mit à rire, mais refusa. Cependant, en bon camarade, il descendit de sa bête à la première occasion, et alla me couper une formidable branche de saule encore garnie de ses feuilles. Mon cheval en comprit l'usage sans interprète, et si mon bras se fatigua à la longue d'une bastonnade sans cesse renouvelée, en échange j'eus le plaisir de pouvoir me maintenir constamment à la tête de la caravane auprès de l'excellent mulet du kaïd.

La chaleur devenait toujours plus intense, et le soleil plus accablant. Un vent parfois assez fort se faisait sentir par instants irréguliers; et pour être moins sensible à ces alternatives de chaud et de froid, dangereuses quand on est couvert de sueur, je fus obligé de m'envelopper de vêtements plus épais. Je compris alors comment il se fait que les Arabes soient bien plus chaudement vêtus sous un climat de feu que nous dans nos climats tempérés. En cela ils obéissent aux règles de la prudence la plus vulgaire ; il s'agit en effet de se rendre insensible aux influences extérieures. Ces variations de température ne proviennent pas du vent seul. Elles dépendent aussi énormément de l'élévation où l'on se trouve, et l'on a constaté que nulle part peut-être au monde elles ne peuvent être aussi considérables. Ainsi on peut trouver, au sommet du mont Atlas, de la neige, de la glace et un froid de 10 degrés ou davantage, au-dessous de zéro, et de là, en descendant le versant méridional du côté du Sahara, on sera en quelques heures transporté dans une atmosphère de plus de 40 degrés de chaleur. Le costume arabe se prête admirablement aux exigences d'un climat aussi variable. Il se compose d'un nombre indéfini de robes de toute forme et de toute étoffe (peu importe leur nom, gandoura, haïk, burnous); la plupart sont en laine, munies d'un capuchon et couvrent le corps de la tête aux pieds. L'Arabe en un clin d'œil en a ajouté une ou deux, si le froid survient; et s'il fait très-chaud il s'allége d'autant. Ces vêtements se mettent aussi facilement que nos manteaux, car ils n'ont ni boutons ni agrafes.

La route que nous suivions était d'une monotonie désespérante : une suite de collines ou de mamelons arrondis au sommet comme les montagnes d'Écosse; les unes toutes nues, les autres servant de pâturages. Les broussailles, qui y croissaient espacées, étaient souvent entièrement étouffées par des quantités incroyables de grosses pierres, de quartiers de roc même, partout répandus sur le sol, et quelquefois en tas si serrés que nos montures avaient peine à s'y frayer un chemin. On eût dit un immense amas de ruines, les débris mornes et inanimés de cités colossales. Il est probable que ce sont des fragments de rochers plus grands, qui sous l'influence des chaleurs, de la pluie, de tous les éléments réunis, se sont peu à peu brisés et dispersés sur de grandes surfaces. Quelquefois on y voyait aussi de véritables ruines, venant probablement des Romains; on reconnaissait encore des restes de constructions. La route de Constantine à Guelma est d'ailleurs célèbre dans les annales de l'archéologie par les restes des villes de Khemiça et d'Announa.

Dans la même direction que notre chemin, et comme lui allant droit sur Constantine, le télégraphe électrique avait planté ses nombreuses perches, hautes et minces, qui enjambaient les montagnes et les rivières, curieux représentants de la civilisation au milieu de ces pays presque déserts, d'où l'homme semble absent, et où l'Arabe règne seul avec son ignorance et sa sauvagerie. On s'étonne que les indigènes n'aient pas encore, à l'instar des peuples civilisés, poussé le progrès jusqu'à rompre les fils et renverser les soutiens, comme cela se fait en Europe quand on veut jouer de bons tours à l'administration. Il est vrai que pour leur inculquer ce respect si nécessaire, on avait imaginé, au moment de l'établissement du télégraphe, de réunir une centaine d'Arabes, de leur faire faire la chaîne, puis de leur donner une bonne décharge électrique. Ils étaient tombés à la renverse en jurant que *Chitan* (Satan, le diable) dirigeait l'opération. Depuis lors, quand le sentier passe trop près d'un poteau télégraphique, l'Arabe a soin de faire un détour et de s'écarter suffisamment de la perche redoutable, pour ne pas risquer une nouvelle intervention de Chitan. On ne pouvait trouver un moyen plus sûr et plus simple de protéger les lignes télégraphiques.

Cependant le soleil dardait sur nous des rayons de plus en plus ardents, et je commençais à éprouver une singulière fatigue. Depuis cinquante-cinq heures, j'étais pour ainsi dire constamment en mouvement à pied, en voiture ou à cheval. Enfin, depuis le léger repas de la veille au soir, je n'avais plus rien pris, pas même un verre d'eau : il y avait de cela quinze heures, et j'en avais passé près de dix à cheval. Tourmenté à la fois par la faim et par une soif brûlante, accablé par la chaleur, je m'endormais sur mon cheval, et j'étais obligé de me cramponner des deux mains à la selle pour ne pas en tomber pendant les quelques instants, renouvelés sans cesse, où malgré tous mes efforts pour me roidir, mes yeux se fermaient d'eux-mêmes, et mon corps s'abandonnait. Depuis notre départ, je n'avais pas vu une seule habitation, pas même arabe. Enfin j'aperçus en face de nous au haut d'une montagne un mur blanc. Ce devait être le caravansérai français, après lequel je soupirais depuis si longtemps. Je le montrai au kaïd en lui demandant si on pouvait manger et boire là. Il me répondit affirmativement, mais en ajoutant qu'ils avaient des provisions avec eux.

Effectivement il s'arrêta quelques pas plus loin près d'une source, ou plutôt d'une mare infecte, où venaient boire des vaches qui paissaient aux alentours sous la garde d'un jeune berger. Nous mîmes tous trois pied à terre. J'ai oublié de dire que nos autres compagnons nous avaient peu à peu quittés pour aller dans diverses directions. On laissa les bêtes savourer l'herbe à leur gré. Le kaïd s'assit à terre ; et son vassal chercha dans ses bagages une espèce de casserole en étain qu'il alla remplir à la source, et une galette dure comme de la pierre qu'il mit à côté. Là-dessus on s'assit en cercle. Le kaïd m'offrit de la galette et de l'eau ; puis il en prit lui-même, après avoir fait comme une espèce de signe de croix accompagné de quelques mots de prière. L'autre Arabe se servit à son tour, et chacun se mit alors à l'œuvre. Le pain était si sec et si dur qu'il fallait, pour ne pas s'étrangler, boire une gorgée d'eau après chaque bouchée ; la casserole faisait ainsi continuellement le tour du cercle. Malgré cela j'en fus promptement rassasié. Au bout d'un quart d'heure de cette halte bien nécessaire, chacun remonta sur sa bête, et l'on se remit en route.

Nous avions recommencé à gravir colline après colline au milieu d'un terrain nu et aride. Le télégraphe suivait toujours la même direction. En vain je demandais à mes compagnons de me montrer Constantine, ils m'indiquaient dans le lointain une montagne vaguement accusée ; et toujours les collines recommençaient, et toujours arrivé au sommet j'en découvrais une nouvelle à franchir. Enfin j'aperçus de loin un camp. Des tentes françaises couvraient un plateau élevé, et le drapeau tricolore flottait à côté. « Menèh K'sentina, » me dirent les Arabes. Quoiqu'il nous ait fallu depuis ce moment plus de deux heures encore pour atteindre la ville, on en sentait pourtant déjà l'approche aux voyageurs plus fréquents qui nous croisaient. Il nous arriva même de rencontrer plusieurs troupeaux de bœufs très-considérables ; quelquefois aussi des femmes indigènes qui voyageaient à cheval ou sur des mulets, tenant en général un ou deux enfants en croupe ou devant elles.

Du reste Constantine elle-même était toujours encore invisible. Le camp même qui l'avoisinait ne tarda pas à être masqué par des proéminences montagneuses.

Vers trois heures nous nous trouvions dans un joli ravin traversé par un frais ruisseau. Les deux

Arabes descendirent de leurs bêtes, pour faire leurs ablutions. J'en profitai pour me rafraîchir également la tête et les mains. Nos pauvres montures se débattaient contre d'innombrables moustiques qui les accablaient de leurs douloureuses morsures. On les fit boire, et on leur lava les narines qui étaient pleines d'insectes. Nous nous remîmes en selle. Encore une montée et j'aperçus un rudiment de grande route, puis une ferme française, enfin un Français à cheval. Un instant après ce fut un fermier alsacien, puis un chasseur d'Afrique menant à la promenade le cheval d'un officier. J'étais heureux, mais mon impatience de voir Constantine grandissait à mesure. Il fallut cependant franchir encore deux coteaux. Mais arrivé sur le sommet du dernier, j'aperçus enfin l'étonnante capitale de Massinissa et de Jugurtha.

Fièrement perchée sur son nid d'aigle, couronnée par les énormes casernes de sa Kasbah, *la cité aérienne* (Belad-el-Hawa) couvrait de ses maisons accumulées l'immense rocher gris qui lui servait de piédestal. Le profond ravin qui entoure la ville, assombri encore par l'ombre que donnait le soleil à son déclin, n'en paraissait que plus effrayant ; et la gigantesque paroi de rochers sauvages qui lui fait face, semblait la menacer de l'écraser de son poids. Plus nous approchions, plus le ravin paraissait grandir ; c'était un véritable abîme. Le célèbre pont romain El Kantara qui le traversait s'est écroulé il y a peu d'années, et il faut aujoud'hui, pour passer, descendre une pente rapide formée de larges degrés comme un escalier de géants, et si longue, qu'arrivé au bas on ne doute pas d'être au fond du précipice. On se trouve seulement en face d'un fort beau pont voûté en pierres de taille. On le franchit, non sans émotion, car on entend plutôt qu'on n'aperçoit au-dessous, dans une fente obscure, à une profondeur immense, le Roumel qui bouillonne en cascades mugissantes ; et l'on voit se dresser devant soi une montée tout aussi roide et tout aussi longue que l'était la descente. De plus, elle est pavée, et les chevaux ferrés y glissent facilement.

Nous arrivâmes en haut sans accident jusqu'à la porte d'El Kantara, ouverture basse et étroite, suivie d'un couloir sombre par lequel on débouche sur une place ornée d'une fontaine jaillissante. Mes compagnons s'arrêtèrent en face, devant un bouge infect, espèce de caravansérai ou de cave, où grouillaient pêle-mêle des indigènes, hommes et bêtes. Je pris congé du kaïd, et ayant fait expliquer à l'autre Arabe le chemin de l'hôtel d'Orient, situé près de la porte Bab-el-Oued, je m'avançai avec lui à travers les étroites ruelles de Constantine, aux pavés glissants et pointus. Je longeai une foule de bazars dont les plus riches se trouvaient près du marché de Bab-el-Oued, et ce ne fut pas sans peine que je découvris enfin, dans une rue couverte d'une toiture et sombre comme celles de Tunis, l'hôtel d'Orient, dépourvu d'enseigne, et reconnaissable seulement à une porte toujours ouverte, derrière laquelle s'élève un joli escalier en faïence blanche, avec arabesques bleues. Un garçon vint me recevoir. A peine eus-je la force de passer la jambe par-dessus la selle, et de me laisser glisser en bas de ma monture. J'arrivai à terre à demi rompu et tremblant de fatigue. Je pris mes bagages et congédiai l'Arabe, avec mon excellent cheval, dont j'avais eu le temps maintenant d'apprécier la sobriété et les qualités solides. Puis je montai clopin clopant ces gracieuses marches de faïence qui m'avaient attiré.

Dès qu'on m'eût donné une chambre, je demandai une demi-tasse de café noir. Après l'avoir vidée, je bus avec frénésie une carafe entière d'eau sucrée aiguisée d'eau-de-vie ; je me lavai les membres avec de l'eau fraîche ; je changeai d'habits, et au bout d'un quart d'heure j'étais aussi frais et aussi dispos que si je ne venais pas d'avoir été quinze heures de suite à cheval. Le café est, en effet, le remède souverain en Afrique. Je profitai de ce recouvrement de forces pour rendre encore le soir même visite à des amis qui, prévenus de mon arrivée, m'attendaient avec impatience depuis le matin. J'y passai une soirée d'autant plus agréable qu'elle succédait à un jour de fatigue et de silence forcé, et j'eus lieu de trouver l'hospitalité française de l'Algérie si cordiale, si attentive, et si sincère, que l'hospitalité arabe, malgré sa réputation, n'eût rien gagné à lui être comparée.

CHAPITRE IV

CONSTANTINE

I

La ville, sa position pittoresque; sa reconstruction par les Français.

Constantine est une ville bien originale. On ne peut dire qu'elle soit belle, ni jolie, ni gracieuse, ni effrayante, ni sauvage, à peine qu'elle est pittoresque. Elle a cependant quelque chose qui plaît, qui attire, qui reste dans le souvenir. C'est un genre de beauté à part, qu'on ne peut définir, mais qui est plutôt grandiose et imposant; qui le serait davantage encore si la ville était plus grande; une nature sèche et nue partout où la main de l'homme n'a pas passé; admirable au contraire de fertilité là où le travail l'a transformée, notamment au bord de l'eau, où resplendit une végétation luxuriante, presque tropicale.

La ville elle-même n'a pas cessé d'être arabe, presque autant que Tunis, plus qu'aucune autre ville de l'Algérie. Partout les rues sont encore étroites, quelquefois couvertes. Les Français n'ont rien fait, pour ainsi dire, que de percer aux maisons des fenêtres sur la voie publique, et d'y mettre des vitres comme en Europe ; mais cela ne se voit pas à distance. Le seul quartier un peu français est celui du haut de la ville, près de la Kasbah. Là sont de grandes casernes qu'on aperçoit de loin, de vastes cours, et de larges rues où il y a de l'air, du soleil et de la poussière. — La population est encore arabe en majorité, et le coup d'œil général s'en ressent beaucoup.

Mais ce qui fait de Constantine une ville unique dans son genre, c'est sa position exceptionnelle, sur un rocher presque inabordable, et d'une élévation prodigieuse ; ce Roumel bouillonnant au fond de l'abîme ; ces cascades imposantes ; et puis de tous côtés cet entourage sec et pierreux, ces montagnes rocheuses ou sablonneuses, au milieu desquelles se détache le plateau oblique où la ville est bâtie, « semblable, disent les Arabes dans leur pittoresque langage, à un burnous étendu, dont la Kasbah formerait le capuchon. »

La rigueur des hivers n'a pas permis de couvrir les maisons de terrasses comme dans les autres villes de l'Algérie. Elles ont toutes des toits en tuiles creuses posées sur des roseaux. Aussi de loin l'aspect de Constantine est-il généralement sombre et gris, au lieu d'être blanc comme à Tunis ou Alger ; et cette teinte sévère, qui confond presque les maisons avec le rocher qui les porte, ne contribue pas médiocrement à rendre le spectacle plus étrange encore et plus grandiose.

L'imagination des Arabes ne pouvait manquer une si belle occasion de prodiguer de brillantes métaphores. « Pareil au bracelet qui cercle le bras, dit le poëte El-Abdéry, vivant au viie siècle de l'hégire, le fleuve, rugissant au fond d'un ravin taillé à pic, enserre la roche qui supporte la ville et la défend, comme les monts escarpés protégent le nid du corbeau. »

Plus poétique encore est la description qu'en donne un Berbère au chef de l'armée musulmane, Sidi-Okba-ben-Nafé, lorsqu'il vint pour s'en emparer. « Le nid d'un aigle est moins inaccessible. Les habitants l'ont surnommée *la cité aérienne*. Groupés à l'orifice de ses citernes, les nuages se penchent pour y verser leurs eaux. Assise sur un immense bloc de granit, que la baguette d'un magicien semble avoir arraché des masses environnantes, elle se contente d'opposer aux assaillants le tumulte torrentueux du fleuve qui lèche ses fondements, en s'engouffrant dans un abîme profond de mille coudées. L'archer le plus robuste ne saurait atteindre le rempart avec ses flèches. »

Telle est la ville qui remplace l'ancienne Cirta des Numides. Cirta, du reste, en langue numidique, désignait un rocher isolé. Sa position en faisait une place imprenable avant l'invention du canon. Elle est dominée par plusieurs plateaux voisins, le Sidi-Mecid au nord-est, le Mansoura au sud-est, le Coudiat-Aty au sud-ouest. On trouve dans bien des endroits de la Numidie des restes de cités bâties sur des lieux élevés. En Kabylie la plupart des villages sont situés ainsi, et toujours pour des raisons stratégiques.

La ville musulmane est en train de disparaître, et je doute que ce soit un avantage.

Constantine a besoin de s'agrandir, et surtout d'avoir de l'air et de l'espace. On trouverait tout cela en bâtissant de nouveaux quartiers près de la porte Valée, sur le plateau de Coudiat-Aty, admirablement situé, vaste, sensiblement plane, et où les Romains déjà et les Numides avaient construit une partie de la ville. Celle-ci en effet, d'après les ruines qu'on trouve, était alors plus grande qu'aujourd'hui. On bâtirait là une cité européenne, aux rues larges et appropriées à la circulation des voitures, aux maisons spacieuses et confortables, et on laisserait aux indigènes l'ancienne ville avec ses maisons petites, basses, mal construites, avec ses rues en pente roide et si étroites que c'est à peine si une charrette peut y passer. On contenterait ainsi à la fois les Européens et les indigènes ; car ceux-ci mécontents de notre voisinage, commencent à émigrer à Tunis avec leurs richesses, comme l'ont fait les Mores d'Alger et de Bône.

Au lieu de cela, qu'est-on en train de faire? On démolit les maisons arabes et on rebâtit à leur place des maisons européennes. Le projet aboutira à percer quelques rues nouvelles, étroites malgré tout, et d'une pente trop prononcée pour y permettre la circulation des voitures ; à y construire des habitations comme en Europe, élevées, sans largeur ni profondeur, trop resserrées ; à y mal loger les Européens et à en chasser les Arabes, habitués à un genre de vie différent. Ainsi la population de Constantine diminuera au lieu d'augmenter, car il faut plus de place aux Européens qu'aux Arabes. Combien de temps ne faudra-t-il pas alors pour regagner ce qu'on aura perdu ?

La raison qu'on donne de mettre les Européens en dedans des fortifications paraît de peu de valeur ; car les défenses de Constantine sont peu nécessaires contre les Arabes, qui jamais ne songeraient plus à attaquer la ville ; et contre une armée européenne qui viendrait conquérir l'Algérie, elles sont à la fois insuffisantes et inutiles. L'ennemi chercherait plutôt à s'emparer des ports de mer, et une fois qu'il les tiendrait, il serait bientôt maître de Constantine affamée à la fois par lui et par les Arabes, et séparée de la France par une trop grande distance et par la conquête des villes maritimes.

Quoi qu'il en soit, c'est le projet de reconstruction de la cité arabe qui l'a emporté. On a même commencé ; et devant la Kasbah, construction toute française, s'étend déjà une vaste et belle rue. On va continuer peu à peu, à mesure que les ressources le permettront, et quelques utopistes pensent que les Arabes, plutôt que de quitter Constantine, adopteront alors les mœurs françaises. Je laisse à ceux qui connaissent l'Algérie et les indigènes, le soin de décider si, d'ici à vingt ans, ces derniers se seront assez fondus avec nous, et assez identifiés pour consentir à vivre à notre manière. Mais je crois que les douteurs ne manqueront pas.

II

M. Cherbonneau; les antiquités romaines de Constantine; longévité dans l'ancienne Afrique; le Coudiat-Aty; le Bardo; le capitaine de Bonnemain; la domination romaine; l'archéologie en Afrique; les sociétés savantes et la littérature de l'Algérie; la littérature du Soudan.

Parmi les personnes à la fois aimables et instruites que j'ai eu le plaisir de fréquenter à Constantine, je dois mentionner avant tout l'éminent orientaliste et archéologue Cherbonneau, professeur d'arabe à la chaire de cette ville.

M. Cherbonneau mit la plus grande obligeance à me faire voir les curiosités romaines de Constantine. On a créé il y a peu d'années en plein air, près de la Kasbah, un *musée antique*. C'est une cour oblongue dans laquelle on a installé à ciel ouvert un certain nombre de bas-reliefs et d'inscriptions, des débris de statues, etc. Un peu plus bas, on vient de remettre à jour des citernes romaines encore fort bien conservées, et qui vont être restaurées pour servir de nouveau. Dans l'intérieur de la ville j'ai vu plusieurs bâtiments de construction romaine, au moins dans l'origine[1]. Cependant je n'y ai rien trouvé de saillant au point de vue de l'art, ni même de

---

1. Dans l'Annuaire de la Société archéologique de Constantine de 1853, et sous le titre de *Constantine et ses antiquités*, M. Cherbonneau a fort bien décrit ce qui reste encore des constructions romaines.

l'architecture, rien de grandiose comme les antiquités de Nîmes, d'Orange, d'Arles ou de Rome ; rien même qui fût à comparer aux beaux restes d'aqueduc dont quelques arches sont encore debout à plusieurs kilomètres hors de ville, plus loin que le plateau appelé Coudiat-Aty.

Aux abords même de ce plateau, on a découvert, en bâtissant quelques maisons européennes, des tombeaux en grand nombre, et on y a trouvé des inscriptions fort intéressantes. Il paraît que ce lieu servait de cimetière à l'époque romaine. Au moment où nous arrivions, un brave cultivateur, qui creusait un champ de ce côté, nous montra avec le plus grand empressement une pierre tumulaire qu'il venait de déterrer ; elle contenait une inscription berbère en caractères puniques. Dans une hutte qu'il possédait à quelques pas de là, il avait réuni un grand nombre de pierres portant toutes des légendes latines, puis des lampes funéraires, et tous les objets qu'on trouve habituellement dans les tombeaux de cette époque.

Une chose bien curieuse, qu'on a pu constater d'après les inscriptions tumulaires contrôlées jusqu'à présent à Constantine et dans le reste de l'Algérie, c'est que chez les Romains en Afrique la durée moyenne de la vie était bien au-dessus du chiffre qu'on admet généralement aujourd'hui pour nos pays d'Europe [1]. On y rencontre des exemples de

1. Annuaire de la Société archéologique de Constantine, 1853, par M. Foy, commandant du génie.

Pagination incorrecte — date incorrecte

NF Z 43-120-12

longévité remarquables ; des hommes en grand nombre qui ont dépassé l'âge de cent ans.

N'aurait-on pas quelque raison d'en conclure que le climat d'Afrique, loin d'être funeste, comme on le prétend quelquefois, serait relativement plus sain que celui de la plupart des contrées de l'Europe? Pour être juste, il faut ajouter cependant, qu'en effet l'acclimatation a été très-difficile dans les premiers temps de l'occupation française; des populations entières de colons ont été enlevées par les fièvres. Mais depuis qu'on a fait des travaux d'assainissement, desséché les marais, amené de l'eau potable; depuis qu'on a répandu parmi les colons européens la connaissance des précautions à prendre, le mal a diminué d'une manière notable.

Le village de Bouffarick, par exemple, près d'Alger, dont la funèbre célébrité s'était répandue au loin, qui avait vu périr presque tous ses premiers habitants, est devenu aujourd'hui, à la suite des grands travaux de défrichement entrepris dans la plaine de la Métidja, un des lieux les plus salubres de l'Algérie. L'état sanitaire y est même supérieur à ce qu'il est en général en France.

Des hauteurs du Coudiat-Aty on peut suivre à merveille les travaux des deux célèbres siéges de Constantine. La première fois, l'armée était campée sur le Mansoura, et l'attaque eut lieu près du pont El-Kantara. Mais au second siége, ce fut du Coudiat-Aty que partirent les colonnes, c'est de ce côté-là qu'on fit dans les murs la brèche par laquelle pénétra l'armée française. La porte Bab-el-Oued qui se trouvait en cet endroit a reçu aujourd'hui le nom de porte Valée, et à quelque distance devant l'entrée, on a élevé à la place même où le maréchal Valée, qui commandait l'armée française, fut tué pendant l'attaque, une pyramide commémorative.

De ce même côté, mais plus bas, au bord de la rivière, se trouve le Bardo, ancien édifice turc dont les écuries étaient célèbres, et qui sert aujourd'hui de caserne aux chasseurs d'Afrique. Un peu plus loin, sur le plateau même du Coudiat-Aty campent en ce moment un corps séparé de chasseurs d'Afrique et un détachement de *turcos* ou *tirailleurs indigènes*. C'étaient là les tentes que j'avais aperçues de loin quelques heures avant d'arriver à Constantine.

En passant près de la caserne des spahis, en ville, j'eus la bonne chance de voir le fameux capitaine Si-Mustapha Bonnemain, Français recueilli tout jeune et élevé par les Arabes des tribus dont il partagea longtemps la vie barbare, et qui, enfin revenu parmi les Français, put mettre à profit sa connaissance des dialectes indigènes pour entreprendre un voyage dans l'intérieur du pays à R'dames. Il comptait même se diriger sur Tombouctou, si des circonstances majeures ne l'en eussent empêché.

L'archéologie a trouvé en Afrique un champ d'une richesse inépuisable ; tous les jours on y découvre des matériaux plus nombreux. Le vandalisme européen, cent fois plus terrible que le vandalisme des Vandales, n'a pu faire disparaître encore les nombreux vestiges de la domination romaine. Les monuments abandonnés à l'air ou enfouis sous le sol ont été plus qu'ailleurs respectés par l'homme. Les Arabes, avec leurs goûts insouciants et nomades, eussent été trop paresseux pour les démolir; et pendant que les officiers du génie français font d'excellents cylindres à planer les routes avec les tronçons de colonnes en marbre des édifices romains, les Arabes paissent leurs troupeaux à l'ombre des ruines sans songer à y chercher des matériaux à bâtir, pas plus qu'à les restaurer. Ils les contemplent philosophiquement et s'écrient dans leur sentencieux fatalisme : « Dieu est le plus grand, Allah akbar, c'était écrit. » On conçoit dès lors qu'on puisse trouver là des villes entières, telles que Lambessa ou Tebessa, mieux conservées qu'en Europe, parce qu'elles n'ont subi que les ravages du temps. Il ne faudrait pourtant pas se faire illusion; ce sont bien des ruines, et quoique dorées par le soleil d'Afrique, elles ne peuvent plus servir qu'à attirer des archéologues ou des touristes.

Quand on parcourt le nord de l'Afrique, on est saisi d'admiration pour la grandeur de vues et l'activité que les Romains y ont déployées. Pas une ville moderne, pas un village, pour ainsi dire, qui ne repose sur des fondations romaines, et tout ce qu'on voit ainsi ne donne encore qu'une faible idée de la vaste intelligence qui avait présidé à cette colonisation armée. Les Français, depuis leur arrivée, n'ont pu choisir un seul emplacement favorable à la création d'une ville ou d'un établissement militaire, sans y trouver des vestiges de constructions romaines. Partout les Romains les ont devancés; et le fait est si bien reconnu aujourd'hui, qu'on a pris le sage parti, lorsqu'on veut fonder un centre de colonisation ou d'occupation, de chercher les traces des Romains, et de bâtir sur leurs ruines. On s'en est toujours bien trouvé. Abondance d'eau, terrain fertile, situation avantageuse sous tous les rapports; ils avaient tout recherché et apprécié, tout mis à profit; ils avaient, en un mot, tiré la quintessence des ressources du pays. Ils nous ont devancés jusque dans le Sahara, et au milieu du désert aussi bien que dans les oasis, on découvre des marques de leur séjour.

On comprend dès lors tout l'intérêt qui s'attache pour l'avenir de notre colonisation, et en dehors des exigences de la science, aux études archéologiques. Les antiquaires ne sont pas ici comme en bien d'autres endroits, des gens déplacés et mal à leur aise au milieu du XIXe siècle, le regard tourné en arrière, regrettant ce qui n'est plus, et ne se consolant de la disparition du bon vieux temps qu'en se plongeant avec délices dans une admiration béate pour ses reliques. Ils sont en Afrique les vrais pionniers de la civilisation. Dans un pays comme celui-ci, qui a joui autrefois d'une civilisation relativement avancée, où on a exécuté de grands travaux publics, des œuvres d'art, et on peut le dire, des entreprises grandioses en tout genre pour faire de la nature une servante docile; où plus tard tout ce qui avait été fait a été détruit ou bien est tombé de soi-même dans une décadence de plus en plus profonde, il est de la plus haute utilité de savoir ce qui existait autrefois, afin de le rétablir d'abord avant de viser à de nouveaux progrès. Si nous avions aujourd'hui l'Afrique des Romains, on ne se plaindrait pas en France du budget de l'Algérie.

M. Cherbonneau habite une maison moresque qui fut autrefois une mosquée. Un large escalier conduit à une terrasse placée au premier étage au milieu de l'habitation, et à côté de celle-ci se trouve la salle des cours, remarquable encore par son architecture orientale. J'y ait fait connaissance avec la littérature algérienne qui commence à devenir réellement importante et produit des travaux d'un grand mérite. Il existe à Constantine, depuis la fin de 1852, une *Société archéologique* qui fait paraître un *Annuaire* fort intéressant et chaque année plus volumineux. A Alger, en 1856, s'est formée, sous le patronage du maréchal Randon, la *Société historique algérienne :* elle publie tous les deux mois, sous le titre de *Revue africaine,* des travaux consciencieux traitant surtout d'archéologie.

La *Société d'agriculture d'Alger* est aujourd'hui à sa quatrième année ; elle s'occupe spécialement des cultures propres au pays, et des objets qui s'y rattachent, et consigne dans un bulletin trimestriel ses études et ses observations.

Le docteur Bertherand, professeur à l'école de médecine d'Alger, fait paraître depuis quelques années une *Gazette médicale algérienne* qui a obtenu un succès légitime.

Enfin, chaque ville importante a un ou plusieurs

journaux qui sont écrits avec une liberté relativement plus grande qu'en France, et qui traitent surtout des intérêts locaux, et de ceux de la colonie en général.

La littérature algérienne, c'est-à-dire l'ensemble des livres traitant spécialement de l'Algérie, est assez considérable, et suit une progression de plus en plus rapide. La plupart des ouvrages sont publiés par des éditeurs algériens. M. Challamel, libraire à Paris, fait une spécialité de leur vente, et publie tous les quatre mois un *Bulletin bibliographique algérien et oriental,* qui contient la nomenclature de tous les ouvrages nouveaux sur cet important sujet.

M. Cherbonneau me donna des détails fort intéressants sur une littérature récemment découverte, celle de Tombouctou. Il paraît qu'au Soudan, à la suite de l'introduction de l'islamisme, la culture de l'esprit a été très-avancée. Il y a eu, parmi les nègres de ce pays, des savants et des écrivains de grand mérite, même célèbres; et, chose curieuse, leurs livres, dont il me montra un spécimen rare qu'il avait le bonheur de posséder, copie d'un ouvrage du savant nègre Ahmed-Baba, sont tout à fait semblables, pour l'apparence, la reliure, le format, à nos livres manuscrits de la même époque, c'est-à-dire de la fin du moyen âge. Il est positif aujourd'hui, qu'au XIVe et au XVe siècle, il y avait à Tombouctou des écoles qui ne le cédaient en rien aux universités de Cordoue, de Tunis, de Bougie, de Tlemcen et du Caire; des professeurs, écrivains eux-mêmes, expliquant en arabe les ouvrages consacrés par la tradition de la secte de l'iman Malek, grands théologiens en même temps que grands jurisconsultes; des bibliothèques relativement considérables, œuvres des lettrés du Soudan; des princes entourant les hommes de science de leurs encouragements et de leur bienveillance empressée. Il résulterait de là des arguments d'une grande puissance contre certaines opinions qui relèguent la race noire au dernier échelon de l'espèce humaine, et lui refusent les dons de l'intelligence.

III

La Kasbah et le ravin; la mosquée de Salah-Bey; le palais du bey Hadj-Ahmed; le haras de Sidi-Mabrouk; le jardin d'essai; un concert nègre; les cascades du Roumel; les Béni-Aïssa.

M. le capitaine du génie H. a eu la bonté de me faire voir la Kasbah, qui est remarquable à la fois par ses proportions architecturales et par sa pittoresque situation.

Placée à la partie la plus élevée du rocher sur lequel est bâtie Constantine, elle domine la ville entière d'un côté, et de l'autre elle s'arrête juste au bord de l'abime. Là, le rocher descend verticalement, et surplombe à certains endroits. L'œil stupéfait cherche en vain la base qui le relie à la plaine, il n'aperçoit rien que l'espace vide, puis, à des profondeurs effrayantes et à une distance qu'il ne peut mesurer faute de point de repère, une vallée charmante où coule gracieusement le Roumel.

Si l'on s'éloigne un peu du bord et qu'on regarde en avant, on ne voit absolument rien que l'extrémité du rocher à quelques pas, sans autres vestiges de la terre que quelques montagnes dans le lointain à droite et à gauche ; nul indice de la plaine ; devant soi, rien que le vide et le ciel bleu à l'horizon. On se croirait au bout du monde.

Du côté nord-est, on se trouve en face de la paroi rocheuse du Sidi-Mécid, dont on n'est séparé que par le profond ravin qui sert de lit au Roumel. Celui-ci, au sortir de cette étroite crevasse, bondit comme une avalanche et s'élance d'une hauteur de plus de cent mètres dans la plaine en formant une série de cascades majestueuses.

Lorsqu'on les contemple depuis la cour de la Kasbah, on peut se faire une idée de l'élévation prodigieuse à laquelle on se trouve. On regarde d'abord le Roumel au haut de la première chute, et on est effrayé de la hauteur inaccoutumée, vertigineuse qui vous en sépare ; on la mesure des yeux ; on voit ces cataractes magnifiques se multiplier et se suivre, l'une au-dessous de l'autre et toujours plus bas ; et puis enfin, leur eau tumultueuse reprendre son cours paisible dans la vallée à une profondeur qui dépasse deux cents mètres, et cela presque verticalement au-dessous de vous.

A côté de la Kasbah se trouve un joli jardin qui en fait partie. L'hôpital militaire est vaste et bien tenu. Enfin, le génie termine en ce moment les bâtiments de la manutention, qui sont remarquables par leurs dimensions et leur bel arrangement.

Tout près de là on répare, ou plutôt on rebâtit à neuf la mosquée de Salah-Bey, qui était célèbre par ses belles colonnes en marbre blanc, et sa chaire composée de pièces de marbre de toutes les couleurs et taillées avec un goût infini. Ces chefs-d'œuvre des artistes génois ont été soigneusement conservés et vont être remis en place dans le nouvel édifice.

Cependant, comme type d'architecture moresque, il faut mentionner avant tout le palais de l'ancien bey Hadj-Ahmed, construit il y a tout au plus trente ans, sur le modèle des palais de l'Orient. Il sert aujourd'hui de demeure au commandant supérieur de la province de Constantine, et renferme les bureaux de différents services administratifs.

Plusieurs jardins intérieurs, garnis de jolis parterres émaillés de fleurs, rafraîchis par de pittoresques jets d'eau, habités par des gazelles, des ibis et d'autres gracieux enfants de l'Afrique, ne contribuent pas médiocrement à égayer l'ensemble et à en faire un délicieux séjour. Tout autour d'eux règnent de larges galeries couvertes, à colonnes, dont l'une est ornée de peintures murales du style le plus bizarre et le plus primitif qu'on puisse imaginer, et qui représentent les principales villes du monde musulman depuis la Mecque et Constantinople jusqu'à Tunis et Alger.

Ces fresques sont dans un goût particulier, rappelant beaucoup le goût chinois, mais ressemblant encore plus à ce que pourrait faire chez nous un enfant de dix ans qui n'aurait jamais manié un pinceau. C'est qu'en effet, le bey voulant orner ses murs de peintures et ne trouvant à Constantine aucun artiste indigène capable, avait eu l'idée de faire sortir de prison un méchant cordonnier français. « Tu vas me peindre là des villes, » lui dit-il.

« Mais, répondit le pauvre diable, cela m'est complétement impossible, je n'ai jamais touché de couleur de ma vie. »

« Comment, reprit le bey furieux, tu veux te jouer de moi ; on m'a dit que tous les Français savaient peindre. Tu es un insigne menteur. Si tu n'obéis pas à mes ordres, tu auras la tête tranchée. Si au contraire je suis content de toi, je te donnerai la liberté. »

Le pauvre homme tout tremblant se mit à l'œuvre et fit de son mieux. Le bey enchanté le renvoya dans sa patrie, en disant avec orgueil à son entourage : « Ce chien de chrétien avait essayé de m'en imposer, mais je savais bien que tous les Français étaient peintres. »

Hier le capitaine H. m'a fait faire une promenade équestre dans les environs de Constantine. Il est grand amateur de chevaux et son écurie est bien composée. Quant à moi, j'avais le plaisir de monter pour la première fois en Afrique un de ces chevaux arabes dont on parle tant, et qui ressemblent fort peu au rosses que j'avais vues et essayées jusque-là.

Le capitaine montait un bel alezan doré, et il m'avait donné un excellent cheval noir, doux et ardent à la fois. Nous avons été voir d'abord le terrain destiné aux courses, et qui est situé à environ une lieue de la ville dans une vaste plaine au pied du hameau de Sidi-Mabrouk. Rien de plus imposant qu'un pareil hippodrome, aux dimensions grandioses, où rien n'arrête la vue, sans autre décoration qu'une nature simple et majestueuse, des montagnes nues comme fond du tableau, et au-dessus, rejoignant l'horizon lointain pour s'y poser comme un dôme immense, le ciel d'Afrique, éblouissant de lumière, enflammé par un soleil dévorant.

Un instant après, lançant au galop nos chevaux impatients et fiers de pouvoir montrer leur vitesse, nous avons traversé la plaine pour ne nous arrêter qu'au dépôt d'étalons de Sidi-Mabrouk. Nous avons fait le tour des écuries, composées, comme je l'ai déjà vu ailleurs, d'un simple toit, ouvertes par derrière et protégées contre le vent et le soleil par quelques nattes mobiles. Il y a de belles bêtes comme à Bône, les plus remarquables venant aussi de la Syrie; mais toujours le cheval arabe, pur ou immédiatement dérivé; ni chevaux français, ni anglais, ni allemands.

Nous avons visité ensuite un peu plus loin le Jardin d'essai, qui se trouve sur la rive droite du Bou-Merzoug.

Il est grand et bien entretenu; la végétation y est belle et puissante. D'un côté on a planté en grand nombre des pins d'Alep, qui doivent servir au reboisement des montagnes environnantes, et qui promettent d'excellents résultats.

L'après-midi, je suis sorti seul et à pied pour aller voir de près les cascades du Roumel. Devant la porte Valée, sur la promenade, je me suis arrêté quelque temps pour voir et entendre un orchestre indigène.

Qu'on se figure en plein soleil une douzaine d'individus en burnous blanc, la plupart nègres, accroupis ou debout en cercle au milieu d'un nombreux et sympathique auditoire, composé surtout d'Arabes. Les uns soufflaient avec ardeur dans des espèces de flageolets ou fifres en roseau appelés *gaspah*, d'autres armés de baguettes caressaient en mesure des *tarrs* ou tamtams, sorte de tambours de basque grossiers; enfin quelques-uns pinçaient ou touchaient de l'archet une mauvaise guitare du pays, ou le *rebbeb*, espèce de grand violon à deux cordes dont on joue comme d'une basse. Ces divers instruments, plus ou moins primitifs, accompagnaient un chant plaintif et monotone, répété en chœur par la troupe entière. Ils n'exécutaient qu'un seul air, composé au plus d'une dizaine de notes, mais ils le recommençaient sans relâche avec des nuances infinies d'ardeur et de nonchalance, de forté et de piano. Les auditeurs arabes étaient enthousiasmés et les gros sous pleuvaient au milieu de l'orchestre. Peu à peu même ils finirent par s'accroupir autour des musiciens. Plongés dans un ravissement béat, ils jouissaient de ce charivari intolérable avec cet air de satisfaction intérieure ou de rêverie contemplative qui caractérise l'extase. Ces concerts discordants qui nous font fuir, leur paraissent infiniment supérieurs à notre musique.

Je les quittai bientôt pour descendre au moulin Lavie placé à mi-hauteur du rocher qui supporte la

Kasbah. Il est mis en mouvement par une chute prise d'un étroit canal enlevé au Roumel un peu au-dessus des premières cascades. J'admirai en chemin la magnifique paroi rocheuse qui s'élevait au-dessus de moi à une hauteur effrayante, et sur laquelle sont construits des murs d'enceinte d'origine romaine qui s'ajoutent encore à ces redoutables fortifications naturelles.

Près du moulin j'entrai dans un étroit couloir en partie creusé dans le roc et longeant le canal dont je viens de parler. Après quelques instants de passage dans ce tunnel obscur on revient à ciel ouvert, et le couloir se transforme en un sentier surplombant le Roumel et longeant sa rive jusqu'à ce qu'il soit arrivé presque au niveau de l'eau. Il s'arrête là, tandis que la prise d'eau du moulin se continue sous le roc par un canal souterrain long, bas et étroit.

De ce sentier on peut voir de près ces formidables cataractes, mais la vue d'ensemble manque. Il faudrait pouvoir se trouver en bas et juste en face, ce qui paraît plus facile de la rive opposée. Je descendis donc dans le lit de la rivière, qui est peu profonde en cet endroit, et la traversai en sautant de rocher en rocher, et de pierre en pierre jusqu'à l'autre bord. Mais arrivé là je vis qu'il n'y avait pas moyen de descendre jusqu'au-dessous des cascades.

Je remontai alors le lit du torrent et aussi loin que possible. Quelques Arabes y étaient occupés à pêcher ou à se baigner. J'arrivai jusqu'au-dessous des magnifiques voûtes naturelles, qui sont une des plus remarquables beautés de Constantine ; il y en a plusieurs qui se suivent à peu de distance. Ce sont comme des ponts gigantesques que la nature aurait jetés par-dessus le Roumel, reliant ainsi les deux rives et les deux parois de rochers, par des arches d'une dimension et d'une solidité que n'atteignent point les œuvres de l'homme. Je parvins à m'avancer jusque sous la première voûte qui dégouttait d'humidité. Au bruit que je fis des nuées d'oiseaux de proie qui avaient établi leurs nids dans toutes les crevasses de ce roc sombre, s'envolèrent en poussant des cris rauques et sinistres.

Arrivé à la seconde voûte, je ne pus aller plus loin; il en tombait une véritable pluie qui me perçait. D'ailleurs, je ne savais plus où poser les pieds. Sur les deux bords de la rivière, le rocher s'élevait en paroi verticale, et les pierres parsemées dans son lit, qui jusque-là m'avaient servi de chemin, n'étaient plus assez rapprochées. Il me fallut retourner sur mes pas sans avoir pu trouver, même plus bas, un endroit propice pour jouir de l'admirable tableau que doivent présenter les cataractes vues de face et d'ensemble.

Je dînai à la table des officiers du génie. Le soir, un ingénieur des ponts et chaussées qui s'y trouvait aussi proposa de nous mener voir les jongleries des Beni-Aïssa (fils de Jésus) qui, en guise de cérémonie religieuse, mangent des étoupes enflammées et des poignards, trempent leurs mains dans du plomb fondu, et exécutent divers autres tours du même genre. Mais à notre arrivée devant le lieu de réunion, l'assemblée s'était dispersée, et il fallut y renoncer pour le moment. Nous passâmes le reste de la soirée à prendre le café, sous les beaux platanes de la place du Palais où se réunissent les officiers. Les courses de chevaux qui devaient commencer le lendemain formèrent le sujet principal de la conversation.

IV

Préliminaires des courses; camp des Arabes sur le Mansoura; les mendiants et les fous musulmans; l'hippodrome; les chefs de tribus, leur luxe; restes et souvenirs de l'époque féodale; influence future de l'Orient sur l'Occident.

On sait le goût des Arabes pour le cheval et pour tout ce qui est bruit, combat ou simplement souvenir de la guerre. La poudre, des fusils, des chevaux, de brillants costumes, *la fantasia* en un mot, tel est le bonheur idéal pour l'Arabe. Aussi ne faut-il pas s'étonner du concours extraordinaire d'indigènes que chaque année l'époque des courses amène à Constantine.

Depuis plusieurs jours déjà tous les plateaux voisins sont couverts de tentes : celui de Mansoura surtout a l'air d'un véritable camp. On n'y voit que préludes de la grande fête qui va commencer, jeux et fantasias individuelles. Tout y fourmille d'Arabes. Quelques-uns dorment couchés sous leur tente ou à son ombre, leurs chevaux entravés à terre devant eux. La plupart rangés en cercle ou sur deux lignes parallèles, suivent avec l'intérêt le plus vif et le plus enthousiaste les exercices préliminaires de leurs compagnons qui font de la fantasia en petit pour se préparer à la faire en grand. Montés sur leurs excellents chevaux, ils les lancent à toute bride jusqu'au bout de l'étroite arène. Heureux de pouvoir faire *parler la poudre*, ils déchargent leurs fusils à moitié chemin soit en l'air, soit sur un objet quelconque placé comme cible au milieu de leur champ de course. Dans chaque groupe chaque cavalier a son tour, et vient montrer alors son adresse à ses compagnons.

Partout on ne voit que chevaux lancés au galop, cavaliers surexcités et ivres de joie, burnous blancs ou rouges flottant au vent, tentes pointues ou rondes, blanches ou grises, fixées au sol par des piquets nomades, fusils brillant au soleil, souvent éclairés par l'étincelle fatale, et mêlant leur tonnerre aux sons peu harmonieux mais incessants des tamtams, des fifres et des hautbois qui, répandus par tout le camp, égayent les Arabes de leurs modulations répétées indéfiniment avec les alternatives de vigueur et de mollesse que j'ai déjà citées : seules variations qu'ils sachent introduire dans la musique la plus monotone, la plus assourdissante, la plus détestable, et en même temps la plus originale et la plus séduisante par son rhythme qu'il soit possible de trouver.

En ville, c'est la même chose : partout on coudoie l'Arabe, partout on se sent aux approches d'une fête populaire, partout des chefs en grand costume d'apparat ont l'air heureux de pouvoir se montrer aussi beaux ; partout des chevaux richement harnachés semblent comprendre leur importance et mépriser d'autant plus le mulet ou l'âne qui, revêtus eux aussi de leurs plus beaux atours, cherchent à paraître leurs égaux.

On m'avait prêté pour me rendre à l'hippodrome un cheval ardent et vigoureux, à peine âgé de quatre ans. Je sortis de ville par la porte d'El-Kantara. J'y retrouvai un vieux mendiant arabe que j'avais déjà aperçu à mon arrivée à Constantine, et qui, dans les prières qu'il adresse aux passants, ne manque jamais d'articuler à plusieurs reprises le nom d'Abd-el-Kader. Il ne s'agit pas du fameux émir, du redoutable ennemi des Français, mais d'un défunt marabout, auquel ses vertus et sa sainteté ont valu de servir de patron aux mendiants à la recherche d'un protecteur, dont le nom vénéré pût attendrir le cœur des passants.

Ces mendiants arabes ont tout le fanatisme des plus dévots musulmans; il n'est pas rare de les voir rejeter avec dédain et en crachant dessus la pièce de monnaie que leur donne un Européen compatissant; et le remercier par les mots insultants de « Roumi ou kelb ben kelb » (chrétien, chien, fils de chien). Quelques-uns sont fous ou se font passer pour tels; car la folie, étant une chose sainte aux yeux des Arabes [1], confère à celui qui en est atteint une foule de priviléges et l'impunité pour ses crimes. S'il est suffisamment extravagant et dévot, le *mahboul*

---

[1]. « Lorsque l'homme parvient à la sainteté, dit l'Arabe pour expliquer cette croyance, son âme va près d'Allah. L'être dépourvu d'intelligence n'a pas d'âme; Dieu l'a gardée près de lui en le mettant sur la terre. Cet être, en apparence malheureux, est donc déjà un saint, un marabout! »

(fou), considéré comme visité de Dieu, obtient même le titre de derviche ou de marabout (saint, religieux) et devient prophète.

J'arrivai bientôt sur le plateau de Mansoura où je traversai le camp arabe dans toute sa longueur, au milieu d'une foule de cavaliers circulant en tous sens et qu'il fallait écarter par des cris répétés de *balek* (gare). J'ai pu largement satisfaire ma curiosité par le spectacle original que j'avais sous les yeux. Jusqu'à l'hippodrome, où j'arrivai au bout d'une demi-heure, on eût dit une véritable procession. La promenade de Longchamps n'est pas plus animée. Mais qu'elle est triste avec ses sombres Européens aux vêtements maigres et disgracieux sous un ciel gris, à côté de ces majestueux Arabes aux brillants costumes, aux couleurs éclatantes, aux chevaux resplendissant d'or et de pourpre, reflétant un ciel de feu.

A l'hippodrome la scène devenait encore plus originale. A l'intérieur, la vaste ellipse était garnie de bataillons entiers de ces pittoresques troupes d'Afrique dont nous ne voyons en France que des individus isolés, zouaves, chasseurs d'Afrique, turcos et spahis; à l'extérieur, d'une foule immense et bigarrée, dans laquelle on distinguait des chevaux, des mulets et des ânes pêle-mêle au milieu d'une large ceinture d'Arabes blancs à pied ou montés sur leurs bêtes. De loin en loin paraissaient des chameaux au cou allongé, couverts de palanquins ou *atatiches* aux vives couleurs[1], dans lesquels se trouvaient des

---

1. Comme dans la *Smalah* d'Horace Vernet.

femmes; ou bien des tribus au costume bizarre, tels que les cavaliers du *Serpent du désert*, grand chef du Sahara, tous coiffés d'une espèce de casque en plumes d'autruche plus grand que le bonnet à poil des grenadiers de notre garde impériale. Enfin la montagne du Mansoura paraissait vivante sous la foule énorme de cavaliers et de piétons de toute espèce qui fourmillaient à sa surface.

Un soleil brûlant embrasait l'atmosphère. Le sable et les rochers nus reflétaient cette lumière intense, et on distinguait à peine dans le lointain les bêtes et les hommes aux vêtements blancs, formes vagues perdues dans ce sol lumineux. Mais à l'horizon se détachait merveilleusement, sur cette mer sablonneuse et sur ces montagnes pelées, un ciel d'un bleu foncé et d'une pureté admirable.

On avait élevé à la hâte trois tribunes en planches; l'une au milieu, pour les autorités, leurs invités et les personnages officiels; les deux autres de chaque côté, avec des places à louer, pour les spectateurs de la ville. En face de la tribune d'honneur et à la partie intérieure de l'hippodrome se trouvait un pavillon plus petit pour le jury, composé d'officiers français, et de quelques grands chefs arabes à barbe grise, fiers de la croix d'honneur qui brillait sur leur burnous blanc. D'un côté de ce pavillon se tenaient les musiciens arabes à cheval, n'ayant guère d'autres instruments que leurs flûtes, leurs hautbois et leurs timbales grossières, puis des gendarmes français et quelques autres cavaliers. Du côté opposé s'échelonnaient les chefs indigènes, cheikhs (chef d'une tribu) et kaïds (chef de plusieurs tribus), venus pour se faire admirer et pour voir courir leurs chevaux.

Ils étaient tous en costumes d'apparat, d'une richesse incroyable, avec des bagues, des colliers et des boucles d'oreilles du plus grand prix. Ils se distinguaient par leur burnous, écarlate pour les cheikhs, pourpre pour les kaïds. Sous ce manteau d'honneur ils portaient des haïks[1] blancs en laine ou en barége avec bandes de soie, des vestes de couleur riche à broderies d'or, des culottes semblables ou blanches, et des bottes molles en maroquin rouge, s'emboîtant dans des babouches tunisiennes de même couleur. Nonchalamment assis dans leur hautes selles turques de velours écarlate ou cramoisi, ils fumaient la cigarette en silence. Quelquefois ils échangeaient entre eux un demi-mot de causerie, mais d'un air où perçaient l'orgueil et la vanité, avec des gestes d'empereur romain quand ils levaient le bras pour écarter un pan de leur burnous. Généralement tous se tenaient fiers et immobiles dans le sentiment de leur dignité, et paraissaient attendre des hommages. Mais à l'approche d'un officier français, cette morgue affectée disparaissait à l'instant pour faire place à l'humilité la plus rampante et la plus obséquieuse, et chacun de ces orgueilleux potentats de tout à l'heure rivalisait d'empressement à lui serrer la main et à lui faire

---

[1]. Espèce de voile attaché par une corde en poil de chameau (khrit) autour de la tête, qu'il enveloppe, couvrant la nuque et le dos, ramené ensuite en avant en plis gracieux jusqu'au-dessus de la ceinture.

les compliments les plus flatteurs, dans l'espoir d'être distingué par lui.

Leurs chevaux, magnifiques de formes, ne brillaient pas moins par la richesse du harnachement; la plupart étaient habillés de brillants caparaçons de soie et de laine à larges bandes de couleur et à grelots, appelés *chelils*. On ne peut s'en faire une idée qu'en se rappelant les chevaux de parade du moyen âge. Partout resplendissaient l'or et l'argent, sur les couvertures, sur les selles, sur les brides larges et toujours de couleur éclatante. Le cheval de Cheikh-el-Arab, le Serpent du désert, était orné de diamants. Les chefs arabes attachent une importance énorme à ces détails. C'est un moyen d'étaler leurs richesses. Tel, qui d'habitude couche sous la tente et s'habille comme le moindre de ses sujets, ne craindra pas de dépenser cent mille francs pour sa toilette et celle de son cheval aux jours d'apparat. Ils attachent aussi un grand prix à faire montre d'armes magnifiques, et chacun d'eux portait de la manière la plus ostensible un poignard, un yatagan, des pistolets et un fusil, où brillaient l'or et les pierres précieuses.

En voyant ainsi tous ces beaux cavaliers, on ne peut s'empêcher de songer au moyen âge, au temps de la splendeur arabe. Tout d'ailleurs y reporte l'esprit. Le costume des hommes et le harnachement des chevaux sont les mêmes qu'au temps de Saladin; les chefs sarrasins ne devaient aucunement différer de ceux-ci. Bien plus, nos seigneurs chrétiens de la même époque suivaient les mêmes modes, à l'exception du turban et du burnous qu'ils remplaçaient par le chapeau à plumes ou la toque, et le manteau sans capuchon ; ils étaient vêtus à peu près comme les kaïds de la province de Constantine. Les bottes molles s'emboîtant dans des souliers, les éperons massifs, les habits brodés d'or, la démarche majestueuse, la grande façon de se draper, et le geste imposant, les brides et les couvertures des chevaux, les étriers larges, les selles même, malgré quelques différences, les armes riches, et le luxe extérieur, tout me rappelait cette époque puissante où dominait la force brutale, où tout visait à l'éclat extérieur, où la vigueur du corps menait au commandement, où l'instruction était inconnue ou méprisée, et où les clercs seuls savaient lire. Tel est aujourd'hui l'état moral des Arabes ; ils en sont encore au moyen âge ; le degré de civilisation est resté le même. Chose curieuse, les mœurs féodales des seigneurs du moyen âge se sont conservées chez les chefs du Sahara. On y fait la chasse le faucon au poing, les lévriers en laisse. On y écoute des ménestrels. On y vit de guerres et d'aventures, et on y a la passion des beaux chevaux, des *buveurs d'air,* comme les appellent poétiquement les Sahariens. Tandis que chez nous tout a progressé, les Arabes sont restés stationnaires. Mais qui oserait dire que pour eux le moment du progrès ne viendra pas, comme il est venu pour les Européens? Qui oserait dire que notre civilisation ne fera pas cette conquête comme elle a fait la nôtre? plus vite même, probablement? Il y a cinq siècles, les Arabes étaient plus avancés, plus civilisés que nous. Pourquoi se sont-ils arrêtés ? Est-ce la religion de Mahomet, le fatalisme, la race, ou bien est-ce seulement un épuisement momentané ?

Quoi qu'il en soit, aujourd'hui nous agissons sur l'Orient, et je confonds avec l'Orient l'Afrique musulmane ; mais il arrivera un moment où l'Orient réagira sur nous. Déjà nos peintres, qui autrefois n'allaient qu'à Rome pour s'inspirer, sont obligés, s'ils se respectent, de faire leur tour d'Orient. C'est par leurs souvenirs de ces pays de lumière que Delacroix, Delaroche, Horace Vernet, et bien d'autres encore ont fondé leur réputation. Bientôt ce sera le tour des écrivains ; déjà même l'élan est donné. Notre vieux monde blasé a besoin de nouveau, et pour renouveler les arts, il lui faut aujourd'hui l'Orient. L'industrie même, si prompte à saisir ce qui peut lui être utile, imite les soieries de Tunis, les tapis algériens. La mode a déjà exploité le burnous arabe qui a servi à parer tour à tour Français et Françaises, et par eux tout le monde civilisé. Pour les habits d'hommes, la mode venait naguère de la Grande-Bretagne, elle viendra bientôt de l'Algérie. L'armée a commencé : le costume des zouaves est le type d'après lequel se modifieront peu à peu tous les uniformes de nos soldats. La veste à galons, le pantalon large, la guêtre montante, se généraliseront ; le turban seul sera remplacé par un képi quelconque[1]. Le costume civil suivra en

1. Ceci était écrit avant le décret récent qui a commencé à modifier l'uniforme de notre infanterie dans le sens indiqué.

partie la même marche. L'architecture aussi fera aux Arabes de nombreux emprunts. Il y a là, en un mot, une mine inépuisable d'originalité, de nouveauté, pour rafraîchir notre imagination usée, assombrie par notre ciel gris et par la poussière de nos villes.

V

Les courses de chevaux; les cavaliers arabes; les Touaregs et leurs chameaux, les Maharas.

Pendant que je faisais ces réflexions, le signal fut donné, et la fête commença par le défilé des étalons du haras de Sidi-Mabrouk, couverts de rubans et de banderoles. Bientôt vinrent les courses proprement dites; courses d'Arabes, courses de jockeys français, courses d'Arabes et de Français mélangés.

Ces Arabes courent admirablement. Leurs chevaux laids d'apparence, n'ayant rien des formes élégantes du cheval de course anglais, sont à peine couverts d'une vieille selle. Une bride du même genre, avec le grossier mors arabe, quelquefois même une simple corde, suffit à les conduire. Ces chevaux, qui appartiennent en général aux chefs, sont montés pour les courses par leurs serviteurs, grossiers Bédouins, vêtus d'un burnous blanc sale, de pantalons courts et larges de même couleur, et de vieilles bottes usées en maroquin rouge. Quelquefois ils n'ont pas même d'éperons, une simple baguette. Souvent ils courent la tête nue, d'autrefois couverte d'un haïk attaché avec la traditionnelle corde en laine ou en poil de chameau, ou même d'un simple bonnet de laine (*chachia*). Ainsi, nulle apparence extérieure, des rosses efflanquées, montées par de méchants Arabes en guenilles, sans égard aucun pour les règles les plus élémentaires de notre art équestre.

Mais que le signal du départ soit donné; aussitôt tout change de face. Les chevaux s'ébranlent, les cavaliers poussent des cris sauvages, et la troupe entière s'élance comme une bande de démons, et va se perdre dans un nuage de poussière. Un instant après on les voit à l'autre bout de l'arène. Les coursiers font des efforts inouïs; leurs jambes nerveuses se détendent comme des ressorts d'acier. Le cou allongé, la queue horizontale, ils semblent ne plus toucher terre, et voler à travers l'espace. Les cavaliers debout sur les étriers, le corps penché en avant, les excitent de la voix et de la cravache. Leurs longs burnous flottent au vent; certains les ont perdus ou jetés loin d'eux pour s'alléger, et continuent à courir demi-nus. Encore un instant, et ils vont repasser comme un ouragan. Dans toutes les courses où ils ont rivalisé avec des Français, ils les ont battus, et cependant ceux-ci, vêtus en jockeys, ne donnant aucune prise au vent, montant des chevaux entraînés et couverts seulement d'une étroite selle anglaise, avaient tous les avantages pour eux. On dirait vraiment que les Arabes savent mieux manier, mieux conduire leurs chevaux que nous. Et comme nos jockeys ont l'air roide et emprunté sur leurs bêtes!

Ce fut bientôt le tour des Touaregs, venus du fond

du Sahara pour assister à la fête. On avait, en effet, annoncé une course de chameaux du désert, ou plutôt de *Maharas;* car les chameaux des Touaregs sont d'une race particulière, plus grands, plus forts, plus agiles, plus blancs que ceux de l'espèce ordinaire. On parlait de l'un d'eux qui devait avoir fait sans se fatiguer soixante lieues en un jour, au trot, ou six lieues à l'heure. Ces chiffres paraissent exagérés surtout après qu'on a vu courir ces bêtes. Les Touaregs qui les montaient étaient assis dans une espèce de selle en forme de tasse, placée entre la bosse et le garrot, et leurs jambes se croisaient sur le cou du mahari. Ils portaient, contrairement aux usages arabes, des vêtements foncés, bleus ou noirs, et des pantalons descendant jusqu'aux pieds. Enfin, en place du turban, leur tête était couverte d'un grand bonnet de laine rouge, et leur figure, cachée par un voile noir, comme celui des femmes arabes, ne laissant qu'une ouverture pour les yeux. On n'est pas d'accord sur l'origine et la cause de cette coutume. Les uns y voient un moyen de se préserver de la réverbération des sables du Sahara, les autres un masque pour ne pas être reconnus de leurs ennemis ou des voyageurs qu'ils détroussent. On explique de la même manière la couleur foncée de leurs vêtements, qui les rend plus invisibles la nuit. Enfin une troisième opinion fait venir cette coutume d'un de leurs chefs qui, mécontent d'eux dans un combat, leur aurait imposé l'obligation de porter le voile qui caractérise les femmes. L'usage se serait introduit ainsi, puis perpétué. Cette version paraît la moins probable. — En fait d'armes ils portaient tous de longues lances fort minces, qui pouvaient leur servir également de piques, et des poignards à la ceinture.

Les Touaregs forment une peuplade assez nombreuse, dispersée dans le désert du Sahara entre les possessions françaises et le Soudan. D'après leur langage et d'autres traits distinctifs, ils sont de race berbère, comme les Kabyles, les Mozabites et les autres habitants des oasis. Ils vivent de brigandage et surtout du pillage des caravanes qui se rendent du Maroc, de l'Algérie ou de Tunis à Tombouctou et *vice versa*. Pour mieux dire, ce sont les douaniers du désert. Toute caravane qui veut faire ce voyage, considéré par les Arabes comme un sûr moyen de s'enrichir, doit se munir du sauf-conduit d'un chef touareg, délivré moyennant une assez forte redevance. Elle peut voyager dès lors en toute sécurité, certaine d'être protégée par lui, et même souvent accompagnée par ses guerriers, qui montrent la plus grande loyauté à tenir envers elle leurs engagements. Les caravanes qui ne veulent pas se soumettre à ce tribut, à ce droit de passage quelquefois onéreux, mais qui permet aux Touaregs de vivre au milieu d'un pays stérile et désert, sont certaines d'être attaquées, pillées et massacrées, à moins qu'elles ne soient assez nombreuses et assez bien armées pour se défendre avec succès. Le gouvernement français, désireux de s'attacher ces populations dont l'alliance lui sera fort utile pour établir des relations commerciales directes entre l'Algérie et le Sénégal ou Tombouctou, a déjà fait plusieurs démarches pour entrer en rapports avec elles. Plusieurs députations de Touaregs sont même venues en Algérie pour voir, disaient-elles, comment les chrétiens avaient pu établir l'ordre et la justice dans un pays où ces deux principes étaient inconnus auparavant. Cette fois-ci encore on en avait convoqué quelques-uns aux courses de Constantine, à la fois pour juger de la vitesse de leurs chameaux, et pour leur imposer le respect et une haute idée de la puissance française. Depuis leur arrivée à Constantine on les avait fêtés de toutes manières. On les avait menés au théâtre pour voir des acrobates, qu'ils avaient vivement admirés. Le surlendemain ils devaient être témoins d'une ascension en ballon.

La curiosité fut vivement excitée quand on vit paraître dans l'arène ces singuliers coureurs qui jusque-là s'étaient tenus à l'écart près des tribunes. Ils étaient, au nombre de huit, conduits par un lieutenant français qui les avait amenés depuis les limites de nos possessions, et qui, précédant à cheval cette caravane de chameaux énormes, paraissait comme un enfant devant eux. Au moment où la cloche sonna, le désordre se mit parmi les Maharas. Cependant quelques-uns partirent au trot, et les autres suivirent bientôt. Chacun regardait avec intérêt ce curieux spectacle, ces grandes bêtes disgracieuses, lançant en avant leurs jambes difformes, tendant leur long cou mince, et balançant devant elles une tête stupide et sans expression ; puis sur ces colosses informes, les Touaregs à la figure voilée, aux vêtements sombres, assis comme des singes. Au plus beau moment les Maharas prirent peur. Deux d'entre eux refusèrent d'avancer, malgré les efforts de leurs conducteurs, et se retournèrent en poussant des beuglements prolongés et en regardant bêtement la foule. Puis ils se couchèrent. L'un d'eux s'abattit si violemment que son cavalier, perdant l'équilibre, alla rouler dans la poussière.

Après le premier moment de stupéfaction, et quand on vit qu'il n'était pas arrivé d'accident grave, chacun se mit à rire de cette burlesque aventure. Le Touareg renversé était remonté sur sa bête, et les deux malheureux coureurs allèrent reconduire à leur place leurs montures indociles.

Pendant ce temps, les autres chameaux faisaient le tour de l'arène. En dix minutes ils étaient revenus au point de départ. On leur fit faire plusieurs tours de suite pour les mettre bien en train; mais leur vitesse ne tint pas ce qu'on en avait attendu. Des chevaux lancés au galop dépassèrent promptement et de beaucoup les Maharas au trot, quoiqu'on eût prétendu que le contraire arriverait. Il n'en est pas moins vrai que ces animaux si laids, si difformes font bien du chemin, et en ayant l'air de se promener.

La fête approchait de sa fin lorsque le ciel qui, depuis quelque temps déjà s'était couvert de sombres nuages, devint de plus en plus menaçant; et peu après éclata un violent orage. Je me réfugiai sous la tribune officielle à côté du capitaine H., qui m'avait appelé, et je pus entendre à loisir les lamentations des dames dont les toilettes s'abîmaient.

Bientôt la pluie diminua, la fête était finie. Je repris mon cheval qui, surexcité par la présence de tant de milliers de ses compagnons, était devenu très-difficile à manier, et je rentrai en ville avec le capitaine H. au milieu d'une procession immense d'omnibus, de diligences, de cabriolets, de prolonges du génie, de cavaliers et de piétons de toute espèce qui encombraient la route depuis l'hippodrome jusqu'à Constantine.

VI

Second jour des courses; la fantasia.

Dimanche 2 octobre.

Le grand jour de la fantasia est enfin venu. J'ai repris mon cheval de la veille, et en attendant le départ, j'ai contemplé avec délices le pittoresque spectacle qu'offrait le plateau de Mansoura. On y voyait toujours des Arabes simuler la fantasia, au son de leur musique assourdissante, des détachements d'infanterie française gravir la côte en colonnes serrées dans la direction de l'hippodrome, des spahis se rassembler et défiler à leur tour; des Arabes de tout rang et de tout lieu, des cavaliers surtout, se rendre en foule compacte vers le champ de course.

Je partis vers onze heures, et j'arrivai à l'hippodrome peu avant l'ouverture de la fête.

D'abord tout fut comme la veille. Il y eut tour

à tour des courses de chevaux montés par des Arabes ou des Français. Puis vint la distribution des prix aux vainqueurs. Aux uns on donna de l'argent, aux autres des armes. Les deux Touaregs qui étaient arrivés les premiers au but reçurent l'un un beau fusil ciselé, l'autre un sabre richement travaillé.

La première partie du programme était terminée; la fantasia allait avoir son tour, la fantasia que j'attendais avec une indicible émotion. Mais d'abord eut lieu le défilé des troupes devant la tribune officielle où siégeait le général qui présidait la fête : les tambours battirent, les clairons sonnèrent, et les différents corps de musique se mirent à exécuter leurs plus beaux morceaux. Alors s'ébranlèrent tour à tour les différents détachements qui, pendant ce temps, s'étaient rangés en ligne. D'abord les zouaves et les turcos marchant de leur pas martial, leste et dégagé; puis les chasseurs d'Afrique montés tous sur des chevaux arabes; les spahis avec leurs éclatants burnous rouges; les Touaregs sur leurs chameaux, conduits par l'officier français qui les avait amenés; enfin les *goums arabes* précédés de leur musique sauvage. On appelle ainsi l'ensemble des guerriers que chaque kaïdat est obligé de fournir à l'armée française en cas de guerre. Chaque goum était conduit par ses chefs, kaïd et cheikhs. Les chevaux s'excitant peu à peu, et prenant le galop, on ne vit bientôt plus qu'une vaste mêlée, où l'on distinguait encore les cavaliers blancs avec leurs bottes et leurs selles rouges, leur harnachement et leur costume bigarrés, les couvertures des chevaux rayées de larges bandes de couleurs vives, les étendards tricolores, rouge, vert et jaune, avec des boules de cuivre et le croissant à l'extrémité de la hampe, et surtout les Arabes du désert avec leurs colbacks de plumes d'autruche : coup d'œil unique et qu'on n'est pas habitué à voir dans nos sombres pays d'Europe. Puis les troupes régulières sortirent de l'enceinte, et les cavaliers arabes des goums, au nombre de plusieurs milliers, restèrent seuls maîtres du vaste hippodrome.

Alors commença la fantasia dans toute sa splendeur. Les goums s'étaient tous rassemblés en groupes épais à une extrémité du champ de course. Puis chacun d'eux à tour de rôle s'élança ventre à terre à travers l'arène jusqu'à l'autre extrémité où il s'arrêtait pour regagner lentement par derrière sa place primitive. Là il attendait que de nouveau son tour vînt l'appeler à recommencer cette course échevelée. Il fallait voir l'enthousiasme, la surexcitation de ces cavaliers sans pareils. Chacun en passant devant la tribune d'honneur lâchait son coup de feu, puis par un mouvement de bascule, retournait son fusil dans sa main gauche, et le tenait, le canon bas et en arrière, la crosse en haut et en avant, pour continuer ainsi sa course. Les plus habiles, après avoir déchargé leurs fusils, les lançaient en l'air, et les rattrapaient au vol, sans ralentir le galop de leurs chevaux. Beaucoup d'entre eux avaient des fusils à deux coups, surtout les chefs, et s'acquittaient d'autant mieux de leur bruyante tâche.

Je conçois le goût des Arabes pour la fantasia. Le

mot est bien trouvé; c'est un spectacle sans égal, unique. Jamais je n'avais vu des chevaux en troupe lancés d'un pareil train. Nos courses d'Europe n'en peuvent donner une idée. Nos chevaux anglais pur sang, au corps allongé, quand ils courent, n'ont pas l'air d'aller vite. Leur galop n'a rien de forcé, rien d'excessif.

Ici, au contraire, le cheval semblait hors de lui-même. Ses jambes de devant et celles de derrière s'entre-croisaient par suite du peu de longueur du corps; puis, promptes comme l'éclair, se détendaient, reprenaient la position horizontale allongée, pour l'instant d'après se rejoindre et se peloter de nouveau. On eût dit une meute de chiens courants à la poursuite d'un cerf.

Ces nobles animaux partageaient l'ardeur de leurs maîtres, et en voyant ceux-ci debout sur leurs étriers, brandissant leurs fusils, poussant des cris sauvages, les yeux brillants, la barbe noire et pointue, la tête cachée sous leur haïk blanc serré autour du crâne, le burnous flottant au vent, on eût dit autant de fantômes sinistres échappés d'un sabbat infernal. Leurs fifres nationaux, entraînés par l'enthousiasme général, jouaient avec furie leurs notes le plus aiguës, et répétaient avec un redoublement d'ivresse et avec le plus fanatique accompagnement de timbales les quelques notes assourdissantes qui nous poursuivaient depuis plusieurs jours.

Six à sept mille cavaliers parcouraient l'hippodrome avec un entraînement toujours croissant. Quelques officiers des bureaux arabes s'étaient mis de la partie, et galopaient en tête de leurs goums. Mais qu'ils étaient gauches et roides dans leur uniforme étriqué! qu'ils avaient maigre et chétive apparence, à côté de ces brillants cavaliers arabes! combien ils semblaient des cavaliers novices à côté d'eux!

Cependant, comme à l'ordinaire, ces jeux périlleux ne devaient pas se terminer sans accidents. Un cheikh fut emporté mort; tombé avec son cheval qui, lancé à toute vitesse, en avait heurté un autre venant en sens contraire, il avait été écrasé sous lui et s'était brisé le crâne. Un autre Arabe eut la jambe cassée, un troisième une profonde blessure à la tête. Je les vis emporter tous trois, fin lugubre de cette fête si joyeuse. Mais quels cavaliers! Si des Français avaient fait cette fantasia, au lieu de trois on en eût compté trente.

Bientôt on donna le signal de la fin, et tout le monde se dispersa; spectacle non moins pittoresque à voir que celui qui venait de se terminer. Je ne tardai pas à rester seul avec deux élèves de l'École des ponts et chaussées, qui, comme moi se rendaient à Biskra. La diligence de Batna devait nous prendre en passant devant l'hippodrome qui était sur son chemin.

CHAPITRE V

LE SAHARA

I

De Constantine à Batna; El-Kroub; Fontaine-Chaude; monuments celtiques; les Nomades du Sahara et leur genre de vie; les zéphyrs.

Vers six heures, la diligence arriva, comme il était convenu. On nous fit monter, et elle repartit aussitôt, pour s'arrêter un peu plus tard au joli village d'El-Kroub, où nous fîmes honneur à un excellent souper préparé à notre intention. On y voit une gracieuse église gothique toute nouvelle. A partir de cet endroit, la route est moins bien entretenue, et devient de plus en plus pénible. Elle traverse des montagnes peu élevées, couvertes seulement d'herbes et de bruyères. Sur l'une d'elles se trouvent plusieurs lacs salés.

Après nous être arrêtés successivement à divers relais, nous arrivâmes à celui de Fontaine-Chaude, ainsi appelé d'une source d'eau thermale qui coule tont auprès. C'est une auberge, ou plutôt un cabaret improvisé au milieu d'une espèce de désert : le propriétaire, profitant habilement d'une source d'eau froide qui jaillit du sol derrière sa maison, essaye des cultures qui lui réussissent admirablement, et plante un jardin qui promet de récompenser ses peines.

Le jour pointait, et le chemin devenait quelque peu meilleur. Nous débouchâmes bientôt dans une plaine assez large, mais passablement aride ; il n'y poussait guère que des broussailles au milieu des pierres et des rochers qui formaient le sol.

De temps en temps, on apercevait des assemblages de grosses pierres carrées, disposées d'une manière bizarre, mais symétriques comme les tombes d'un cimetière. Les savants prétendent que, sous l'empire romain, une légion gauloise occupa longtemps ce pays, et que ces curieux monuments, destinés probablement à un culte religieux, ont été placés là par nos aventureux ancêtres, jaloux de montrer à leurs descendants qu'ils les avaient devancés jusque dans le Sahara.

Rien ne rompait d'ailleurs la sévère et imposante monotonie de cette contrée sauvage et triste. A peine y voyait-on paître de loin en loin quelques maigres troupeaux de moutons ou de chèvres, sous la garde d'un Arabe déguenillé. Dans le lointain, de rares et misérables gourbis s'abritaient à l'ombre de la chaîne de rochers nus qui formait l'arrière plan.

Bientôt cependant la route s'anima. De nombreuses caravanes d'Arabes nomades cheminaient lentement dans la direction du Sud, où ils allaient passer l'hiver avec leurs troupeaux. Ces tribus ont en effet une existence réglée d'après les saisons, et en harmonie avec la constitution de la société dans leur pays. Elles habitent les landes du Sahara pendant l'hiver et le printemps, période où elles y trouvent de l'eau et de la végétation. En véritables nomades, elles ne restent jamais longtemps au même endroit; elles emportent leurs tentes et leurs bagages, et circulent en tous sens dans le désert, s'arrêtant partout où, pendant quelques jours, elles peuvent faire paître leurs troupeaux. Ceux-ci se composent surtout de moutons; on y trouve aussi en grand nombre des chameaux, des ânes, etc.

Vers la fin du printemps, les puits commencent à tarir dans le Sahara, et les plantes à se dessécher; au même moment dans les régions du Nord ou Tell [1], les blés mûrissent. Les tribus nomades passent alors dans les villes des oasis, y chargent leurs chameaux de dattes et d'étoffes de laine, et s'acheminent vers le Tell en grandes caravanes, avec troupeaux et bagages. Elles y arrivent au temps de la moisson, lorsque les grains sont abondants et à bas prix, et en profitent pour échanger leurs dattes et

---

1. L'Algérie tout entière est divisée en deux zones parallèles, le Tell, au nord, le long des côtes de la Méditerranée, terres de culture; le Sahara, au sud, régions sablonneuses servant de pâturages, et parsemées d'oasis. Chacune des trois provinces d'Oran, d'Alger et de Constantine a ainsi son Tell et son Sahara, séparés par les montagnes de l'Atlas et de l'Aurès.

leurs tissus de laine contre des céréales, de la laine brute, des moutons, du beurre, etc. Elles restent dans le Nord pendant tout l'été et l'automne, faisant brouter librement leurs troupeaux dans les vastes pâturages que présentent ces régions après que la récolte du blé est enlevée. A la fin de l'été on charge les chameaux, on plie les tentes ; et les cités ambulantes se remettent en marche vers le Sud. Elles s'y trouvent au milieu d'octobre, à l'époque où les dattes mûrissent, et où l'on s'occupe de leur récolte. Dès que celle-ci est terminée, on fait l'échange des produits rapportés du Nord, blé, orge, laine brute, etc., contre les dattes nouvelles et les tissus de laine fabriqués pendant l'année par les femmes du Sud. Ces marchandises sont déposées dans les magasins où les Nomades viendront les reprendre au printemps, pour les transporter dans le Tell. En attendant ils parcourent les landes du Sahara de pâturage en pâturage.

Telle est cette organisation ingénieuse, mais qui a dû exister de temps immémorial, car elle est basée sur la nature même du pays et des populations. Elle permet de vivre à des multitudes qui ne pourraient en été habiter le désert du Sahara à cause de son aridité, et en hiver les plaines du Tell, alors consacrées à la culture, et qui, par ces pérégrinations semestrielles, sont devenues les agents réguliers et indispensables d'un commerce étendu entre les deux régions, et presque impossible sans elles.

Nous étions juste au moment où les tribus chassées du Nord par les travaux agricoles qui y commencent, retournent dans le Sud. Nous rencontrions des caravanes entières de chameaux, et de petits ânes chargés à outrance de sacs de blé et d'autres produits du Tell, et suivis de moutons en quantités innombrables. Des chiens du pays, au poil fauve, au museau pointu, à l'air farouche, servaient de garde. Puis venaient les Arabes, hommes et femmes, ordinairement à pied ; quelques privilégiés seuls, notamment les chefs, montaient de beaux chevaux du Sahara. La plupart des femmes portaient leurs petits enfants suspendus à leur dos, les pieds fixés dans une espèce de sac attaché à la ceinture de la mère, et formé par les plis de son voile. Elles avaient la figure découverte, et presque toutes un long bâton recourbé à la main. Quelquefois on voyait juchés sur des chameaux paisibles des femmes ou des enfants qui nous regardaient de leur grand œil étonné ; ou bien, assis sur la croupe de tout petits ânes, dont ils écrasaient l'échine, de longs vieillards, qui, les jambes tendues en avant en diagonale, rasaient cependant la terre du pied. Tout ce monde en haillons, avec l'air le plus misérable qu'on puisse imaginer.

Et cependant, combien plus que nous ils étaient en harmonie avec la contrée ! Combien ils nous surpassaient au point de vue pittoresque ! Notre diligence, lourd et disgracieux avant-coureur d'une civilisation exotique, faisait un singulier effet au milieu de ce désert vaste et pierreux, à peine égayé par quelques broussailles dispersées et quelques ruines éparses de la domination romaine, mais que sa monotonie, sa tristesse, son aspect étrange imprégnaient d'une poésie profonde et sévère. Loin de le déparer comme nous, il faut bien l'avouer, ces interminables files de chameaux informes et stupides et d'indigènes déguenillés, qui le parcouraient d'un air mélancolique, représentants arriérés d'une civilisation primitive consacrée par nos traditions religieuses, semblaient au contraire former comme une partie intégrante et harmonieuse du paysage. On sentait qu'une destinée commune et ses liens sympathiques unissaient ces hommes incultes et cette terre aride, grandiose d'aspect et imposante comme eux par sa simplicité et son uniformité mêmes.

Plus loin la route s'améliorait. Des détachements de *zéphyrs* métamorphosés en terrassiers et en maçons y travaillaient avec ardeur; et tout près de là, des tentes en assez grand nombre, un véritable camp, leur servaient d'habitation.

Par le nom poétique de zéphyrs, on désigne les soldats peu mythologiques qui composent les bataillons d'infanterie légère d'Afrique. Ce sont tous des hommes qui ont été condamnés par les conseils de guerre à des peines non infamantes dont l'application ne les raye pas du contrôle de l'armée. Ainsi un soldat a subi trois ans de travaux publics pour désertion simple à l'intérieur : après l'expiration de sa peine, au lieu de rentrer dans son ancien régiment, il est dirigé sur un des trois bataillons d'infanterie légère d'Afrique pour y servir pendant autant d'années qu'il en a passé à faire sa punition;

car ce temps ne compte pas pour la durée du service.

Quelle est l'origine du mot zéphyr? A-t-on voulu faire allusion à la légèreté physique ou morale du corps? Ou bien y a-t-il là-dessous un calembour militaire, parce que les zéphyrs *volent* habilement? C'est ce qu'il est difficile de décider, tout comme l'origine du nom de *chacals* appliqué aux zouaves, et qu'on fait dériver habituellement de l'analogie de leurs mœurs avec celles de ces animaux maraudeurs. Il ne faudrait pas, du reste, confondre l'un avec l'autre; car il vaut mieux être *chacal* toute sa vie, que de devenir *zéphyr,* si peu que ce soit.

Du reste, les zéphyrs et les chacals sont, aussi bien que les chasseurs d'Afrique, d'excellents soldats, braves, déterminés, aventureux. Pour la moralité, bien que celle des deux derniers corps soit assurément supérieure à celle du premier, il n'en est pas moins vrai qu'elle laisse encore beaucoup à désirer, témoin ce chasseur d'Afrique, qui, pour ferrer le cheval de son capitaine à court d'argent, n'imagina rien de mieux que de lui appliquer un fer adroitement enlevé à la monture d'un autre officier. Les zéphyrs brillent surtout par leur aplomb, leur intelligence, leur esprit inventif et ingénieux, toujours fertile en ressources. Un bon zéphyr sait tout faire, ou du moins s'offre toujours pour tout faire, et rien n'égalerait son habileté, si elle n'était pas dépassée par son impudence. Je tiens de bonne source l'aventure suivante arrivée dernièrement, qui en est un remarquable exemple.

L'aumônier de la garnison de Djidjelly allait souvent visiter une connaissance qu'il avait faite à Philippeville. N'osant pas demander sans cesse au commandant de nouveaux congés, que celui-ci eût trouvés trop nombreux, il avait fini par se rendre à Philippeville sans permission; et pour qu'on ne s'en aperçût pas, il avait mis dans le secret son soldat d'ordonnance qui était un zéphyr. Celui-ci s'acquittait admirablement de la tâche difficile de dissimuler les fréquentes absences de son maître, et quand on venait en pareil cas pour demander à l'abbé de faire un service religieux quelconque, le zéphyr entrait gravement dans la chambre de ce dernier, et revenait un instant après pour communiquer la réponse qu'il était censé en avoir reçue. Il indiquait l'heure où l'abbé serait disponible, les autres formalités nécessaires, etc.

Le manége réussit à merveille pendant quelque temps. — Un jour cependant, voilà qu'un soldat meurt dans un détachement de la légion étrangère, de passage à Djidjelly. On vient réclamer l'aumônier pour faire l'enterrement. Celui-ci est absent, et ne sera pas de retour en temps opportun. Mais le zéphyr n'est pas homme à se troubler pour si peu; il répond comme à l'ordinaire, et fixe l'heure où les funérailles auront lieu. A l'heure convenue, on voit paraître un abbé : c'est le zéphyr revêtu des habits sacerdotaux de son maître. Avec un sérieux et un aplomb dignes d'un comédien consommé, il fait le service religieux, dit la messe, accomplit toutes les cérémonies, et édifie les soldats de la légion étrangère, qui, nouveaux venus à Djidjelly, le prennent pour l'aumônier véritable.

Tout allait bien : mais voilà qu'en traversant la ville avec le cortége, on passe devant un poste de zéphyrs. Ceux-ci, en reconnaissant leur camarade faisant fonction d'abbé, ne peuvent retenir leurs rires. L'officier qui commande le détachement en est fort scandalisé, et comme il se trouve être juif, il se croit obligé d'être d'autant plus sévère pour ce qu'il considère comme un outrage à la religion catholique. Après l'enterrement, il s'informe de la cause de ces rires peu respectueux, et les zéphyrs, menacés d'une punition rigoureuse, finissent par dévoiler le mystère. L'aumônier improvisé passe en conseil de guerre, et le véritable reçoit une verte réprimande, quoiqu'il proteste que son ordonnance, par excès de zèle, a outre-passé les instructions qu'il lui a données.

II

La ville de Batna et les deux villages indigènes; les nègres de l'Algérie; Lambèse; ses ruines romaines et son pénitencier; Chassin, le tueur de lions.

Cependant nous approchons de Batna, et bientôt vers neuf heures, nous entrons dans cette riante petite ville, qui étale avec coquetterie à nos yeux ses maisons neuves, dont la plupart n'ont qu'un seul étage, souvent même rien qu'un rez-de-chaussée, sa jolie église à peine terminée, ses larges rues plantées de platanes, et formant de vrais boulevards.

On sent que tout cela n'est bâti que depuis peu de temps, quand bien même on n'aurait pas été frappé par les alentours de Batna, secs, déserts, rocailleux, entièrement privés de végétation, et démontrant à première vue que la colonie commence à peine.

La ville est divisée en deux parties bien distinctes, l'une civile, l'autre militaire, appelée le *camp*, séparées l'une de l'autre par une muraille et des portes. Le camp, occupé par la garnison, est entouré tout entier d'un mur de défense avec fossé. A peine arrivé, je m'y rendis pour présenter une lettre de recommandation, qu'on m'avait remise à Constantine à l'adresse de M. R. de B., capitaine du génie. Il s'agissait d'aller à Lambèse, et le capitaine avec la plus grande amabilité, se mit à ma disposition. Il fut convenu qu'on partirait à midi. Il me mena voir les différentes casernes du camp, et l'hôpital militaire en construction.

De retour à l'hôtel, comme il n'était que dix heures, j'allai avec mes deux compagnons de route visiter la pépinière ou jardin public situé en dehors de l'une des portes de la ville. Ce jardin, quoique assez récent, puisqu'il date tout au plus d'une dizaine d'années, est déjà très-avancé, et passablement touffu, grâce à l'eau qu'on y a amenée en abondance.

A midi, nous montions tous trois dans un mauvais cabriolet découvert, à deux roues, nous allions chercher le capitaine R. de B., et nous partions pour

Lambèse, située à dix kilomètres de distance. Nous passâmes près des deux villages indigènes qui avoisinent la ville française de Batna. L'un est habité par des Arabes, l'autre par des nègres, et tous deux fournissent des travailleurs pour les constructions de la ville, et l'empierrement des routes. On a donc pu admirablement comparer les aptitudes et les qualités de ces deux races si différentes. L'avantage est resté aux nègres, qui heureusement sont répandus en assez grand nombre dans l'Algérie entière.

Tandis que l'Arabe, indolent et paresseux, ne travaille qu'un ou deux jours par semaine, juste le temps nécessaire pour gagner quelques sous qui lui permettent de vivre dans l'oisiveté jusqu'à ce que la nécessité le force de se remettre à l'ouvrage, le nègre, au contraire, se livre de cœur et d'âme à sa besogne, et y montre une assiduité remarquable. Naturellement sa bourse en profite, et comme il a généralement le goût de la propriété, ses épargnes sont consacrées ordinairement à l'achat d'un champ sur lequel il se construit une maison. Plus tard il emploie le superflu de son gain à introduire un peu de confort dans son habitation. Aussi y trouve-t-on un certain luxe d'ameublement et de décoration, bien faible en réalité, mais totalement inconnu dans les gourbis arabes.

On voyait échelonnés, tout le long de la route, des nègres activement occupés à casser des pierres, malgré la chaleur accablante qui nous forçait de nous envelopper la tête et la figure de nos mouchoirs blancs pour éviter les coups de soleil. Un large chapeau de paille indigène couvrait ordinairement leur front noir, d'où ruisselait une sueur abondante ; mais leurs jambes, à peine blanchies par la poussière, paraissaient aussi sèches que s'ils n'eussent pas travaillé.

L'Arabe est invinciblement nomade, fainéant et routinier, et il faudra bien du temps pour modifier ses habitudes. Le nègre, au contraire, apprécie la civilisation et le progrès ; il cherche à imiter les Français qu'il admire et qu'il aime. Il a le goût des arts, de la musique et de la peinture, et le manifeste à sa manière. Tous les peintres en bâtiments de l'Algérie sont nègres, un grand nombre de musiciens également. Ils ont aussi monopolisé à leur profit la confection des paniers, la cuisine et quelques autres industries ; ils forment d'excellents ouvriers dans les établissements industriels. Enfin, en général, ils ne s'habillent pas de blanc comme les Arabes ; les couleurs bigarrées et très-crues ont leur préférence.

Ils n'ont pas non plus contre nous les mêmes préjugés que les autres indigènes. Il est vrai qu'ils nous doivent beaucoup, car c'est la France qui, en abolissant l'esclavage dans tous ses territoires, leur a donné la liberté ; et ils n'ont garde de l'oublier, quoique les Arabes fussent pour eux des maîtres assez doux. D'ailleurs sur ces mauvais musulmans, souvent encore à moitié païens, et adonnés au culte des fétiches, le fanatisme religieux des Arabes n'a guère d'action.

Chose remarquable, les préjugés de couleur, qui sont si forts en Amérique, sont complétement inconus ici, et le nègre libre est tout aussi considéré que le blanc. On a vu des tribus arabes choisir des chefs nègres, sans songer que la couleur de la peau pût être une cause d'infériorité. Il est vrai qu'en Algérie, esclavage et peau noire n'ont jamais été synonymes, puisque les blancs y ont été esclaves aussi bien que les noirs. Aux États-Unis il n'en est pas de même. Les blancs ont toujours été libres, tandis que les nègres libres ne sont que des affranchis. Les nègres d'Algérie ont du reste une haute idée d'eux-mêmes ; ils comparent les blancs à des raisins qui ne sont pas mûrs.

La plupart d'entre eux sont originaires du Soudan. Les Touaregs les y achetaient ou les y prenaient de force pour les revendre dans le Nord. Naturellement ce commerce a cessé dans l'Algérie française. Dernièrement même il se présenta un cas intéressant. Un nègre réduit en esclavage par les Touaregs s'était échappé et réfugié sur le territoire français, où il entra au service d'un officier. Mais une députation de Touaregs vint le réclamer. Grand fut l'embarras des autorités françaises ; car on tient à vivre en bonne harmonie avec les pirates du Sahara, qui pourront à l'occasion nous être fort utiles. D'un autre côté, sur une terre française il n'y a plus d'esclaves, et on eût violé la loi en livrant le fugitif ; il eût fallu que celui-ci consentît à les accompagner de bonne grâce. On fit alors venir les Touaregs, et en leur présence, l'officier donna l'ordre à son serviteur de retourner avec ses anciens maîtres. Mais celui-ci se jeta à ses genoux, et le supplia d'une manière si touchante de le garder de ces méchants hommes, que tous les assistants fondirent en larmes. « Vous voyez, dit-on alors aux Touaregs ; vous voyez qu'il veut rester avec nous. Or, s'il ne veut pas partir volontairement, notre loi nous défend de le livrer. »

Après une heure de route environ, nous arrivions à la colonie pénitentiaire de Lambèse. Le capitaine nous fit arrêter à la maison du génie où quelques jeunes gens étaient occupés à dessiner des plans. Tout auprès, une belle et abondante source d'eau fraîche arrosait des jardins d'une végétation luxuriante. Devant nous se dressaient des montagnes couvertes d'arbres touffus, de véritables forêts, sillonnées par de nombreux ruisseaux. Grâce à tous ces avantages, la chaleur est moins grande et la culture plus facile qu'à Batna même, qui est bâti au milieu d'une plaine aride et sèche.

Le capitaine nous fit entrer dans la maison du génie ; mais auparavant il nous fit remarquer un bas-relief romain qu'on avait encastré dans le mur extérieur et sur lequel se trouvait l'inscription suivante, aussi applicable aux Français d'aujourd'hui qu'aux Romains qui la gravèrent :

Mœnia quisque dolet nova condere successori
Inculto maneat lividus hospitio.

Acilius Clarus, V(ir) COS (consularis) P(ræses) P(rovinciæ) N(umidiæ), sibi et successorib(us) fecit.

« Qu'il reste à se morfondre dans son gîte barbare, l'égoïste qui s'affligerait de bâtir peut-être pour un successeur.

« Acilius Clarus, gouverneur de la province de Numidie, a construit ceci pour lui et pour ses successeurs. »

A l'intérieur on nous fit voir quelques mosaïques assez curieuses, des vases antiques, des crânes et d'autres objets provenant des fouilles de Lambèse, puis les plans et les dessins des ruines qui subsistent encore. Devant la maison on a planté un beau jardin, et on a placé à l'entrée quelques tombeaux romains trouvés dans les environs.

Il nous tardait cependant de voir les ruines elles-mêmes. Il en est resté assez pour permettre de juger à merveille de la forme et de la grandeur de la cité romaine. Les portes de la ville, massives constructions en pierres de taille, sont encore debout, ainsi que le Prétorium et quelques temples, puis des bains pavés en mosaïque et assez bien conservés, un aqueduc dont il reste un certain nombre d'arches, et qui s'enfonçait au loin dans la montagne.

Un peu plus loin, un détachement de soldats du génie était occupé à mettre au jour quelques tombeaux antiques où l'on espère trouver des objets dont la science pourra faire son profit. Les anciens enterraient leurs morts à une bien moins grande profondeur que nous, surtout dans ces pays méridionaux.

Les ruines de Lambèse couvrent plus d'une lieue carrée de terrain, et permettent de juger des bases vigoureuses sur lesquelles les Romains étaient parvenus à asseoir leur domination dans ces contrées. Et aujourd'hui sur le vaste emplacement de cette ville, jadis puissante et prospère, on ne voit que quelques champs de pommes de terre plantés par les colons français. Le reste sert de promenade à quelques misérables troupeaux de chèvres et de moutons que des bergers arabes en haillons font paître au milieu des ruines.

L'édifice le mieux conservé est le Prétorium, beau palais en pierres de taille, doré par le soleil d'Afrique. On l'a entouré d'une solide palissade fermée à clef, et on y a placé les statues, les bas-reliefs et tous les objets délicats trouvés dans les fouilles. C'est, en un mot, le musée de Lambèse, et il contient de fort beaux échantillons.

Il nous restait encore à visiter le pénitencier, construction superbe élevée à frais énormes sous la république de 1848 pour y loger les déportés politiques. On les faisait travailler en commun pendant le jour, mais la nuit ils étaient isolés. A côté se trouve un établissement cellulaire séparé, remarquable par son architecture grandiose et simple en même temps. Il est combiné de telle sorte que les cellules peuvent toutes être surveillées d'un point central où viennent aboutir tous les corridors du bâtiment. On y a enfermé pendant quelque temps des forçats envoyés de France ; mais depuis ils ont tous été transportés en Guyane, et pour le moment les cellules sont vides. Devant le pénitencier est un jardin que les condamnés ont planté, et qui avec le temps présentera une belle végétation.

Au retour, nous avions en face de nous de hautes montagnes boisées. Elles sont couvertes de cèdres magnifiques, et on commence à les exploiter. Malheureusement l'absence de moyens de communication est le grand obstacle, comme partout en Algérie.

Le gibier est très-abondant dans ces régions, celui entre autres auquel Gérard doit sa célébrité. Gérard a eu le rare mérite d'avoir été le premier grand chasseur de lions; mais à part la priorité, il sera dépassé, si même il ne l'est déjà. En tête de ses heureux rivaux, il faut citer Chassin, le tueur de lions de Batna, qui en est déjà à son dix-huitième, les deux tiers du chiffre de Gérard, et qui une fois même en a tué trois en une seule nuit.

Il y met d'ailleurs, je ne dirai pas une plus grande hardiesse, mais plus de ménagement pour le lion, plus de circonspection dans les coups, plus de calcul. Le lion pour lui n'est plus seulement un animal dangereux, c'est une toison d'une valeur donnée. Aussi Chassin évite-t-il avec grand soin d'endommager cette peau précieuse; il cherche à loger sa balle dans l'œil du monstre,

Quand un lion lui a été signalé, il attache une chèvre près de l'endroit indiqué, et va se mettre en embuscade à quelque distance. Le lion arrive, entame la bête; il reviendra plusieurs jours de suite, et chaque fois il poursuivra son repas du même côté et dans la même position. L'intrépide chasseur change de place chaque nuit, jusqu'à ce qu'il soit posté de manière à pouvoir viser le lion de face dans l'œil; alors il lâche son coup, et le monstre tombe inanimé. Malheur à lui cependant, si un jour il ne l'achevait pas de la première balle et le blessait seulement! Que le lion alors l'aperçoive, et d'un bond il l'aura atteint et anéanti. Mais jusqu'à présent Chassin a toujours eu la main sûre et sa mauvaise carabine n'a jamais bronché.

On ne se doute pas du sang-froid qu'il faut pour une chasse pareille. L'arrivée, la présence du lion font trembler les plus hardis. Un jeune homme insistait depuis longtemps auprès de Chassin pour qu'il lui permît de l'accompagner. Celui-ci finit par y consentir. Le lion arrive, mais au moment de tirer, le jeune chasseur, connu cependant pour son intrépidité, est saisi d'un tel tremblement nerveux, qu'il est obligé de s'abstenir. Trois jours de suite ce fut la même chose, et avant de pouvoir se risquer à lâcher son coup de fusil, le courageux novice fut obligé de se familiariser avec la vue de son redoutable gibier.

De retour à Batna, nous passâmes la soirée avec les officiers du génie, qui nous avaient invités à prendre le café. On nous parla beaucoup des exploits dramatiques d'une troupe de zéphyrs de la garnison qui jouaient la comédie ; ils devaient donner une représentation le dimanche suivant.

III

De Batna à El-Kantara ; les messageries du Sahara ; le passage des rivières ; El-Ksour ; les laveuses arabes ; Tamarin ; la prière de trois heures.

Mardi 4 octobre.

Nous comptions nous mettre en route à six heures du matin pour les oasis d'El-Kantara et de Biskra.

On y va par une diligence qui part tous les cinq jours et s'intitule avec orgueil *Messageries du Sahara*. Nous avions arrêté nos places à Constantine pour le départ de ce matin, et avant six heures nous étions prêts. Mais notre hôte, que nous avions cependant prévenu la veille de nos intentions irrévocables, avait conspiré de nous exploiter plus longtemps à Batna. Toutes les raisons possibles furent imaginées tour à tour : les chevaux, encore fatigués de leur dernière course, n'étaient pas fourragés; les traits étaient déchirés ; la voiture avait ses ferrures en mauvais état; on ne trouvait ni sellier ni serrurier.

Deux heures se passent en pourparlers; on nous fait promesse sur promesse, mais sans rien exécuter. A huit heures on nous dit qu'il est trop tard pour partir. Là-dessus nous nous fâchons et nous déclarons catégoriquement que, puisqu'on y a mis tant de mauvaise volonté, nous partirons quand même, dussions-nous prendre une autre voiture, des chevaux, des mulets, ou n'importe quoi. Aussitôt toutes les difficultés s'aplanissent comme par enchantement. Le sellier et le serrurier arrivent; on se met aux réparations, on prépare les chevaux, on attelle, et nous nous mettons en route. Malheureusement, il est déjà neuf heures. Nous avons trois heures de retard, mais on tâchera de les regagner en s'arrêtant moins aux relais intermédiaires.

A peine avons-nous quitté Batna que nous nous retrouvons au milieu de terrains arides et brûlés; car les chaleurs de l'été ont détruit presque partout la végétation qui, en hiver, est très-belle à certains endroits. Malgré son nom officiel, *la route impériale de Stora à Tougourt* devient de plus en plus difficile, puis cesse d'être frayée ; et notre diligence, traînée par quatre vigoureux chevaux arabes, qui trottent ou galopent à toute vitesse, est cahotée à se rompre, le long d'un sentier, où les bêtes de somme ont marqué leur trace, et creusé comme une large ornière. Bientôt ce sol sec et dur, durcit davantage encore ; il devient pierreux ; il se transforme en quartiers de rocs agencés les uns dans les autres et couverts d'une poussière épaisse et terreuse qui empêche les chevaux de glisser. En même temps la vallée que nous suivons se rétrécit à mesure, entre deux montagnes rocheuses et dénudées.

A côté du chemin coule, encaissée dans un profond ravin, une rivière, l'Oued-Brenis ou Kantara, qu'il faut traverser sans cesse ; car à chaque instant un rocher se dressant devant la voiture et barrant l'étroit défilé, oblige à chercher sur l'autre rive un passage, bientôt obstrué à son tour par un nouvel obstacle. Puis la végétation finit par disparaître complétement. Le sol, les montagnes, aussi loin que la vue peut s'étendre, présentent cette couleur fauve qui appartient à la fois au roc, au sable et à la terre desséchée. Le soleil, suspendu au centre d'un ciel du bleu le plus pur et le plus diaphane, darde d'aplomb ses rayons enflammés, et leur clarté éblouissante, se réfléchissant sur le sol, le rend étincelant de lumière au point que les nuances et les ombres ont disparu. En guise d'arbres, les perches du télégraphe électrique longent le chemin et franchissent les rochers et les montagnes. Enfin, sur cette route peu fréquentée nous ne rencontrons guère que des caravanes d'Arabes nomades se rendant au Sahara, seuls êtres animés au milieu d'un pays désert.

Ce qui m'a toutefois le plus intéressé dans notre manière de voyager, c'est le passage des rivières. Bien entendu qu'il n'y a pas de pont; il faut traverser à gué. Mais souvent le lit de la rivière, quoique n'ayant que fort peu d'eau, est encaissé à cinq, six, quelquefois même dix mètres de profondeur au-dessous du niveau de la plaine. Il s'agit de descendre cette pente roide et de remonter de l'autre côté. Le chemin tracé par les rares voitures qui passent tournoie et serpente à l'ordinaire, mais il a une si faible largeur que si les roues s'écartaient à droite ou à gauche, on verserait inévitablement. En France, on descendrait avec les plus grandes précautions et lentement de peur qu'un cheval, en tombant, n'entraîne l'attelage; au sortir de l'eau, on prierait les voyageurs de gravir à pied la rampe pour alléger la voiture : mais en Afrique on n'est ni si patient ni si pusillanime. Arrivé au bord de la rivière, le cocher ralentit légèrement la marche de ses chevaux, commence à descendre au petit trot en serrant le frein qui frotte et retient les roues avec un bruit aigre et saccadé. Le voyageur anxieux calcule les chances qu'il a de faire la culbute en bas du ravin ; il compte les cailloux énormes qui embarrassent les pieds des chevaux, et les pierres fixes qui pourraient les faire glisser; il mesure de l'œil la profondeur de l'eau et apprécie par une comparaison mentale l'avantage qu'il y aurait à verser plutôt à tel endroit où la terre est couverte d'une poussière élastique ou d'un gazon amortissant, qu'à tel autre où il n'y a qu'un rocher dur et anguleux. Mais voilà qu'arrivé à mi-côte, le cocher excite ses chevaux, leur lâche les rênes, les lance au galop et de quelques bons coups de fouet, accompagnés de claquements assourdissants, leur fait descendre comme une avalanche la pente redoutable. En même temps il desserre le frein. La diligence, déjà disloquée auparavant, saute de degré en degré, de roc en roc, comme un ballon de caoutchouc; les planches craquent et se disjoignent, les essieux crient; les clous sortent de leur étroite prison avec un bruit sinistre; les fenêtres grincent ou se brisent, les portes frémissent; les parois fendues s'écartent et se rapprochent, tour à tour transparentes ou opaques; et la machine roulante, dix fois sur le point de voler en éclats, arrive triomphalement au milieu de l'eau, entraînée par un élan irrésistible qui la pousse jusqu'à la rive opposée. Les chevaux glissent et trébuchent sur les cailloux mobiles; de nouveaux coups de fouet les raniment et ils gravissent avec des efforts admirables la montée difficile pour n'arrêter qu'au sommet leur galop effréné.

La première fois qu'on est ainsi spectateur et acteur dans ce drame d'un instant, l'émotion vous gagne, une émotion violente et involontaire. Ce bruit infernal, ces secousses qui vous font rebondir et vous meurtrissent, le péril imminent, la surprise et enfin la joie d'en échapper, quand d'un dernier coup de collier les chevaux atteignent la hauteur : tout cela produit une impression ineffaçable.

Mais l'homme est ainsi fait qu'il s'habitue à tout, même au danger. Après plusieurs traversées de ce genre, on n'y fait plus attention; et si par hasard on dort au commencement de la descente, on continue son somme sans ouvrir les yeux, en dépit des affreux cahots qui vous avertissent.

Ce qui étonne davantage peut-être, c'est qu'on puisse mener à bonne fin une pareille course au clocher sans que la voiture se brise, sans que les chevaux s'abattent, ou bien se rompent les jambes.

Il est vrai que tous les chevaux ne valent pas ceux-ci, et que le cocher qui conduit cet attelage ne pourrait être remplacé par le premier venu. Ces chevaux, à ma connaissance, ont fait en huit jours quatre fois le trajet de Batna à Biskra sans s'arrêter et sans paraître fatigués : cent trente lieues; seize par jour! Nos chevaux de poste en France sont loin de ce chiffre. Quant au cocher, c'est un jeune homme d'une vingtaine d'années. Il a eu l'honneur d'ouvrir la route, car il a le premier mené une voiture de Batna à Biskra, il y a deux ans; c'était pour conduire le général Desvaux. Depuis on a organisé le service des Messageries du Sahara.

Quelques jours plus tard, comme nous revenions de Biskra au clair de lune : « Vous vous étonnez, me dit-il en souriant avec cet air de modestie et de tranquillité qui caractérise le vrai courage, vous vous étonnez de me voir passer de nuit dans des chemins qui au grand jour déjà sont effrayants. A vrai dire, ce que vous avez vu n'est rien. Il faudrait revenir en hiver, quand la rivière est gonflée par des pluies torrentielles. Quelquefois il est complétement impossible de la traverser, et il faut attendre que l'eau soit moins forte. L'hiver dernier, je conduisais un Anglais à Biskra. Arrivé à un gué de l'Oued-Kantara, je vis qu'il y avait du danger, et, n'osant prendre sur moi la responsabilité du passage, je l'avertis. C'était un homme hardi ; il me dit de ne pas m'inquiéter de lui, que partout où j'aurais le courage de passer, il l'aurait aussi. Je traversai dix-huit fois la rivière, qui était devenue un fleuve large et impétueux ; par moment les chevaux nageaient et la voiture était soulevée par l'eau. Nous arrivâmes à Biskra sains et saufs. L'Anglais enchanté me donna quatre-vingts francs de récompense. »

Ce qui m'a surtout plu dans ce cocher, c'est que j'ai cru trouver en lui comme un type du Français d'Afrique, tel que j'aimerais à le voir, tel qu'il devrait être pour le succès de notre colonie. Il nous faudrait en Algérie le caractère énergique et hardi de l'Américain du Nord, quelque chose du tempérament yankee. C'est notre timidité, notre hésitation habituelles qui ont retardé l'essor que pourrait prendre ce pays si plein d'avenir ; c'est aussi malheureusement notre fatale tendance à tout laisser faire par le gouvernement. Qu'on donne plus de liberté à nos colons, qu'on les laisse agir et coloniser à leur aise, qu'on ne contrarie et qu'on ne décourage pas, par des règlements sans fin et par une trop grande sollicitude, les hommes entreprenants ; et tout ira mieux.

Les crues subites sont un des fléaux du pays. Les montagnes déboisées, les terrains nus et rocheux ne pouvant aucunement retenir l'eau, dès qu'il tombe une forte pluie, il ne faut que quelques heures pour transformer en torrent irrésistible le plus mince ruisseau. Il n'y a pas longtemps, une voiture d'artillerie, entrée dans le lit d'une rivière qui était alors presque à sec sur toute son immense largeur, a été entraînée avec ses chevaux et ses hommes par un courant impétueux avant qu'elle ait eu le temps de gagner l'autre rive. Sur la route qui mène de Philippeville à Constantine, les ponts sont emportés à chaque instant.

Vers midi notre diligence s'arrêta au caravansérail d'El-Ksour, où nous attendait le capitaine d'artillerie B. de B., qui dirige la poudrière de Biskra. Nous avions fait sa connaissance la veille. Il se rendait à cheval, avec son ordonnance, à son poste de Biskra, où il devait rester pendant l'hiver. Il avait passé l'été à Batna, où les chaleurs sont moins fortes et moins dangereuses. Le cocher nous dit qu'il ferait reposer ses chevaux pendant trois heures, et que nous avions le temps de déjeuner. Le fils de la maison sortit avec un fusil armé, et tira dans la basse-cour un poulet inoffensif que plus tard on nous servit tout coriace.

Nous descendîmes du côté de la rivière pour examiner la constitution géologique des terrains. Un spectacle bien plus intéressant nous y attendait. Des femmes arabes étaient occupées à faire la lessive. Mais, conformément à ce qu'on remarque en bien des cas chez les peuples de l'Orient, elles s'y prennent au rebours de chez nous. Une fois le linge trempé dans l'eau, au lieu de le battre avec les mains, elles le font avec les pieds, ou plutôt elles sautent dessus alternativement de chaque jambe. Il en résulte une sorte de danse assez singulière. Au fond, ce procédé est-il plus mauvais que le nôtre ?

Vers deux heures, on se remit en route. On passa près des ruines éparses d'une ville romaine dont les pierres couvrent le sol. Bientôt la vallée, qui s'était un instant élargie, redevint étroite. On ne voyait toujours que rochers, sables, montagnes nues et désertes, et parfois une caravane nombreuse, ou plutôt une tribu entière qui émigrait.

On s'arrêta de nouveau à un caravansérail appelé Tamarin, pour laisser souffler les chevaux. A quelque distance, des Arabes avaient établi leurs tentes et s'occupaient à leur ombre de tresser, avec de la paille de palmier, de gigantesques paniers en forme de tonneaux, servant à loger le blé, et ayant plus d'un mètre de hauteur. L'heure était venue pour eux de faire leurs prières ; aussi, sans faire attention à nous, chacun d'eux tour à tour joignit les mains, s'agenouilla, le visage du côté de l'Orient, et se jeta à plusieurs reprises la face contre terre en murmurant une oraison. Cela fait, ils se remirent à leur ouvrage, et insistèrent pour nous vendre de leurs paniers.

Au bout de quelques instants, notre voiture repartit, et nous mena, toujours grand train, par une vallée de plus en plus affreuse, encaissée entre deux montagnes de pierre nue. Bien rarement un petit espace de terrain cultivé ou quelques broussailles vertes venaient reposer nos yeux fatigués de ce ton gris fauve et toujours brillant des rochers. De temps en temps il nous fallait traverser la rivière qui prend ici le nom d'Oued-Kantara, et plus tard d'Oued-Biskra. Une fois même, notre diligence, ne trouvant sur les bords aucun passage assez large, fut obligée de suivre le lit du torrent pendant plus de cinq minutes; et cela au grand trot des chevaux sur des cailloux énormes, ronds et polis par l'eau, qui avait au moins un pied de profondeur. Nos vaillantes bêtes ne bronchèrent pas, mais les secousses nous brisaient et la voiture faisait entendre des craquements sinistres.

IV

L'oasis d'El-Kantara; la porte du Sahara et le pont romain; pastorale biblique; le caravansérail; le lever du soleil; monuments celtiques; la plaine d'El-Outaïa; la montagne de sel.

La vallée commençait enfin à s'élargir devant nous, et à prendre un aspect moins désolé, lorsque tout à coup la rivière fit un coude, et descendit droit vers la montagne, qui là formait un mur de rochers vertical, imposant, majestueux, mais sans aucune issue visible. Des nuages s'étaient amoncelés sur nos têtes, et le froid se faisait sentir. Le rocher, à demi éclairé par les rayons du soleil sur son déclin, présentait cette teinte orangée ombrée de gris et de violet qui est particulière au Midi, et que le ciel assombri rendait plus sévère encore. Cependant à mesure qu'on approchait, on se sentait moins isolé. Une jolie maison de cantonnier se voyait au bord de l'eau, entourée d'un jardin verdoyant. Quel plaisir, à la fin d'un jour pareil, que d'apercevoir même la plus modeste végétation !

Là une étroite percée dans la muraille de rochers, une véritable fente, qui de loin paraissait une ligne d'ombre, donnait passage à la rivière à travers la montagne. Un pont romain, étroit, mais élevé, le célèbre El-Kantara, joignait les deux rives, à une hauteur prodigieuse au-dessus de l'eau. Dans le lointain, et par-dessus le pont, à travers cette mince coupure du rocher, on voyait un ciel d'un bleu pur et lumineux qui contrastait singulièrement avec l'aspect gris et nuageux du nôtre, et au-dessous, comme une vague teinte de verdure qui devenait de plus en plus distincte : c'était la forêt de palmiers de l'oasis d'El-Kantara.

Arrivé au pont, le cocher s'arrêta pour nous laisser admirer à loisir ce reste glorieux de l'architecture romaine. Il est construit tout entier en pierres de taille, comme tout ce qu'ont fait les dominateurs du monde, et si solidement qu'il a bravé le temps et qu'on le dirait bâti d'hier. C'est le seul passage qui conduise au Sahara ; aussi les Arabes, du temps de la guerre, attendaient-ils en nombre nos soldats dans ce redoutable défilé, lorsque ceux-ci, par un de ces prodiges qui leur sont devenus une habitude, escaladèrent la montagne plus loin, et arrivant à l'improviste, vinrent prendre les Arabes par derrière.

Près du pont, les Romains ont construit en encorbellement, ou creusé dans le roc de chaque côté de la rivière, une espèce de conduite d'irrigation ou de *saguia* amenant, au niveau des jardins de l'oasis, une prise d'eau faite dans une partie supérieure de la rivière. Les Arabes ont soigneusement entretenu ces canaux, dans lesquels on voit couler joyeusement une eau claire et limpide qui est la vie de l'oasis.

Mais je me hâte d'en finir avec le pont, car à travers cette fente rocheuse, qui semble la porte d'entrée du Sahara, un spectacle bien autrement merveilleux s'offrait à nos regards enthousiasmés ; la première échappée vers le désert, vers le beau pays où l'hiver est inconnu. Là pas un nuage ne venait troubler le bleu profond du ciel. Le soleil, baissant à vue d'œil, projetait des rayons obliques, couleur d'arc-en-ciel, sur ce paysage de rochers et de verdure, qu'il éclairait diversement de ses teintes les plus brillantes et les plus poétiques, l'orangé, le violet, le bleu, le pourpre, le jaune. Un reflet doré revêtait cet ensemble harmonieux, et achevait de lui donner un cachet de sublime et mystérieuse beauté.

Au milieu de ce cadre splendide, vaste horizon sans autres limites que des montagnes lointaines, les palmiers de l'oasis, au tronc roide et élancé, dressaient vers le ciel leurs têtes orgueilleuses, où des milliers de dattes formaient comme un collier d'or brillant sous le feuillage vert; la rivière argentée bondissait sur les cailloux blancs qui scintillaient dans son lit; des murs bien entretenus avertissaient de la présence de l'homme; une douce senteur embaumait l'air; le son lointain d'une musique pastorale faisait vibrer à nos oreilles des sensations indéfinissables; et une brise chaude qui glissait à travers le feuillage empourpré des arbres venait rendre à nos corps engourdis la chaleur et la gaieté.

Encore quelques pas, et nous allions arriver. La diligence repartit au trot, descendant l'excellente route qui longe la rivière et se rend au caravansérail. L'oasis est tout entière entourée de murs à hauteur d'homme, en briques séchées au soleil. De distance en distance, il s'y trouve de petites tours de construction semblable, avec des meurtrières pour servir de défense contre les Arabes nomades qui, avant l'arrivée des Français, pillaient à époques régulières les habitants des oasis.

Sur le bord de la route de nombreux indigènes, à la figure belle et rieuse, ramenaient leurs troupeaux des pâturages. Des femmes en tunique blanche, et ceinture rouge, la tête couverte d'un foulard de même couleur, puisaient de l'eau à une source claire et limpide, et l'emportaient dans de grandes amphores de l'antique modèle romain, que d'un bras arrondi elles soutenaient sur l'épaule. Quelques pâtres jouaient sur la flûte arabe des mélodies champêtres et complétaient cette vivante idylle. Tout avait un air de fête, et le bonheur semblait reluire sur tous les visages. Qui pourrait voir un tableau pareil, sans se rappeler aussitôt les scènes bibliques, Jacob et Rachel, et tant d'autres que les peintres essayent de reproduire en s'inspirant avec raison des mœurs actuelles du désert? « On est ici en pleine Bible, » nous disait plus tard le capitaine B.

Après avoir tourné le village, notre cocher sonna du cor, une des fanfares brillantes de nos postillons d'Europe, et entra au galop dans la vaste cour du caravansérail. Les étoiles commençaient à briller au ciel, la lune se levait, et le paysage tout entier prenait un aspect féerique qui ne saurait être comparé à rien de ce qu'on voit ailleurs. Nous restâmes longtemps à l'admirer. Le capitaine nous rejoignit bientôt, et l'on se mit à table. La cuisine du caravansérail d'El-Kantara est renommée dans toute l'Algérie. L'hôte et sa femme, M. et Mme Fouquet, natifs des environs de Paris, tous deux gros, gras et rieurs, s'entendent aussi bien à causer et à plaisanter qu'à faire la cuisine. Ils nous traitèrent à merveille, et nous fîmes honneur à un excellent souper assaisonné d'une joyeuse conversation. L'eau seule était bien chaude ; on est obligé de la rafraîchir artificiellement, mais cela ne suffit pas.

Le lendemain je me levai à cinq heures, avant le soleil, pour admirer encore une fois, et au grand jour, le beau site d'El-Kantara. Debout, au bord du ravin qui domine la rivière d'une hauteur assez considérable, j'avais vue à la fois sur l'oasis tout entière et sur les montagnes rocheuses qui nous séparaient de Batna. A mes pieds des palmiers innombrables élevaient leurs troncs orgueilleux au milieu d'une luxuriante végétation de figuiers, d'abricotiers, de vignes gigantesques, qu'ils dominaient de leurs têtes arrondies, et baignaient comme pour s'y rafraîchir leurs racines puissantes dans les eaux tranquilles de l'Oued-Kantara qui coulaient doucement sur leur lit de cailloux rougis par les premières lueurs de l'aurore.

Un instant après, l'incomparable soleil d'Afrique montait à l'horizon avec la joyeuse impatience du matin, et faisait resplendir de clartés fantastiques et mystérieuses la forêt sombre et la rivière scintillante. Une teinte vaporeuse, pourpre d'abord, puis dorée, glissait lentement sur la nature endormie ; puis tout s'animait, brillait, reflétait la lumière : le jour était là. Les montagnes elles-mêmes semblaient se réveiller de leur impassible sommeil. Au contact de ces chaudes haleines du soleil levant, leurs faces de granit ridées semblaient frémir, et des colorations rapides, fugitives, mais d'une variété et d'une intensité inconnues dans les pays du Nord, venaient comme trahir leur émotion intérieure. Toutes les couleurs de l'arc-en-ciel les illuminaient tour à tour. Puis à mesure que la lumière augmentait, les nuances pourprées disparaissaient peu à peu pour faire place à cette chaude teinte orangée, ombrée d'un gris fauve, qui caractérise les roches brûlées par un soleil ardent.

Mes compagnons m'avaient rejoint l'un après l'autre, et tous nous admirions, sans pouvoir nous en lasser, le magnifique panorama qui s'étalait devant nous, lorsqu'on vint nous prévenir que le café était servi. Peu après, au coup de six heures, nous nous remettions en route. Notre ami le capitaine nous précédait à cheval, suivi de son ordonnance. Je jetai un dernier regard sur le site enchanteur d'El-Kantara, puis tout disparut comme un rêve. Nous étions rentrés dans les terrains arides, quoique le vrai Sahara, le désert plat sans montagnes, la véritable mer de sables ne commence qu'à quelques lieues de là, au col de Sfa, près de Biskra. Nous suivions une large vallée entre deux chaînes de rochers nus. Toute végétation semblait absente de ce grand bassin vide où un soleil impitoyable brûlait tout.

De loin en loin, des caravanes de Nomades venaient encombrer notre chemin. Les chameaux effarés et stupides s'arrêtaient devant nos chevaux qui trottaient. Notre cocher leur lançait des coups de fouet qui ajoutaient à la confusion. Les Arabes accouraient pour détourner les maladroits et nous faire place, tout en répondant par des injures de leur cru à ses malédictions et ses jurons, qui n'étaient pas les moins fleuris ni les moins énergiques de la langue française. Bientôt tout s'arrangeait, et nous passions triomphalement devant la caravane étonnée. Les hommes regardaient avec curiosité, les bêtes avec effroi, cette masse lourde et informe qui représente au milieu du désert l'art français et la locomotion perfectionnée. Les chevaux des Arabes se cabraient de peur, rien que de la voir ; les chiens aboyaient à distance de leur fausset le plus acharné, et les chameaux poussaient des beuglements plaintifs et désespérés.

Sur les bords du chemin, on apercevait de temps en temps comme des maisons en ruine, ou bien des assemblages de pierres placées en rond autour d'un bloc central plus grand. Ces monuments bizarres d'un culte primitif, assez semblables à ceux que j'avais déjà vus près de Batna, sont généralement attribués comme eux à des Gaulois établis là, soit comme colons, soit comme légionnaires, sous la domination romaine. On pourrait peut-être encore les rattacher aux monuments analogues que le docteur Barth dit avoir vus du côté de Tunis et de Tripoli, et qu'il rapporte à des populations primitives, ou même autochthones, peut-être berbères, dont le culte extérieur aurait ressemblé à celui des Celtes. Il paraît qu'on trouve dans tout le nord de l'Afrique, du côté du désert, des groupes de pierres ainsi disposées, tout à fait semblables à ce qu'on rencontre en Bretagne, en Irlande et dans le pays de Galles.

Quelquefois l'approche du désert se faisait sentir; on voyait d'énormes amas de sable fin, comme sur le bord de la mer. Mais généralement le terrain était plutôt pierreux, couvert d'énormes cailloux roulés. Souvent nous passions sur des rochers superbes, d'une coloration orange intense, veinée de gris, de blanc ou de noir, comme des roches ferrugineuses. On attribue cet aspect, soit à l'influence du soleil, soit à celle des eaux à l'époque géologique où le désert du Sahara formait une vaste mer intérieure qui s'est élevée et desséchée depuis.

Ce paysage, du reste si vide, n'était que rarement animé par quelques tentes arabes dressées à la hâte et dont les nomades habitants nous regardaient nonchalamment passer devant eux. Nous suivions toujours l'Oued-Kantara, le traversant quelquefois. Un moment une colline peu élevée nous barra le chemin ; le rocher n'avait laissé qu'une fente étroite pour le passage de la rivière. Mais à peine fûmes-nous arrivés au sommet du coteau qu'un spectacle plus gai et plus animé se déroula devant nos yeux : la vaste et fertile plaine d'El-Outaïa (*la petite plaine*), cultivée en grande partie et bornée seulement par des montagnes basses et assez éloignées.

Peu après nous arrêtions au caravansérail français bâti à côté du village arabe d'El-Outaïa. Il était neuf heures, nos chevaux devaient prendre trois heures de repos, et nous avions largement le temps de déjeuner et de voir l'oasis et ses alentours.

L'une des principales curiosités de cette plaine est le Djebel-Rharribou, qui fait face au village, sur la rive opposée de l'Oued-Kantara. C'est une montagne tout entière formée de sel ; le sable et la poussière la couvrent d'une teinte grise et rien ne la distinguerait d'une montagne ordinaire si des fissures, parfois assez profondes, ne laissaient apercevoir le sel dans tout son éclat cristallin.

Il existe dans les environs encore d'autres élévations semblables. Chaque année les eaux qui débordent viennent y exercer leurs ravages, creuser des ravines, dissoudre le sel et l'emporter dans le désert, où l'on en voit souvent de nombreux amas sur les sables. Il faudra néanmoins encore bien du temps pour les détruire entièrement. Ces montagnes de sel sont au nombre des preuves sur lesquelles les géologues s'appuient pour affirmer que le désert a été une fois une vaste mer. Plus tard son lit s'est élevé par suite d'un soulèvement partiel de l'écorce du globe; l'eau a disparu sous terre où elle forme aujourd'hui la nappe souterraine qui a permis d'établir ces magnifiques puits artésiens avec lesquels on espère plus tard couvrir d'oasis, fertiliser et peupler tout le Sahara.

V

L'oasis d'El-Outaïa; la sieste; la mosquée; le village; les gamins arabes; la culture; la tente du spahis; le caravansérail.

A quelques pas de nous, devant le caravansérail, s'étalait le joli village d'El-Outaïa, l'un des plus gracieux que j'aie vus dans cette contrée. Quelques palmiers isolés, et séparés par des champs en pleine culture, encadraient de jolies maisons grises en briques crues. Au milieu s'élevait l'élégante coupole de la mosquée blanchie à la chaux, luxe immense dans ce pays, avec son minaret élancé qui dominait tous les environs. Du reste pas le plus petit bruit; tout semblait dormir, à part quelques Arabes occupés aux alentours à la culture des champs ou des palmiers.

Pendant que l'un de mes compagnons s'asseyait à l'ombre et préparait ses couleurs pour reproduire ce charmant petit tableau, je m'avançais avec l'autre dans l'intérieur du village. Une ruelle étroite nous mena bientôt devant la mosquée, sur la place principale.

Là les habitants semblaient s'être donné rendez-vous pour sommeiller à l'envi, dans toutes les postures imaginables. Accroupis ou étendus le long des maisons, dans la mince ligne d'ombre qui bordait les murs, ils y formaient comme une haie de fantômes. Les barbes d'ébène tranchaient vivement sur les capuchons blancs, et quelques yeux noirs, se tournant avec nonchalance vers nous, montraient que nous étions observés.

Du reste, pas le moindre mouvement d'abord ; c'était un mélange confus de jambes, de pieds et de bras nus et bruns qui s'entremêlaient sous les burnous blancs ; ceux-ci, frappés par le soleil, semblaient lumineux sur ce sol éblouissant de clarté. Les uns dormaient assis, les jambes pliées, le menton sur leurs genoux ; d'autres roulés dans leurs burnous, et la figure enveloppée, s'allongeaient le long des murs comme des cercueils de momies, ne laissant voir que leurs pieds couverts de poussière ; d'autres encore, le dos au mur, la tête penchée en arrière, les jambes droites, les mains pendantes à terre, semblaient des bas-reliefs cloués sur place. Les moins endormis, le corps étendu, ou les jambes rassemblées, reposant sur leurs coudes bruns leurs têtes fatiguées, nous suivaient d'un regard indolent et apathique. Deux ou trois, simplement accroupis, ne dormaient pas, ou du moins s'étaient réveillés à notre approche ; ils paraissaient un peu plus propres que les autres, et semblaient vouloir nous faire les honneurs de l'endroit.

L'un d'eux, portant des bas et des souliers, se leva, nous salua d'un *bonjour* bienveillant, et nous offrit de nous montrer la mosquée. Il avait la barbe grise, et un long chapelet de noyaux de dattes pendait sur sa poitrine : c'était un marabout. Il tira de sa poche une énorme clef, l'enfonça dans la serrure criarde et fit rouler sur ses gonds une épaisse porte en bois de palmier. Puis, il entra dans un étroit vestibule où se trouvait l'escalier, y déposa ses souliers et s'avança dans la mosquée, en nous invitant à le suivre. Nous hésitions à cause de nos chaussures, que les musulmans ne conservent jamais dans les lieux consacrés ; mais il nous fit comprendre que nous pouvions les garder. L'intérieur de la mosquée est excessivement simple ; les murs sont blanchis à la chaux ; quelques nattes et quelques tapis de laine couvrent le sol ; du reste, ni ornements ni meubles.

Pour grimper au minaret la tâche n'était pas des plus faciles. Il fallait suivre un escalier tournant très-étroit et si bas, qu'on ne pouvait y avancer que courbé en deux. En outre, les marches, faites en branches de palmier encore garnies de leur écorce, étaient si élevées que les enjambées en devenaient extrêmement pénibles, et si étroites qu'on ne pouvait y poser que la pointe du pied en montant et le talon en descendant. Bientôt cependant, nous aidant des pieds et des mains, nous arrivâmes au sommet.

La vue s'étendait au loin sur la plaine; notre route y formait comme un étroit sillon blanc, bientôt invisible, qui longeait la rivière; dans le lointain, des montagnes peu élevées; en face de nous, au fond, le col de Sfa que nous devions traverser; tout près le Djebel-Rharribou, la montagne de sel dont j'ai parlé. Sauf l'aspect étrange que présentent à première vue ces vastes étendues de sables, vides et désertes, à peine entrecoupées çà et là par quelques minces cultures verdoyantes, la plaine d'El-Outaïa n'a rien qui puisse longtemps charmer les yeux.

Mais près de nous un tableau bien plus intéressant attira notre attention. Nous dominions le village entier, et nous pouvions examiner à loisir ce curieux genre d'architecture qui, par sa simplicité même, nous initiait à une manière de vivre particulière, en rapport avec ces climats de chaleur et de sécheresse.

Les maisons se composaient uniformément de quatre murs en briques séchées au soleil, espèce de pisé très-résistant dans un pays où la pluie est presque inconnue. Elles n'ont toutes qu'un simple rez-de-chaussée, surmonté d'une terrasse servant de toit. Cette terrasse est formée de branches de palmier, recouvertes des feuilles du même arbre croisées; par-dessus cette charpente grossière on étend une couche de boue, qui bientôt se dessèche et durcit au soleil. Il n'y a pas de fenêtres, une simple porte en bois de palmier ; quelquefois même rien qu'une natte pour fermer l'entrée ; enfin, une espèce de cheminée basse dans un coin. En général, il n'y a qu'une seule chambre par maison, rarement divisée par des cloisons de nattes ou d'étoffes ; les poules, les chats, les chiens, etc., y vivent pêle-mêle avec les hommes. En fait de meubles, quelques ustensiles de cuisine et quelques nattes ou tapis. Souvent l'habitation a une petite cour et une espèce d'étable ou de poulailler.

Sur chaque terrasse on voit ordinairement dans un coin une espèce de tente composée de quelques étoffes de couleurs vives, supportées par des branches de palmier ; c'est là qu'on se met le soir pour respirer l'air. Il est facile, du reste, de passer d'une terrasse à l'autre, et en se décidant à sauter parfois on pourrait circuler ainsi de maison en maison. Tout bien considéré, il y a des parties de l'Europe, et même de la France, où les paysans sont plus mal logés que les indigènes du Sahara.

Le village est divisé en un grand nombre de jardins attenant généralement chacun à la maison de son propriétaire, et séparés les uns des autres par des murs à hauteur d'homme, qui sont faits, comme d'ailleurs toutes les constructions du Sahara, de boue durcie au soleil. Ces jardins renferment ordinairement quelques palmiers à l'ombre desquels on cultive des choux, du riz, du maïs et d'autres légumes du même genre.

Une prise d'eau venant de la rivière, et formant

le long de chacune des étroites ruelles du village un large ruisseau, sert à arroser toutes ces plantations. Chaque propriétaire a un embranchement sur ce canal avec une digue mobile, et chacun a son jour et son heure pour prendre l'eau d'irrigation qui est strictement mesurée, de manière qu'il ne s'en perde pas une goutte. Suivant l'abondance de l'eau, chaque année les plantations s'étendent plus ou moins loin dans les champs de la plaine.

El-Outaïa était une des oasis les plus fertiles et les plus florissantes de la contrée ; mais les Français, pendant la guerre, l'ont saccagée pour faire un exemple, et ont coupé tous les palmiers, n'en laissant qu'un seul debout. Il faudra bien des années encore jusqu'à ce que le mal soit complétement réparé, et la prospérité revenue. El-Outaïa avait, du reste, une certaine importance du temps des Romains. On y a trouvé, en effet, une pierre sur laquelle on lit que l'amphithéâtre à été réparé sous le règne de Marcus Aurélius Antoninus et Lucius Aurélius Commodus.

Quelques amas de dattes séchaient sur la terrasse du minaret comme sur celles des maisons. Le marabout nous en offrit ; il y en avait de fraîches encore vertes, d'autres âgées d'un an, beaucoup plus douces et à peu près semblables à celles qu'on mange en Europe. Quelques instants après, nous redescendions à tâtons l'escalier d'acrobate du minaret, et le marabout, tout en nous saluant avec affabilité, ne crut pas compromettre sa dignité en acceptant ce qu'en pays civilisé on est convenu d'appeler un pourboire.

A peine étions-nous rentrés dans les ruelles du

village, que tous les gamins de l'endroit se rassemblèrent autour de nous. Cette escorte improvisée nous assourdissait de la même demande, répétée sur tous les tons : « Bonjour m'sieu, bonjour sidi, donner des sourdi (des sous). » C'est là tout le français qu'ils savent, mais ils le prononcent bien, et en comprennent à merveille le sens et la portée.

Vêtus seulement d'une chemise de laine ou de coton, pieds nus, la tête rasée, exposée au soleil, ou bien couverte d'un mouchoir, quelquefois d'un bonnet de laine rouge, ces gamins arabes, au teint à peine hâlé, beaucoup plus blanc que celui de leurs pères, à la mine éveillée, avec des yeux espiègles et des rires malicieux, ne différaient en rien, à peine par le costume, des enfants de nos pays. Les quelques mots de français dont ils nous poursuivaient rendaient l'illusion plus frappante encore.

La connaissance fut d'ailleurs bientôt faite, et quelques sous distribués parmi eux les rendirent aussi gais et aussi serviables que nous pouvions le désirer. Ils nous accompagnèrent par tout le village, nous faisant voir l'intérieur des maisons, les canaux d'irrigation, les plantations. Mais toujours le concert recommençait avec un ensemble parfait : « Sidi, donner des sourdi » : et toutes ces petites mains se tendaient, puis des batailles entre eux, quand l'un avait eu plus que les autres, des cris, des coups, des rires bruyants. Nous étions ravis de ces scènes de mœurs, qui montrent combien l'homme est le même partout ; ou mieux, l'homme diffère, mais l'enfant ne change pas. C'est l'éducation qui le change; c'est elle qui fait de l'un un Arabe sentencieux et grave, de l'autre un Français vif et gai, ou un Anglais énergique et silencieux. Si on leur donnait la même éducation, la même langue, les mêmes idées, et les mêmes principes d'action, les hommes des races les plus diverses ne différeraient pas plus que le Français du Nord et celui du Midi.

Notre joyeuse escorte nous conduisit entre autres à la maison d'un nègre. La porte était ouverte; le maître vint à notre rencontre et nous pria d'entrer. Il avait deux femmes, également noires, dont l'une cuisait de la galette dans une large casserole de fer; l'autre habillait et lavait quelques jolis négrillons qui couraient demi-nus par la maison. Celle-ci était divisée en deux chambres par une cloison mince. La négresse nous offrit de la galette toute chaude, pendant que nos sourdi faisaient l'affaire des petits moricauds, on pourrait même dire de leurs parents; car ce bon nègre et ses femmes paraissaient au comble de la joie, et leurs rires de satisfaction nous faisaient voir des rangées blanches de dents magnifiques se découpant sur leurs visages couleur de charbon.

Une fois hors du village, nous avions cessé la distribution des sous, et les gamins nous avaient quittés l'un après l'autre. Un seul nous était resté fidèle. Il pouvait avoir une douzaine d'années et paraissait fort intelligent. Il nous disait que son père était spahis et nous engageait à venir voir sa demeure : « Baba sbahis; andar casana. » Sur ses vives instances, nous le suivîmes vers une large tente qu'il nous montrait à quelque cent pas, près de la rivière.

Nous longions la grande route, ici munie de deux larges fossés comme en France, et bien entretenue. Sur ses bords la culture allait son train ; on y voyait fonctionner la charrue arabe, modèle primitif s'il en fut jamais. Un soc sans roues, ou mieux, un éperon de fer à pointe aiguë, avec une branche d'arbre pour manche, grattait le sol, où l'enfonçait un vigoureux Arabe qui suivait demi-nu, tandis qu'un autre excitait de l'aiguillon un maigre attelage composé d'un mulet, d'un cheval ou d'un bœuf, seuls ou accouplés.

D'autres indigènes soignaient leurs palmiers. Ils mettaient le feu aux branches et aux pousses de la partie inférieure, et les brûlaient pour donner d'autant plus de vigueur à la cime ; ou bien encore, car l'irrigation est une des principales conditions de cette culture, ils amenaient un ruisseau d'eau à chaque arbre et le répandaient dans de larges trous creusés autour des racines. Plus loin, des femmes dansaient sur leur lessive, comme celles que nous avions vues à El-Ksour.

Au moment où nous approchions de la tente du spahis, son gardien, féroce chien fauve comme tous ceux du pays, s'élança sur nous avec fureur. Notre petit guide le retint, le calma, et soulevant une draperie, nous fit entrer dans la *maison de poil* (beit-el-char). Elle était vaste, spacieuse, de forme oblongue, divisée en deux parties égales par une toile légère. Une longue et solide perche, plantée

13.

en terre au milieu même de l'édifice nomade, le soutenait et faisait sortir au-dessus du faîte un redoutable fer de lance avec une banderole.

Les ustensiles de ménage étaient simples et peu nombreux : quelques outils, plusieurs couteaux, des meules à blé, des paniers, des casseroles, des vases d'étain, des outres en peau de chèvre et des filets à pêcher ; quelques nattes et quelques tapis de laine avec des rayures colorées ; enfin, de chaque côté de la tente, un métier à tisser de construction très-primitive, les montants faits simplement de branches d'arbres, encore revêtues de leur écorce.

Une dizaine d'enfants en bas âge, quelques-uns tout nus, d'autres vêtus d'une chemise blanche, quelquefois la tête couverte d'un foulard de couleur, jouaient entre eux, ou avec les poules et les chats de l'habitation.

Devant chaque métier se tenait accroupie une femme occupée à tisser l'étoffe de laine blanche dont on fait les burnous. C'étaient les deux femmes du spahis et les mères de ces enfants. Elles étaient jeunes encore, et remarquables par la beauté de leurs traits. Il ne leur manquait que cette distinction, cette finesse, cette grâce et cette légèreté de la tenue que donne une éducation européenne. De beaux yeux noirs et brillants, des cheveux épais d'un noir d'ébène, fixés sur la tête par un petit diadème et un large peigne en argent, des dents d'une blancheur d'ivoire, formaient un contraste harmonieux avec leur teint légèrement olivâtre.

Elles étaient vêtues d'un haïk ou tunique de coton

ou de laine fine et d'un blanc jaunâtre, retenue sur les épaules par de grandes agrafes d'argent, et autour des reins par une large ceinture rouge. Des bracelets d'argent entouraient leurs bras et leurs jambes (on appelle ces derniers *khrolkhral* à cause du bruit qu'ils font en s'entrechoquant pendant la marche). Enfin de lourds anneaux du même métal pendaient à leurs oreilles : à peu près le costume de Rébecca dans le tableau d'*Eliézer* d'Horace Vernet.

Leurs ongles aux mains et aux pieds étaient teints en orange avec du *henné*, et leurs sourcils noirs avaient été allongés et se rejoignaient par une ligne noire de *koheul*. Enfin, elles étaient tatouées, surtout aux bras et au front, où l'on remarquait une petite croix noire, signe très-fréquent, dit-on, chez les tribus berbères, et qui serait un reste du christianisme que ces populations professaient avant l'arrivée des Arabes.

Elles nous accueillirent avec de grandes démonstrations de joie. Notre petit guide nous en présenta une comme sa mère, les enfants s'élancèrent tous vers nous, et alors commença une nouvelle distribution de sourdi. Les enfants tendaient à l'envi leurs petites mains brunes et cachaient à la hâte le sou qu'ils avaient pu attraper pour en redemander un autre. Les mères prenaient elles-mêmes dans leurs bras les plus petits pour nous les présenter, et mettaient en réquisition leurs plus beaux sourires. Notre jeune guide aidait à la distribution ; mais il avait, paraît-il, favorisé ses propres frères et sœurs et sa mère aux dépens des autres enfants, car bientôt l'autre femme vint réclamer en nous apportant deux petits enfants qui n'avaient, disait-elle, encore rien eu. Quelques sous de plus rétablirent la justice; et dès lors ce fut une suite de cris de joie, de battements de mains, de danses de la part des enfants, de remercîments, de sourires et de prévenances de la part des mères qui nous montrèrent avec empressement tout le mobilier de la tente, les métiers à tisser, la manière de s'en servir, etc. Elles tissaient sans navette, passant à la main la trame à travers les fils de la chaîne et la serrant avec un fort peigne d'acier à manche d'argent.

Au moment où nous revenions près du caravansérail, quelques-uns des enfants de la matinée vinrent à notre rencontre pour redemander des sourdi. Une petite fille entre autres, joliment habillée, avec des boucles d'oreilles et un peigne d'argent, nous amusa beaucoup par sa précoce coquetterie. Se tenant à distance comme une gazelle effarouchée, elle nous faisait des grimaces; puis, vaincue par la tentation, elle s'approchait pas à pas, tendait la main pour avoir un sou, et, dès qu'elle le tenait, s'enfuyait à toutes jambes en poussant de gros éclats de rire, pour recommencer l'instant après le même manége.

Le déjeuner nous attendait; notre ami avait terminé son aquarelle, et le capitaine nous avait rejoints. La cuisine fut fort bonne, et madame Lange, l'hôtesse, nous fit d'un ton lamentable l'histoire de sa vie et celle de son mari, sergent en retraite. Elle nous parla de leurs nombreuses tribulations, du peu de bénéfices qu'ils font et des faibles économies qu'ils parviennent à réaliser pour se retirer plus tard des affaires; enfin, de la peine qu'elle avait eue pour nous composer notre déjeuner. Ce récitatif lugubre fait partie du menu, qui, en dépit de toutes ces précautions oratoires, n'est pas trop cher. M. Lange a une jolie petite gazelle apprivoisée, mais familière avec lui seul. Il la fit sauter devant nous dans la cour, mais aucun de nous ne parvint à la toucher; la farouche petite bête s'enfuyait dès que nous faisions mine d'approcher.

VI

— Un effet de mirage; la fabrique de salpêtre; le col de Sfa; le Sahara arrivée à Biskra; l'architecture française en Afrique.

Bientôt notre diligence se remit en mouvement. Pendant longtemps la route, construite par le génie militaire, fut fort bonne, bordée de fossés : une vraie route de France. De chaque côté, des champs fertiles et des indigènes occupés à la culture. Puis les sables recommencèrent avec les cailloux, et le chemin, non tracé, se mit à gémir sous l'effort de nos roues ferrées et à grincer sous leur choc.

Un instant nous aperçûmes devant nous, au pied de la montagne qui, dans le lointain, fermait la plaine, comme un vaste lac d'un bleu verdâtre. Il traversait la vallée entière et semblait barrer le chemin. Nous cherchions des yeux une issue, lorsque tout à coup il disparut ; et à sa place on ne vit plus que sables et broussailles comme ailleurs. La première surprise fit place au plaisir de la curiosité satisfaite ; nous avions assisté à un de ces effets de *mirage,* si grandioses et si communs dans ces pays de sables brûlants.

Peu après nous nous arrêtions à la fabrique de salpêtre du gouvernement. Le capitaine de B., qui nous suivait à cheval, nous fit voir cet établissement intéressant, qui est sous sa direction, et qui alimente la poudrière de Biskra. Il ne pouvait être mieux placé ; car la plaine d'El-Outaïa est couverte d'amas de débris végétaux que les eaux charrient sans cesse avec elles et qui renferment du salpêtre. Une dizaine de soldats d'artillerie sont occupés aux travaux ; plusieurs d'entre eux souffraient d'ophthalmies, maladies trop fréquentes malheureusement dans ces pays et dues à l'irritation produite sur les yeux à la fois par ce soleil ardent et par la poussière de sable fin qui imprègne l'atmosphère.

Notre patache se remit en marche. Il fallut traverser de nouveau la rivière, et pour la seizième fois au moins depuis Batna. On l'appelle ici Oued-Biskra. Au pied de la montagne qui ferme la vallée d'El-Outaïa, le chemin redevient grande route impériale de fait comme de nom ; le génie militaire y a fait de récents travaux, indispensables du reste, et l'on gravit ainsi le col de Sfa sur une véritable route à l'européenne.

Au sommet nous attendait un spectacle merveilleux. Pour la première fois nous découvrions le

Sahara dans toute sa splendeur; pour la première fois le désert s'offrait à nos yeux sous son véritable aspect, immense, sans autres bornes que l'horizon : un océan de sable. La montagne où nous étions est la dernière ramification qui sépare le Nord du Sud. Elle forme comme une dernière barrière naturelle. Au delà il n'y a plus rien que la plaine plate, infinie, d'une étendue et d'une monotonie désespérantes.

Là le ciel forme une voûte immense, d'un bleu pur et profond, sans trace de nuages. A l'endroit où il touche la terre, une ligne un peu plus claire l'en sépare. Du reste l'horizon se montre distinct; il forme, comme en pleine mer, un vaste cercle où le bleu limpide du ciel tranche nettement sur la couleur fauve et blanchâtre du sol enflammé. Partout règne un calme imposant : le silence, et comme le sommeil de la nature. On dirait la mort, si ce mot lugubre ne contrastait singulièrement avec une lumière aussi ardente, aussi vive, qui paraît embraser le ciel et pénétrer la terre et qui n'est elle-même qu'une manifestation de la vie.

De loin en loin, sur cette plaine lumineuse, se détachent comme des points noirs de différentes grandeurs ; on dirait des taches d'encre sur une nappe claire. Les plus grands et plus rapprochés paraissent comme des touffes d'herbe sombre au milieu d'un champ crayeux. Ce sont les oasis, et cette teinte noirâtre leur vient des palmiers qui interceptent la lumière et couvrent le sol d'une ombre foncée.

Derrière nous, c'était encore la végétation, la vie, la fertile vallée d'El-Outaïa. Ici, plus rien qu'une étendue sévère, impassible, accablante et comme vide. Les oasis, malgré leur nombre, semblent perdues au milieu de cet espace sans bornes. Dans le lointain, on voyait à gauche celle de Sidi-Okba ; à droite, celle de Zaatcha, qui a été saccagée par les troupes françaises pour punir la révolte des indigènes ; devant nous Biskra, à une distance que le manque de points de comparaison empêchait de mesurer.

La route, qui suivait en tournoyant les sinuosités du col de Sfa, nous fit descendre bientôt dans la plaine de sable. Des ossements desséchés, des carcasses de chevaux et surtout de chameaux, que personne ici ne songe à ensevelir, gisaient le long du chemin ; et comme pour faire contraste avec ce tableau barbare, les représentants de la civilisation la plus avancée, les perches du télégraphe électrique descendaient comme des échasses du sommet de la montagne et s'avançaient en droite ligne vers Biskra.

On commençait à mieux voir l'oasis ; on distinguait les palmiers et quelques maisons blanches qui se détachaient du groupe sombre et noirâtre de cette île du Sahara. Bientôt tout grandit à vue d'œil ; on aperçut le fort Saint-Germain qui sert de Kasbah ou de caserne à Biskra. La diligence passa près de quelques tentes où vivaient des Arabes pasteurs, s'avança au galop vers une belle place à arcades à côté de la Kasbah, la longea un instant, entra dans une rue de traverse, et s'arrêta sur une autre place où je vis en grosses lettres une enseigne qui indiquait le bureau de la douane; car Biskra est le dernier point que nous occupions dans le Sud. A peine étions-nous arrivés qu'un officier de police s'approcha et nous demanda nos passe-ports. En Algérie, on ne peut faire un pas sans qu'on vous les réclame.

Nous sommes descendus à l'hôtel du Sahara, grand bâtiment à rez-de-chaussée, avec cour intérieure et terrasse. Dans ce rez-de-chaussée se trouvent la cuisine, la salle à manger et quelques autres pièces. Un escalier mène de la cour à la terrasse, au milieu de laquelle on a bâti comme une petite maison en bois, avec deux chambres. C'est là qu'on nous a logés. On y respirait un peu d'air, quoique la chaleur fût étouffante.

L'hôtel du Sahara fait partie d'un ensemble de bâtiments qui décorent la place principale de la ville française de Biskra. Cette place n'est pas encore achevée : on y plante une allée d'arbres pour donner de l'ombre. Le fort Saint-Germain occupe l'un de ses côtés, le jardin d'acclimatation le second ; en face se trouve le cercle des officiers ; enfin, le quatrième côté est garni par une ligne de maisons toutes semblables, et parmi celles-ci notre hôtel.

Toutes ces constructions se distinguent par une architecture à part, originale, appropriée au pays, et qui me paraît appelée à un grand avenir. Il est bien certain que notre manière de bâtir les villes, avec des rues larges, de grandes fenêtres sur la voie publique, des toits inclinés, peut être excellente pour nos pays du Nord ; mais ici il n'en est plus de même. On étouffe dans une ville ainsi construite, car le soleil et la poussière pénètrent partout. Les Arabes avaient des rues étroites et couvertes, des maisons sans fenêtres extérieures, et semblables à des tombeaux. A part les inconvénients de ce système, ils souffraient moins de la chaleur que nous aujourd'hui. On a essayé, avec raison, à Alger, à Philippeville et ailleurs, des rues à arcades ; c'est un progrès, et on s'en est bien trouvé. Le reste n'a guère changé encore.

A Biskra on a mieux fait. On a pris la maison mauresque, construction informe ordinairement, sans goût et sans symétrie, et on a gardé ses traits principaux. On y a joint de nouvelles dispositions et le goût français, et l'on a obtenu le système d'architecture que le génie militaire a inauguré à Biskra, et qui se rapproche des constructions européennes dans les Indes et sous les tropiques.

Toutes les maisons de la place, ainsi que le cercle des officiers, sont à rez-de-chaussée, avec des arcades comme dans la rue de Rivoli, des terrasses au lieu de toits, et en général des cours intérieures sur lesquelles s'ouvrent les fenêtres. Les murs sont faits en pisé ou briques séchées au soleil, suivant la méthode arabe, et crépis à la chaux, ce qui les rend très-solides. On conçoit qu'une place ainsi garnie soit à la fois élégante et monumentale.

Quelques maisons particulières bâties dans ce style à d'autres endroits de la ville montrent encore mieux quel parti on peut tirer de l'architecture mauresque, perfectionnée, renouvelée par la science et l'art français. Quoique ces constructions ne soient encore que des ébauches de ce qu'on pourra faire plus tard, surtout en y introduisant les modifications exigées par les différents climats, on sent qu'il y a là de quoi varier un peu les formes trop monotones de nos villes d'Europe. Aujourd'hui que l'Orient semble renaître à la vie sous l'influence européenne, le moment ne serait-il pas venu, pour notre imagination usée, routinière, de se retremper, de se rajeunir au contact de cette vigoureuse séve orientale, qui, par des circonstances fatales, n'a produit encore que l'éphémère, mais brillante civilisation arabe du moyen âge, et paraît n'avoir pas jusqu'ici dit son dernier mot?

VII

L'oasis de Biskra; les palmiers, la culture et l'irrigation dans les oasis; le climat; la ville de Biskra; les villages berbères; industrie locale; la colonie nègre; les Arabes nomades; les chevaux du Sahara; les jeux d'enfants; la récolte des dattes; les danseuses Ouled-Naïl.

Pendant que mes compagnons se reposaient des fatigues du voyage, je profitai d'une heure de jour qui me restait encore pour faire un tour dans l'oasis. Je vais en donner ici une courte description qui s'applique d'ailleurs à toutes ces îles du désert; quand on en a vu une, on les a vues toutes.

Qu'on se figure une forêt de palmiers occupant souvent jusqu'à plusieurs lieues de terrain, mais différant d'une forêt ordinaire en ce que les arbres, au lieu d'être rapprochés les uns des autres, sont au contraire espacés comme dans un verger, et laissent entre eux une suite non interrompue de clairières. De plus, elle est divisée en un nombre infini de petits enclos séparés les uns des autres par des murs à hauteur d'homme, en briques crues, qui forment comme un vaste réseau, englobant dans ses mailles autant de propriétés particulières. Chacune de celles-ci renferme ainsi quelques dattiers et des parterres à légumes. Car dans les intervalles que l'ombre des palmiers protége contre les ardeurs desséchantes du soleil, on pratique la plupart des cultures d'Europe, oignons, navets, carottes, choux, maïs, concombres, melons, pastèques, souvent aussi de l'orge et des céréales. On y rencontre également des arbres fruitiers, surtout des abricotiers, des figuiers, des pêchers, des vignes gigantesques, des grenadiers, et des oliviers qui donnent les plus beaux produits du monde.

La chaleur est extrêmement favorable à la végétation, et le terrain est excellent, mais il faut y joindre assez d'humidité. Un proverbe arabe dit que *le dattier doit avoir la tête au soleil et les pieds dans l'eau*. La fertilité des oasis n'est, au fond, qu'une question d'irrigation, et de la quantité d'eau dépendent la réussite et l'extension des cultures. Les Romains avaient fait de grands travaux dans ce sens. Les Arabes, ou plutôt les Berbères, car ce sont eux qui habitent les oasis, les ont assez bien entretenus. On fait une saignée à la rivière, comme à Biskra et à El-Kantara, ou bien, s'il n'y a qu'une source plus ou moins abondante, on en rassemble l'eau et on la fait circuler dans l'oasis entière par une multitude de ramifications.

Ces canaux, qui se subdivisent à l'infini comme les artères du corps humain, sont disposés de telle sorte que chacun de ces petits vergers a une prise d'eau sur l'un des embranchements ; une digue en ferme l'entrée. Comme il n'y a pas assez d'eau pour arroser tous les jardins continuellement et en même temps, chacun des propriétaires a son jour et son heure, où il lui est permis d'ouvrir sa digue et de laisser couler dans son enclos une quantité d'eau que lui mesure, avec un sablier, un homme spécialement chargé de cet office et qu'on appelle le *gardien des eaux*.

Le long des artères principales, se trouvent, encaissées entre deux murs, qui les séparent des vergers, d'étroites ruelles, qui sont les seuls chemins de l'oasis, et qui n'ont souvent pas un mètre de large. De plus, le canal prend une partie de la largeur, et il faut le franchir continuellement, chaque fois qu'il se ramifie ou change de direction.

Cette disposition des jardins et des chemins, très-gênante pour la circulation, est excellente pour la défense, et les Sahariens lui doivent d'avoir souvent pu résister aux attaques des Turcs ou des Nomades pillards. Elle a rendu très-difficile pour les Français la prise ou plutôt l'assaut des oasis. On dut emporter les jardins l'un après l'autre, et ces murs, qui les sillonnent en tous sens, formaient comme autant de barricades. Impossible de faire avancer des corps de troupes par ces sentiers étroits et sinueux ; il fallait franchir mur après mur : une vraie guerre de tirailleurs. Aussi, pour mieux contenir les tribus sahariennes, le gouvernement français se propose-t-il de percer au milieu de chaque oasis une grande et large route qui puisse servir de centre d'opérations.

Du reste, la soumission des oasis est un des plus grands avantages de notre conquête algérienne. Tandis que, dans le Tell, il faut chaque année enterrer des millions, et semer toujours des sommes triples de celles qu'on récolte, ici le bénéfice l'emporte sur la dépense. Les Sahariens payent régulièrement le tribut, qui est fixé par tête de palmier. Il y a plus de 100,000 de ces arbres à Biskra, et 25,000 à El-Kantara. Ceux de Biskra rapportent au gouvernement entre 40 et 50,000 francs. Il en est de même dans les oasis plus méridionales. Le fanatisme est encore grand chez toutes ces populations, mais les puits artésiens qu'on leur a creusés, et qui à divers endroits ont revivifié complétement des oasis en décadence, ont beaucoup contribué à leur inspirer du respect et même de la reconnaissance pour les Français.

Jusqu'à présent Biskra a été dans la province de Constantine le point le plus méridional de l'occupation française et le centre politique de la contrée environnante. Il y avait bien un détachement de *turcos* (tirailleurs indigènes) à Tougourt, mais on avait craint d'y envoyer des Français à cause de la chaleur. On vient cependant d'y décider l'érection d'un fort, et l'expédition doit partir dans une quinzaine de jours.

A Biskra déjà le climat est funeste à beaucoup d'Européens. La température ordinaire, du 15 juin au 15 octobre, est de 50 degrés à midi, ou même davantage, de 40 degrés le soir, de 30 à 35 la nuit. Les chiens n'osent y sortir en plein midi, et les bougies fondent à l'ombre. Enfin, l'eau fraîche y est inconnue.

Du reste, l'oasis est très-habitée; elle renferme sept villages (*dechour* ou *ksour*), construits en briques crues, comme celui d'El-Outaïa. Ils sont occupés par la population sédentaire, qui est généralement de race berbère ou kabyle, et qui est plus avancée que les Arabes nomades. Il en est de même dans tout le Sahara. Partout, dans les oasis, on trouve un certain degré de civilisation, supérieur à celui des Arabes proprement dits du Nord, et qui va en croissant jusqu'à Tombouctou où il atteint chez des nègres son point culminant.

La ville nouvelle, bâtie récemment par les Français près du fort Saint-Germain, et dont fait partie l'hôtel du Sahara, est habitée en grande partie par des Européens et par les indigènes les plus riches. L'administration française y a fait construire plusieurs édifices d'intérêt général, entre autres, sur une grande et belle place servant de marché, un vaste bâtiment *ad hoc,* avec des arcades, et une boucherie publique. Dans les bazars qui l'avoisinent, on trouve surtout des marchands mozabites. On y vend principalement des dattes, du henné, du poivre rouge, de l'orge, du blé, des pastèques, des raisins, des abricots et des fruits de toute espèce ; enfin, des haïks et des vases de poteries fabriqués à Biskra.

Il y a en effet beaucoup d'industrie dans l'oasis. J'ai souvent aperçu à travers les portes entr'ouvertes des maisons la forme blanche de burnous ou de haïks que les femmes tissaient sur le rustique métier du pays, le même que j'avais trouvé à El-Outaïa et à Tunis. Plusieurs fois je suis entré pour mieux examiner ; j'ai toujours été parfaitement reçu. Les nègres surtout m'ont paru très-bienveillants.

C'est ainsi qu'en passant je vis un moulin arabe du modèle le plus primitif, et qui appartenait au kaïd. Les meules étaient mises en mouvement par une turbine en bois d'une construction très-grossière. Je franchis le seuil, et je trouvai un nègre qui me montra tout avec la plus grande complaisance. Par un contraste singulier, et que j'ai déjà fait remarquer plus haut, les noirs aiment tous les métiers qui les blanchissent, la meunerie aussi bien que le badigeonnage à la chaux. A ma sortie, son chien, moins poli, s'élança sur moi avec sa furie native, et je ne m'en débarrassai pas sans peine.

Il y a à Biskra un assez grand nombre de nègres ; notamment près de la ville française, on en rencontre une véritable colonie, qu'il est fort intéressant d'étudier. J'ai été surpris d'y trouver la vie africaine tout entière telle qu'elle existe dans le Sud, en Guinée, au Sénégal, chez les populations passant pour les plus sauvages. Je croyais en effet la différence plus marquée entre les indigènes de l'Algérie, qu'on a l'habitude de considérer comme des peuplades à demi civilisées, et ces populations nègres de l'intérieur, qui ont le privilége de représenter l'homme à l'état primitif.

Les nègres de Biskra habitent des huttes coniques formées de branches de dattiers et de roseaux ; on dirait presque des ruches d'abeilles. On y aperçoit quelques nattes, quelques tapis de couleur et des ustensiles de ménage en petit nombre. Eux-mêmes, accroupis à l'ombre des palmiers, s'occupent de la confection des paniers et des chapeaux de paille, leur industrie principale ; quelques-uns tissent. Ils sont toujours couverts de vêtements bigarrés, de couleurs éclatantes, tandis que les Arabes sont invariablement vêtus de blanc.

Il ne faudrait pas croire que ceux-ci soient toujours plus civilisés que les noirs. Ainsi on trouve, à l'ombre des palmiers, ou même en dehors dans les sables, des Arabes nomades qui vivent grossièrement sous la tente classique, et possèdent à peine les objets de première nécessité. A côté d'eux la colonie nègre est presque dans l'opulence. J'y fus témoin du savoir-faire d'un *tebib* ou médecin nègre qui ventousait un autre noir ; il se tenait assis derrière le patient, et lui appliquait derrière les oreilles deux cornets en fer-blanc munis de pistons qu'il tirait tour à tour.

En continuant ma promenade, je remarquai, entravé par un pied de devant selon la coutume arabe, un beau cheval blanc, dont le dos, les narines et les jarrets étaient peints en orange avec du henné, luxe suprême du pays[1].

De petits Arabes, dont quelques-uns tout nus, jouaient aux osselets ou aux billes, ou bien faisaient manœuvrer des toupies. D'autres encore, armés de bâtons, lançaient une boule, la poursuivaient à l'envi pour être chacun le premier à la relever et à la lancer de nouveau. Nos collégiens, si ardents au jeu, ne se doutent pas peut-être qu'ils ont de redoutables émules dans les petits Biskris. Curieux phénomène que cette universalité, ce cosmopolitisme des jeux d'enfants. Peut-on l'attribuer entièrement à l'imitation ? ou ne faut-il pas plutôt en faire honneur à la nature humaine, qui a dû recommencer à divers endroits et à plusieurs reprises les mêmes inventions ?

Ce qui m'a toutefois le plus intéressé, c'est la récolte des dattes, qui se faisait justement. Un Arabe monte le long du palmier comme un singe, s'accroche des mains et des pieds aux rugosités de l'écorce, et grimpe ainsi les jambes roides et sans que jamais ses genoux touchent l'arbre. Arrivé au sommet, il cueille une à une et laisse tomber les

---

1. C'est dans le Sahara que se trouvent les plus belles races de chevaux arabes ou plutôt barbes de l'Algérie; ils sont de beaucoup supérieurs à ceux du Tell. On les appelle *chevaux de race* (hoor, plur. harare, d'où probablement notre mot haras), ou *buveurs d'air* (chareb er'ehh); et ils doivent avoir, suivant les Arabes, une conformation qui tienne tout ensemble de celle du lévrier, du pigeon et du mahari (chameau coureur). Voyez le bel ouvrage du général Daumas, *les Chevaux du Sahara*.

régimes ou tiges garnies de fruits ; d'autres individus les ramassent et en détachent les dattes dont ils remplissent des espèces de tamis d'une grandeur déterminée. Un mesureur, qui se tient à côté, enlève avec une racle tout ce qui dépasse les bords, et compte le nombre de mesures. Puis les dattes sont versées dans de grands sacs ou paniers de paille tressée.

En revenant du côté de la ville, je fus témoin d'une dispute entre deux femmes indigènes. Dans les cris et les injures qu'elles se lançaient l'une à l'autre avec des gestes véhéments je remarquai une fois de plus cette vigoureuse intonation musicale particulière à ce pays, et qui parcourt une distance de plusieurs octaves entre deux sons consécutifs.

Je rentrai à l'hôtel à la nuit tombante ; j'y retrouvai mes deux compagnons ; nous eûmes encore le temps de visiter le jardin d'acclimatation qui a un bel avenir, puis celui des officiers, qui y élèvent des gazelles et des autruches. Enfin, après avoir dîné ensemble, nous allâmes prendre le café chez notre ami le capitaine de B., qui nous avait invités à passer la soirée chez lui, avec plusieurs officiers de la garnison à qui nous étions recommandés. Il nous reçut dans son jardin ; la soirée était délicieuse. L'air embaumé par mille senteurs variées était chaud comme en plein été, et les étoiles se détachaient brillantes sur un ciel obscur. Il nous fit voir son appartement, où il habite avec ses lieutenants : jolie maison en style mauresque avec terrasse et cour intérieure garnie de plantes africaines ; enfin, une ménagerie naissante où figuraient une charmante gazelle, une chèvre angora, etc. A côté demeure un officier en retraite, le capitaine Pigalle, qui a choisi Biskra pour y finir ses jours ; il passe sa vie à étudier solitairement, et élève pour son plaisir de jeunes lions qui se promènent comme des chiens dans son jardin.

Il nous restait à voir une des plus célèbres curiosités de Biskra, la danse des odalisques du désert, des Ouled-Naïl. On appelle ainsi des femmes de la tribu saharienne de ce nom qui viennent passer quelques années à Biskra et dans les oasis voisines pour s'y amasser, en pratiquant l'équivoque métier de danseuses, une dot avec laquelle elles trouvent ensuite facilement à se marier dans leur pays. MM. les officiers nous conduisirent dans un des meilleurs cafés arabes de Biskra, et pendant que nous prenions la demi-tasse, deux danseuses arrivèrent. L'une s'assit sur un banc, et refusa de montrer ses talents chorégraphiques ; mais l'autre s'exécuta, et une troisième vint plus tard, qui dansa à son tour.

C'étaient de grandes et belles femmes de tournure virile, le teint brun olivâtre, les yeux et les cheveux d'un noir brillant, les dents blanches et régulières, les traits classiques, de vraies figures grecques. Elles étaient vêtues de robes cramoisies attachées sur les épaules par de grandes agrafes d'argent, et garnies d'une profusion de bijoux, de verroterie, de miroirs de toute sorte. Une large ceinture écarlate leur serrait la taille et laissait pendre un gros chapelet. Leurs cheveux, entremêlés de grains de corail et de rubans de laine d'un rouge vif, étaient retenus par un riche peigne et un diadème en argent, et se détachaient sur de grandes boucles d'oreilles du même métal. Plusieurs colliers de corail et de perles leur ornaient le cou ; et leurs bras, ainsi que leurs jambes, étaient garnis de bracelets de toute grandeur, de toute couleur et de toute matière : une vraie boutique d'orfévrerie. Enfin, un long voile blanc ou rose partait du sommet de la tête, couvrait le dos et venait s'enrouler en guirlande autour de la ceinture.

Le café, salle basse et enfumée, à peine éclairée par quelques lampes infirmes, avait ses murs garnis de bancs en pierre recouverts de nattes, siéges grossiers où des Arabes, reposant sur leurs jambes croisées, fumaient silencieusement. En face de nous se tenait l'orchestre, composé d'un jeune homme qui jouait de la flûte arabe avec assez d'expression, et d'un vieillard qui frappait des deux mains à coups redoublés sur deux tam-tams entre lesquels il était accroupi comme un singe.

La danseuse commença bientôt une série de poses où son voile jouait le principal rôle, murmurant à demi-voix une romance arabe sur un ton plaintif et lugubre ; elle avançait ou reculait alternativement d'un bout de la salle à l'autre, penchant la tête en arrière ou allongeant les mains avec de longues ondulations de corps entremêlées de mouvements saccadés et de petits trépignements convulsifs, marchant ou plutôt sautillant tour à tour et s'arrêtant souvent à la même place.

Au fond rien de vif, rien d'entraînant dans cette danse qu'on pourrait plutôt appeler une pantomime; mais la monotonie est plus grande encore dans la musique. Les deux instruments, suivant l'habitude du pays, jouaient invariablement et recommençaient sans cesse la même phrase musicale, composée d'un petit nombre de notes. Peu à peu cependant les Arabes s'enthousiasmaient ; il y en eut qui, pour récompenser la danseuse, lui placèrent sur le front, le menton, les joues, des pièces d'argent qu'elle faisait ensuite tomber et attrapait très-adroitement.

Si la danseuse s'animait peu, il n'en était pas de même du joueur de flûte. Celui-ci, ravi, transporté par ce spectacle qui nous laissait froids, faisait rendre à son instrument toute l'émotion dont il était rempli. Sans varier ses notes, il variait tellement l'expression et l'intensité de sa musique, que l'on finissait par en être impressionné. D'un piano tranquille, il passait à une véritable fureur, accompagnant de la tête, des bras, de tout le corps, les sons de plus en plus passionnés de son instrument que le tambourin suivait avec un sympathique entraînement. Par moments, son agitation était si extrême, qu'il dansait pour ainsi dire plus que la danseuse elle-même, et puis il se calmait de nouveau, jouait d'une manière plaintive, pour recommencer bientôt avec un nouvel enthousiasme ses gestes et son furieux charivari.

Nous fûmes bientôt rassasiés de ce spectacle qui passionne les Arabes, et nos camarades nous menèrent finir la soirée au cercle des officiers. On nous y servit de la limonade faite à Biskra même. Il fut convenu que le lendemain matin j'irais à l'oasis de

Sidi-Okba avec l'un de mes compagnons de route et le capitaine G., qui voulut bien m'offrir l'un de ses chevaux. La chaleur fut si forte, si accablante durant toute la nuit, qu'elle seule nous eût rendu le sommeil difficile. Qu'est-ce donc quand on y joint les moustiques, les scorpions, les chauves-souris, incommodes voisins contre lesquels ne pouvaient nous protéger nos fenêtres où manquaient plusieurs vitres ?

VIII

De Biskra à Sidi-Okba ; le désert ; les travaux d'irrigation et les puits artésiens ; la mer de sable et la végétation dans le Sahara ; les sentiers des caravanes.

A cinq heures du matin, je me levai et je descendis. Les chevaux n'étaient pas encore arrivés ; mais ils ne tardèrent pas, et à cinq heures et demie nous étions en selle. Le capitaine G. montait son cheval de service, bête brune et d'âge mûr ; il m'avait donné un cheval gris de quatre ans, qu'il est en train de dresser. Mon compagnon de route, l'ingénieur, n'étant pas fort cavalier, avait préféré une mule, grande bête brune, vigoureuse et docile. Son ami n'avait pas voulu nous accompagner ; il n'aimait pas les marches forcées, et préférait rester à Biskra quelques jours de plus pour y garnir son album d'aquarelles faites sur les lieux. Quant à moi, n'ayant pas de temps à perdre, je voulais repartir de Biskra avec notre cocher. Or, celui-ci venait de recevoir une dépêche télégraphique lui ordonnant de revenir le plus promptement possible à Batna, où des voyageurs l'attendaient. Pour nous permettre notre excursion, il avait consenti à différer son départ jusqu'à midi. Sidi-Okba étant à six bonnes lieues de Biskra, il s'agissait donc d'aller vite pour faire le trajet d'aller et de retour en six heures.

Ces deux oasis sont les plus importantes de la région qu'on appelle *les Zibans*. Biskra est le chef-lieu politique de la contrée, et l'occupation française lui a conservé cette prépondérance qu'elle possédait de temps immémorial. Sidi-Okba en est la capitale religieuse. Elle renferme une mosquée célèbre et le tombeau du fameux Sidi-Okba-ben-Nafé, l'un des premiers conquérants arabes qui soient venus dans le pays pour le soumettre à l'islamisme; il fut tué l'an 682 dans une bataille que lui livrèrent les Berbères, commandés par Koceïla, à Tehouda, ville des Zibans, qui était située au pied de l'Aurès, à quatre lieues est de Biskra. La population de la ville sainte étant très-fanatique, et hostile aux Français, nous emportions une lettre de recommandation du bureau arabe de Biskra pour le cheikh de Sidi-Okba.

Nous avions à peine quitté l'oasis et nous traversions l'Oued-Biskra sur un pont de construction française, lorsque l'aurore vint étaler sur la vaste plaine ses rayons changeants; puis, à la clarté oblique du soleil levant, nous pûmes voir de loin les palmiers de Sidi-Okba qui se détachaient en noir sur le sol jaune du désert.

Bientôt nous passâmes à côté de la poudrière,

qui est enfoncée dans un monticule de sable. Nous apercevions à quelque distance un mamelon couvert de ruines romaines. Il y en a partout dans ces environs, et d'importantes. Les Romains s'étaient avancés dans l'intérieur du pays plus loin que nous ne l'avons fait jusqu'à présent, et partout ils avaient fondé des établissements considérables. On suppose d'ailleurs qu'il y avait dans tous ces endroits des oasis, aujourd'hui disparues. Le sable a tout recouvert, et si l'on n'y trouvait de temps en temps des restes de constructions, on ne soupçonnerait pas, qu'une fois ces lieux ont pu être habités.

On voit que la France a beaucoup à faire encore ; mais aussi que de terrain on pourrait gagner et rendre à la culture, le Sahara peut-être tout entier ! De l'eau, du travail et du temps, et tout est possible. L'eau ne manque pas d'ailleurs ; elle surabonde en hiver ; il suffirait de pouvoir la retenir et la garder pour l'été. Puis, en sus des barrages dans les vallées montagneuses, des aqueducs, des puits artésiens, il faudrait, comme on le propose pour la France, reboiser les montagnes qui, du temps des Numides, étaient couvertes d'épaisses forêts détruites peu à peu par les Arabes. On empêcherait ainsi ces crues formidables qui transforment subitement les rivières en torrents impétueux et dévastateurs, pour les laisser à sec le lendemain, emportant au loin une eau précieuse qui, retenue et sagement répartie, rendrait et conserverait l'existence à une végétation aujourd'hui impossible.

Les Romains avaient beaucoup fait pour l'irrigation ; on en voit partout des restes. Ils avaient creusé dans toutes les oasis des puits profonds dont un grand nombre subsistent encore. Mais beaucoup se sont obstrués et les indigènes n'ont pu les remettre en état. Alors, faute d'eau, les palmiers ont commencé à périr, la vie est devenue de plus en plus difficile, et peu à peu les sables ont recouvert les cultures et les maisons, pour ne laisser que le désert et la mort là où s'agitait autrefois une population nombreuse et florissante.

Ces faits étaient connus ; les traditions arabes citaient encore les époques et les lieux ; et d'ailleurs si la route n'avait pas été tracée, la science moderne en eût cherché de nouvelles. Les récits des indigènes, aussi bien que la configuration des terrains, indiquaient une nappe souterraine, une véritable mer sous le Sahara. Les puits existaient en bien des endroits ; mais ailleurs on ne pouvait les creuser assez profonds ni assez facilement. Le général Desvaux, l'un des plus éminents types de l'officier français actuel, à la fois savant et guerrier, fit entreprendre des sondages artésiens ; il réussit au delà de toute espérance. Des oasis mourantes ont été rendues à la vie ; les populations nous ont été rattachées par les liens de la reconnaissance, et la domination française, envisagée par elles comme un bienfait, y gagnera plus que par des batailles sanglantes.

A Tamerna, on a creusé, à 60 mètres de profondeur, un puits qui donne jusqu'à 4,500 litres d'eau par minute à 21°, ou 6,480,000 en vingt-quatre heures ; à Sidi-Rached, un autre qui donne la même quantité à 24° de température, avec une profondeur de 60 mètres (le puits de Grenelle ne donne que 3,400 litres par minute). Les indigènes enthousiasmés les ont appelés Fontaine de la Paix, et Fontaine de la Résurrection. Ce sont des masses d'eau égales à celle du Roumel, de véritables rivières dans le désert [1]. Les succès obtenus ont encouragé à faire de nouveaux efforts, et les travaux continuent et prennent tous les jours un plus grand développement.

Dans tous les cas, c'est là qu'est l'avenir du Sahara, et on se rappelle involontairement les paroles du prophète Isaïe, xxxv, 1, 6 et 7 :

1. Le désert et le lieu aride se réjouiront, et la solitude sera dans l'allégresse et fleurira comme une rose.

6. Car les eaux sortiront du désert, et des torrents de la solitude.

7. Et la terre aride se changera en étangs, et celle que la soif brûlait se changera en fontaines; et dans le lieu où étaient la demeure et le gîte des dragons, on verra la verdure des roseaux et des joncs.

Déjà nous nous trouvions en plein désert. A gauche, au nord, nous avions encore une chaîne de montagnes peu élevée, dernier prolongement des monts Aurès, qui séparent le Sahara du Tell; mais partout ailleurs le vide, l'horizon sans bornes. En se tournant vers le sud, on voyait, sauf la couleur du

---

1. Voir, pour plus de détails, *Mémoires sur le Sahara oriental au point de vue de l'établissement des puits artésiens*, par Charles Laurent, ingénieur civil.

terrain, le même spectacle qu'en pleine mer : une immense nappe circulaire sur laquelle reposait la voûte céleste, et qui paraissait, comme la mer elle-même, s'abaisser et s'arrondir dans le lointain, preuve visible de la rotondité de la terre. Des lignes noires de palmiers indiquaient les oasis, qui, semblables aux vaisseaux dont on voit de loin les mâts avant la carcasse, ne laissaient apercevoir d'abord que leur sommet, pour s'élever ensuite peu à peu à mesure qu'on en approchait. Le ciel était d'une limpidité, d'une intensité de bleu extraordinaires, sans le moindre mélange de nuages ou de vapeurs blanchâtres, sauf une mince ligne circulaire qui le séparait de la terre à l'horizon. Le sol, dans son immensité monotone et accablante, avait une couleur chamois clair qui blanchissait à mesure que le soleil plus vertical l'éclairait davantage. Le silence était absolu.

Il ne faudrait pas se figurer toutefois que le sol se composât uniformément de sable fin : il y en avait bien parfois des amas partiels, semblables à des dunes, et nos chevaux y enfonçaient jusqu'aux genoux ; mais en général il n'en était pas ainsi. Nulle part dans le Sahara la végétation n'est complétement absente. Le désert est tout entier clair-semé de broussailles, d'arbustes épineux, d'alfa ou graminées touffues dont on fait des nattes et des cordes, de plantes grasses, de pistachiers, de térébinthes, de tamariscs, de genêts, d'absinthes, de pourpiers de mer, de romarins odorants. Au contraire, le sable, retenant toujours une certaine humidité à travers le cours des mois les plus chauds, est plus favorable à la végétation que les rochers et les couches pierreuses qu'on trouve en certains lieux arides. C'est là ce qui permet à des populations considérables de vivre dans le Sahara, et aux Nomades d'y nourrir leurs immenses troupeaux. Au fond, il n'y a que certaines parties rocheuses du Sahara entièrement nues et désertes ; tous les terrains sablonneux forment des pâturages passables.

Le sol était partout semé de grosses pierres, de cailloux roulés comme si l'on avait mis à sec le fond de l'Océan. Il était d'ailleurs dur et desséché au point d'être friable, brûlé par le soleil et gercé de longues fentes, et, quand les pieds des chevaux s'y enfonçaient, on entendait comme un craquement sourd.

Les sentiers sont partout étroits et tortueux. Ou plutôt qu'on suppose un cavalier s'avançant à travers la plaine : à chaque touffe d'herbe à chaque pierre un peu grosse il se détourne, il en fait le tour ; un second suit ses traces sinueuses ; tous les autres font de même, marchant dans les pas les uns des autres, et creusant de plus en plus, en l'écrasant de leur poids, cette étroite ornière. Il en résulte comme un fossé tortueux, à peine assez large pour une bête, et où toutes se suivent à la file, sans qu'il soit possible à deux de marcher de front.

A côté de ce sentier principal, qui est le plus fréquenté, les impatients en ont tracé deux ou trois autres de même nature, contournant aussi les broussailles et les pierres, et jamais assez exactement parallèles pour que deux cavaliers, marchant chacun dans une de ces ornières, puissent y rester de front et entamer une conversation suivie. Les sentiers se rapprochent et s'éloignent tour à tour, et le mieux encore, s'il n'y a pas de poussière, est de marcher à la file les uns derrière les autres comme font les Arabes, dont les caravanes prennent ainsi des longueurs démesurées sur un terrain où l'espace ne manquerait pas si l'on voulait s'étendre en largeur.

Nous étions lancés au grand trot depuis quelques instants, lorsque tout à coup notre ami l'ingénieur s'affaissa sur lui-même; sa selle, trop peu sanglée suivant l'usage du pays, venait de tourner, et lui-même était couché sur le dos dans le sable. Il se releva sain et sauf et se remit en selle, car heureusement le mulet s'était arrêté; et l'accident n'eut pas d'autres suites.

Cependant Sidi-Okba grandit de plus en plus à nos yeux, et le sol devient moins aride. Ici la plaine est cultivée en hiver, et admirablement irriguée, quoique en ce moment les chaleurs de l'été aient tout desséché et brûlé. Nous galopons gaiement à travers champs. Nos chevaux ont une sûreté de pied étonnante; jamais ils ne bronchent dans ces terrains rugueux et inégaux, franchissant d'eux-mêmes par des sauts superbes les fossés d'arrosement, les monticules, les touffes de gazon et les amas de pierres qui barrent le passage. Quelques bergers arabes paissent leurs troupeaux çà et là, et des lièvres effrayés s'enfuient à toute vitesse.

IX

L'oasis de Sidi-Okba ; le cheikh, sa maison et sa réception ; l'étiquette arabe ; la mosquée et le tombeau du conquérant arabe Sidi-Okba-ben-Nafé ; la ville et le marché ; la diffa ou repas d'hospitalité ; retour à Biskra ; le grand cyprès et le village de Vieux-Biskra ; les officiers de l'armée d'Afrique.

Vers huit heures et demie nous touchons l'oasis ; nous demandons le cheikh à des enfants qui jouent en dehors des palmiers. Un jeune garçon nous répond avec le plus grand aplomb : « *Makach sabir,* » (je ne sais pas). Plus loin, nous en voyons d'autres s'amusant à construire des digues et des étangs au milieu d'un large ruisseau qu'il nous faudrait traverser. Ils nous répondent hardiment qu'on ne peut passer, l'eau étant trop profonde, et se détournent pour rire. Il est évident que ces enfants, imbus dès leur naissance de la haine des Français, se moquent de nous. Au moment où le capitaine, irrité, s'apprête à les châtier de sa cravache, nous apercevons quelques cavaliers arabes qui franchissent le fossé quelques pas plus loin ; il n'y a pas deux pieds d'eau. Nous allions les imiter lorsqu'un Arabe s'approche et offre de nous servir de guide ; il passe l'eau le premier, pour nous montrer son peu de profondeur. Nous le suivons à travers les sentiers tortueux de l'oasis, vrai labyrinthe comme Biskra, en longeant les canaux d'irrigation, et les traversant de temps à autre.

Enfin, nous arrivons à la ville, bâtie en pisé

comme toutes celles de la contrée. Tout le long
de la ruelle que nous suivons, des Arabes sont
accroupis à l'ombre des maisons, sommeillant, et
nous regardant à peine. Notre guide nous précède.
Bientôt il s'arrête devant l'un d'eux, s'incline et lui
baise respectueusement la main. C'est le cheikh.

Il ne se distingue en rien des autres burnous
blancs qui forment cette haie vivante. Je remarque
cependant que son haïk de laine est lamé de soie, et
que, par extraordinaire, il porte des bas de coton
blanc et des babouches, au lieu d'aller pieds nus
suivant l'usage. Il s'approche et nous salue avec une
grande dignité. Nous lui remettons notre lettre de
recommandation. Il la lit attentivement et nous invite à descendre, et à entrer chez lui. C'est un bel
homme, à tournure majestueuse, et qui parle fort
bien le français; malheureusement il souffre d'une
ophthalmie, et il a un œil bandé.

Sa maison se trouve à dix pas de là; c'est une espèce
de tour à trois étages, blanchie à la chaux, luxe rare
dans ce pays, où d'habitude tous ces murs de boue
conservent leur couleur naturelle. Mais le cheikh,
nous l'avons vu bientôt, est un homme de progrès.
Il a fait établir un four à chaux, qui n'a servi du
reste qu'à badigeonner sa maison et la mosquée.

On attache nos bêtes devant la porte, et nous
entrons dans une salle basse au rez-de-chaussée.
Dans un coin se trouve un étroit escalier à marches
très-hautes en bois de palmier encore recouvert de
l'écorce. Le cheikh nous fait monter au premier
étage, et nous invite à nous asseoir sur un beau

tapis de laine dont le riche dessin et les couleurs brillantes témoignent de la fortune et du luxe de son propriétaire. Deux fenêtres à petites vitres rondes, comme en Europe au moyen âge, éclairent l'appartement. Sur une espèce de soupente qui recouvre l'escalier, quatre chaises de paille attendent patiemment l'aurore d'une civilisation qui leur donne de l'emploi ; car de la poussière épaisse qui les recouvre, on peut conclure que jusqu'à ce jour leur présence ici est prématurée.

Dans un autre coin, une table française a plus de chance : on s'en sert ; car elle supporte un miroir, et un pot de moutarde de Dijon y fait l'œil à deux bouteilles de vin. Il s'y trouve en outre quelques livres. Le capitaine les regarde : « Tiens, dit-il au cheikh, tu lis le français ? je trouve ici une grammaire et un dictionnaire ; tu es un homme très-civilisé. » « Oui, dit celui-ci, j'ai été à Constantine, et j'y ai fait des achats. » Et aussitôt, prenant un cours de thèmes de M. Cherbonneau, il se met à nous lire assez couramment des phrases françaises, en nous demandant de lui aider. Parmi les cinq ou six volumes qui composent sa bibliothèque, je découvre le ravissant ouvrage de M. Eugène Fromentin, *Un été dans le Sahara*. Je ne m'étonne pas que ce titre ait intéressé le cheikh, mais j'admire que notre littérature se répande si rapidement jusqu'au fond du désert.

Un gentil jeune homme, le neveu du cheikh, nous apporta sur des assiettes de faïence française à dessins bleus des dattes et des pastèques (espèce de melon peu savoureux). Après que nous en eûmes goûté, notre hôte nous mena voir la mosquée. — Quel mélange de simplicité et de mise en scène dans cette vie patriarcale du désert! Ce cheikh que nous avions trouvé familièrement assis au milieu de ses sujets, abordable à tous, et ne paraissant aucunement se distinguer d'eux, est cependant si profondément respecté, que les Arabes se levaient tous à mesure devant lui en se croisant les bras sur la poitrine, pour se rasseoir dès qu'il avait passé. Telle est l'étiquette du pays. Le prestige du rang est énorme chez ces populations, et, dans le sud, les chefs arabes vivent comme en Europe les seigneurs féodaux du moyen âge.

En entrant dans la mosquée, le cheikh ôta ses babouches, mais il nous dit de garder nos souliers. L'édifice en lui-même est très-simple : des murs blanchis, le sol couvert de nattes, des colonnes en bois peint; ailleurs encore du rouge, du jaune ou du vert pour encadrer le blanc et en rompre la monotonie; quelques rideaux, une chaire sculptée, et, dans une cachette au-dessus, un manuscrit du Coran richement relié; puis, à l'endroit le plus apparent, un grand tableau couvert d'inscriptions arabes. On y voit les signes du calendrier, et des sentences pieuses. Enfin des amulettes, surtout des œufs d'autruche ornés de lames de métal, de guirlandes et de broderies de laine, de soie, d'or et d'argent suivant le goût arabe, pendent au plafond, et font une décoration assez pittoresque.

Le tombeau de Sidi-Okba se trouve dans une

koubba (chapelle) latérale. Il ne présente d'autre attrait que celui de la curiosité ; aucun mérite artistique. C'est un cercueil de bois peint et grossièrement sculpté, recouvert d'une draperie de soie verte sur laquelle sont brodées, en soie blanche et en or, des inscriptions arabes. Dans une armoire à côté, on garde soigneusement un manuscrit du Coran sur parchemin, auquel son âge donne droit à une vénération particulière. Le cheikh nous le montrait fièrement comme une relique précieuse. Sur le montant gauche de la porte, on lit l'épitaphe suivante, gravée en caractères coufiques, et qui est la plus ancienne de l'Algérie : « Ceci est le tombeau d'Okba, fils de Nafé; que Dieu le reçoive dans sa miséricorde! » Du reste, la chapelle n'a d'autres ornements que des œufs d'autruche suspendus par des fils de laine rouge et verte, et des lanternes arabes dans le même goût, absolument comme dans la mosquée principale. Le culte musulman est en effet très-simple et ennemi des formes, au point que les Arabes, comparant à des représentations théâtrales les cérémonies pompeuses du culte catholique, s'en moquent, y voient des marques d'idolâtrie, et les baptisent du nom caractéristique de *fantasia*.

Cette mosquée est un des plus célèbres lieux de pèlerinage de l'Algérie; et les gens du pays prétendent que le minaret tremble chaque fois que l'on prononce le nom de Sidi-Okba.

Dans la cour, on nous fit remarquer un puits d'une profondeur considérable, et dont l'eau sert aux ablutions. Un escalier tournant et obscur, à marches extrêmement élevées, nous conduisit au sommet du minaret d'où la vue est très-étendue. On plane sur l'oasis entière ; on domine les maisons de la ville surmontées de vastes terrasses, et semblables en tout à celles de Biskra, d'El-Outaïa et d'El-Kantara. Enfin le désert se présente aux yeux dans tout le grandiose de son aride monotonie, rompue seulement par les taches qu'y forment de nombreuses oasis. Dans le lointain, on aperçoit les sombres palmiers de Biskra.

Le cheikh nous ramène chez lui à travers le marché qui est abondamment fourni de tous les produits du sud. Nous y achetons des couteaux faits dans le pays, mais d'un travail on ne peut plus grossier, et renfermés deux à deux dans des étuis de carton. Il est dix heures, temps de repartir. Mais voilà que notre hôte n'en veut pas entendre parler ; nous avons beau insister, il tient absolument à nous donner à déjeuner ; et la *diffa*, ou repas d'hospitalité, est déjà commandée. Un refus serait souverainement impoli. D'ailleurs mes compagnons m'assurent que la diligence ne partira pas sans moi, et que le cocher m'attendra. Nous finissons donc par accepter, mais à condition qu'on ira vite.

Le cheikh nous a repris à partie pour lui donner des leçons de lecture ; il y met une persévérance rare. Puis on cause : nous faisons avec lui échange de cartes, et l'engageons à venir nous voir en France. Il y aurait assez de goût, mais craint la dépense. Il écoute avec avidité les récits que nous lui en faisons, car il apprécie hautement notre civilisation. Il porte une montre, et nous fait voir son portrait au daguerréotype. On sait pourtant quels préjugés Mahomet a inculqués aux Arabes contre les représentations d'êtres vivants. Notre cheikh est évidemment un esprit fort.

Cependant on met la table, une table à l'européenne, avec une nappe, des serviettes, des assiettes, des couteaux, des cuillers et des fourchettes en étain, enfin quatre verres, tous différents de forme et de couleur. On descend de leur gîte les quatre chaises poudreuses, qui ne se sentent pas d'aise de revoir le grand jour, au point que l'une se casse au moment où le cheikh veut s'y asseoir.

Cependant le repas n'arrive pas, et l'heure s'avance. Notre hôte nous quitte pour aller hâter les préparatifs. Comme il ne revient pas, le capitaine va voir, et le trouve accroupi sur ses talons à la porte de la cuisine, surveillant gravement ses femmes occupées à cuire. Enfin le signal est donné, nous nous mettons à table; le neveu du cheikh apporte les plats et nous sert.

D'abord vient la *cherba*, espèce de soupe à la purée d'abricots, mêlée d'oignons, et assaisonnée d'une si énorme quantité de piment et de poivre rouge que mes compagnons, les larmes aux yeux, se pâment, et renoncent à continuer. Le cheikh semble affecté de ce que sa cuisine ne soit pas de notre goût; car il a cru faire de son mieux. En voyant son air désappointé, je lui fais l'éloge de son potage, et par politesse je finis mon assiette. On comprend dès lors avec quelles délices j'ai bu de l'eau saumâtre qu'on m'offrait dans un alcarazas, où mes compagnons venaient de puiser largement.

Le second plat, dont j'ai oublié le nom, se composait de morceaux de mouton avec des légumes et des fruits secs nageant dans une sauce encore plus énergique que la première, et accompagnée de lait doux (*halib*). Par politesse toujours, j'y fais bravement honneur. Il me semble d'ailleurs que je commence à m'habituer à cette cuisine; après la cherba, on avalerait du feu. On sert aussi du lait aigre (*leben*).

Puis arrive l'immanquable kouskous non moins épicé que le reste. Il est formé de farine, roulée en petits grains comme de la semoule, et cuite à la vapeur. On la dresse en pyramide dans une coupe en bois, à pied, de forme antique, ou dans un plat creux. On l'orne de gros pois, de quartiers d'œufs durs, d'abricots, de grains de raisin, etc., et dans un trou qu'on creuse au sommet de la montagne farineuse on verse la *margah*, sauce au poivre rouge qui lui donne toute la saveur désirable. Par extraordinaire, et comme surcroît de luxe, on y ajoute du sucre avec des raisins de Corinthe. Enfin dans un plat spécial, souvent sur la farine même, on sert de la poule ou du mouton bouilli à l'étouffée. Quoi qu'on dise, je n'ai jamais trouvé détestable ce ragoût fondamental de la cuisine arabe; souvent même j'en ai mangé avec plaisir.

En guise de pain, on nous a donné, comme d'habitude, de grandes galettes rondes et plates, toutes chaudes, et fortement beurrées.

Depuis longtemps notre ami le capitaine considérait d'un œil d'envie les deux bouteilles de vin, qui se morfondaient inutiles, en compagnie de l'encrier et de la bibliothèque de notre hôte, et qui auraient si bien corrigé le mauvais goût de l'eau. A deux reprises déjà, il en avait demandé l'usage au cheikh, qui, sans lui dire à quoi il les destinait, lui avait affirmé d'un air de dignité blessée qu'il ne buvait pas de vin. Enfin il n'y tient plus. « Ton vin se gâte à la chaleur, lui dit-il, tu devrais le mettre à la cave. Peut-être même a-t-il eu déjà le temps de s'aigrir. Si tu le permets, je vais le goûter, » et il nous en verse. C'était du vin rouge de Philippeville, d'un bouquet très-fin, comme du malaga. J'en fais mon compliment au cheikh qui paraît satisfait de nous voir tous d'accord là-dessus. D'ailleurs nous en usons modérément.

Nous n'osions partir avant le café. Comme il ne vient pas, le capitaine se hasarde à en faire l'observation. Le cheikh paraît étonné. Ce n'est pas la coutume ici d'en boire; cependant il offre d'en faire chercher[1]. Naturellement nous refusons en le remerciant, et descendons pour prendre nos bêtes. On les a sellées et bridées à l'envers, les Arabes ne connaissant pas les pièces du harnachement français. Nous sommes obligés de réparer l'erreur. Comme je tiens

---

[1]. En effet, le café, ainsi que le thé et le tabac, ne sont pas en usage dans l'intérieur de l'Algérie, ou bien ils n'y sont qu'un objet de luxe réservé tout au plus pour les grandes occasions et pour les étrangers chrétiens. La consommation en est grande, au contraire, et habituelle dans les villes du littoral.

à rentrer vite, je monte le cheval brun du capitaine qui a moins besoin d'être ménagé que l'autre. Il est midi. Nous prenons congé du cheikh et le capitaine l'engage vivement à lui rendre visite à Biskra, où il essayera de lui faire guérir son œil malade.

Quelques instants après nous quittons les palmiers et nous rentrons dans la mer de sable. La température est arrivée à son maximum. Comme il n'y a pas de temps à perdre, nous accélérons notre marche de plus en plus. Un moment nous nous regardons. Nos figures ont pris une couleur écarlate, malgré les mouchoirs qui les protégent. La chaleur est si grande, et la lumière si vive, que le sable paraît incandescent. Sa réverbération nous brûle la peau, et nous fatigue les yeux.

Au fond, il n'est pas prudent d'aller si vite, et mes compagnons, qui ne sont pas pressés comme moi, proposent de ralentir. Je leur fais mes adieux et prends les devants à mi-chemin, non sans une vague inquiétude de me trouver ainsi seul en plein désert, car je ne rencontre et ne vois personne dans cette vaste étendue. Le galop de mon cheval résonne seul avec un bruit solennel au milieu du silence universel de la nature vide. Et s'il m'arrivait un accident grave, mes os pourraient blanchir là sans que personne y prenne garde. C'est en vain qu'une brise légère vient par moments rafraîchir l'air enflammé ; cette température de fournaise m'accable, et bientôt c'est à peine si j'ai encore la force de me tenir sur mon cheval. Je continue cependant un galop furieux, n'arrêtant que rarement pour respirer un peu, et consultant souvent ma montre.

J'approche sensiblement de Biskra. Déjà j'ai dépassé la petite oasis d'El-Miliah et une autre encore qui servent comme de postes avancés. J'arrive au lit presque à sec de l'Oued-Biskra, large d'au moins un kilomètre. Là je suis obligé d'aller au pas au milieu de cailloux énormes. Devant moi j'aperçois un cyprès, célèbre pour sa taille colossale, et qu'on m'avait recommandé de visiter; car c'est une des plus remarquables curiosités naturelles de Biskra. Je me dirige tout droit vers cet arbre extraordinaire, plus haut et plus gros que les plus gigantesques palmiers. J'admire sa puissante structure; je rentre avec délices dans l'oasis à l'ombre des dattiers; et non sans risquer de m'égarer dans le labyrinthe des ruelles du *ksar* ou village indigène de Vieux-Biskra, qui ressemble à tous les autres de ces contrées, et dans les sentiers qui séparent les jardins, je ramène à l'hôtel mon cheval épuisé de fatigue et couvert de sueur. J'avais mis une heure et demie à faire six lieues.

A vrai dire, cette course forcée était inutile ; car le cocher, que j'allai trouver immédiatement, me dit qu'il avait changé d'avis et ne partirait qu'après quatre heures, préférant laisser reposer ses chevaux davantage et voyager de nuit. Il me restait donc encore plus de deux heures de répit. Je me rendis au cercle des officiers, où je pris une demi-tasse de café noir, et j'y restai un quart d'heure à me reposer, tout en examinant le cabinet de lecture de ces messieurs.

Il est parfaitement composé; j'y ai trouvé nos meilleurs journaux, nos meilleures revues littéraires et scientifiques, et une bibliothèque choisie. J'ai eu ainsi une occasion de plus d'apprécier les rares qualités de nos officiers d'Afrique, aussi instruits, aussi zélés pour l'étude que braves sur le champ de bataille. A vrai dire, c'est en Algérie que se trouve l'élite de notre armée. A peu d'exceptions près, tout jeune officier qui se sent le feu sacré est à l'étroit en France. Il lui faut cet autre théâtre où se sont formés tous nos généraux. Il y emporte ses goûts sérieux et son activité infatigable, et c'est ainsi que la moyenne de capacité et de mérite du corps d'officiers est infiniment plus élevée en Algérie qu'en France.

C'est aussi une des difficultés de l'administration civile en Algérie. Comme on y envoie de France beaucoup de fonctionnaires en disgrâce; que l'homme, reconnu incapable d'administrer dans la mère patrie, est considéré comme suffisant en face des difficultés sans cesse renaissantes d'une colonie à créer, on conçoit que bien des colons, et les Arabes surtout, préfèrent souvent, malgré l'arbitraire qu'on lui reproche, l'administration militaire, composée en général d'officiers d'élite. De là aussi les fréquents conflits entre les deux administrations: questions d'amour-propre surtout.

Je rentrai en ville, j'allai voir le marché, qui est très-animé, et j'eus encore le temps de faire une promenade dans l'oasis, où la récolte des dattes était partout l'occupation principale. Puis je revins à l'hôtel. Je fis mes adieux à mes deux compagnons de route, qui comptaient rester quelques jours de plus à Biskra et attendre le prochain départ de la diligence. Ils me souhaitèrent un bon voyage et je montai seul en voiture.

X

Départ de Biskra; le village d'El-Kantara; sa belle végétation et son cheikh ; le caravansérail d'Aïn-Yacout; retour à Constantine; le pont d'Aumale ; une promenade aux cascades du Roumel; la fête de Mahomet et la musique arabe; l'aqueduc romain; le camp des turcos; les frères Braquet; acrobates et aéronautes.

Je quittai Biskra enthousiasmé de tout ce que j'avais vu, persuadé cependant qu'un trop long séjour eût enlevé une partie du charme. L'attrait de la nouveauté, l'imprévu du spectacle, l'éclat de cette nature lumineuse, tout cela enchante à première vue. Mais bientôt on désire autre chose, et on éprouve alors comme un vague malaise causé par la monotonie inexprimable de cette scène aride, la sécheresse brûlante de ce perpétuel été, et toutes ces sensations pénibles que les indigènes ont si bien exprimées en appelant ces régions « le pays de la soif » (*bled-el-ateuch*).

Nous arrivâmes de nuit au caravansérail d'El-Outaïa; l'hôtesse, madame Lange, ne nous attendait pas encore et parut consternée de mon arrivée. Elle se lamenta longuement de sa pauvreté en provisions, et finit par me donner un excellent souper, l'assaisonnant du pitoyable récit de la plus récente aventure de son mari. Un des zéphyrs employés aux réparations du caravansérail avait insulté M. Lange et lui avait donné un coup de sabre. Heureusement la blessure n'était pas grave, et l'on avait jeté le zéphyr dans un silo voisin en guise de prison, en attendant qu'on pût le transférer ailleurs. On sait qu'un silo est un trou à parois verticales de trois à quatre mètres de profondeur, où les Arabes renferment leurs provisions de blé. Une fois qu'on y est, il est impossible d'en sortir seul.

La diligence repartit bientôt et arriva à minuit au caravansérail d'El-Kantara. Le lendemain je me levai à cinq heures pour avoir encore le temps de visiter l'oasis avant le départ de la diligence. Je trouvai dans la cour le capitaine C. que j'avais vu à Constantine ; il avait passé la nuit au caravansérail avec le général inspecteur d'artillerie de V., qu'il accompagnait à Biskra. Il me raconta leurs tribulations ; leur voiture s'était brisée à deux reprises et ils avaient eu peine à arriver à El-Kantara accablés de fatigue.

Je conviens avec mon cocher que je traverserai l'oasis à pied, et que je l'attendrai à six heures au pont d'El-Kantara. Puis je demande à notre hôte, M. Fouquet, quelqu'un pour me conduire. « Vous arrivez bien, me dit-il. Voici justement deux cheikhs, qui attendent le lever du général pour lui souhaiter la bienvenue. Je vais les prier de vous procurer un guide, à qui vous donnerez un pourboire. »

Le cheikh auquel il s'adresse me dit gracieusement bonjour, me fait signe de le suivre et descend avec moi vers la rivière. Le paysage est si délicieux, si ravissant, qu'on ne saurait se lasser de le contempler ; je n'en ai pas trouvé de plus pittoresque dans toute l'Algérie. Cependant nous marchons rapidement, franchissant les murs de pisé des jardins. Partout la végétation est admirable : des abricotiers gigantesques servent de support à des vignes énormes, qui grimpent le long de leurs troncs et de leurs branches, et en retombent en gracieuses guirlandes ; les ceps sont gros comme le corps d'un homme, et les grains de raisin comme des prunes. L'oasis est du reste parfaitement cultivée. On y voit des légumes de toute espèce à l'ombre des dattiers ; puis des lauriers-roses en fleur, des aloès, des figuiers, etc.

Enfin, nous arrivons au village. Je remarque encastrée dans un mur d'enceinte une large pierre portant une inscription latine. Le cheikh me dit que cette pierre vient des Romains, qu'il y a beaucoup de leurs restes à El-Kantara, entre autres les murs mêmes de sa propre maison. Le village n'a d'ailleurs absolument rien de particulier ; il ressemble tout à fait à ceux d'El-Outaïa, de Biskra et de Sidi-Okba.

Après l'avoir traversé, nous rentrons dans les jardins. Le cheikh ne m'a pas cherché de guide ; il continue à me conduire lui-même. Je suis confus de son obligeance, car en définitive il est probable qu'il n'arrivera plus à temps pour saluer le général. Mais j'ai beau m'excuser, il semble tenir à me faire honneur, et reste avec moi. Enfin nous débouchons sur la grande route. Je le remercie de sa bonté, et le prie de ne pas se donner la peine de m'accompagner plus loin, étant certain de ne plus pouvoir m'égarer. Il insiste et continue encore un bout de chemin. Puis il s'assied sur le mur bas qui borde la route, et m'invite à me reposer également.

Au bout de quelques instants, je me lève, je le remercie encore une fois de sa peine, lorsqu'au moment où je vais prendre congé de lui : « Mercanti Fouquet, me dit-il (*mercanti* veut dire marchand ou civil, opposé à militaire), m'avait assuré que tu donnerais de l'argent à celui qui te conduirait. » Je lui remets avec hésitation un pourboire. Il l'accepte avec empressement et le met tout de suite dans sa bourse. Je soupçonne alors une méprise; un chef de tribu prendrait-il, et surtout réclamerait-il un pourboire? Je lui demande donc s'il est le cheikh. « Oui, » me dit-il. « Es-tu le cheikh Mohammed ? » (je savais que tel était le nom du cheikh). « Oui, fut la réponse; nous sommes d'ailleurs dans l'oasis quatre cheikhs du nom de Mohammed. » Puis il me serre la main et je le quitte. Un instant après, j'arrive au pont romain ; la diligence me rejoint et je monte.

Je trouve dans le coupé un chirurgien militaire qui comme moi vient de Biskra. Seulement il a passé la journée d'hier à El-Outaïa, où il a été invité à une noce arabe.

Bientôt après nous rencontrons une nombreuse caravane d'Arabes nomades qui retournent au Sahara. Un employé du télégraphe nous précédait monté sur le cheval d'un spahis, et armé d'un fusil à deux coups. Son costume français faisait un assez triste effet dans la haute selle rouge de l'Arabe. Un des chiens de la caravane s'élance à la tête du cheval et le mord ; le cheval se cabre. En un clin d'œil le cavalier abaisse son fusil, et le chien tombe mortellement frappé. Tous les autres s'enfuient épouvantés et aboient de loin ; les Arabes murmurent.

Au caravansérail d'El-Ksour, comme à mon premier passage, le fils de l'hôtesse abat d'un coup de fusil un malheureux poulet, que sa mère également nous sert à moitié cuit. Est-ce par spéculation ?

Nous arrivons à Batna vers cinq heures, au moment où la diligence de Constantine va partir. J'y monte sans tarder. Mon jeune cocher de Biskra est chargé de nous conduire. Quelle vie ! Les chevaux au moins peuvent se reposer maintenant, tandis que lui est obligé de recommencer.

Nous allons d'une traite au caravansérail d'Aïn-Yacout où l'on s'arrête pour souper. Il y a là une source abondante coulant dans un fort beau bassin en pierre de taille. J'y trouve les Touaregs qui retournent dans leur pays, enchantés de Constantine. Ils campent en dehors du caravansérail, et leurs grands chameaux blancs, leurs vigoureux maharas, se lèvent effrayés à notre approche et beuglent d'un air pitoyable. Ils s'enfuiraient volontiers, mais par précaution on leur a attaché en la pliant en deux l'une des jambes de devant. Les Touaregs arrivent, et à coups de bâton les forcent à se recoucher.

A table, des colons de Lambèse se plaignent amèrement de l'administration. Voilà huit ans qu'ils cultivent des terres près de cette ville, et qu'ils en demandent la concession. On leur répond toujours d'une manière évasive, et ils n'ont pas encore leurs titres. Cette situation précaire les gêne beaucoup ; ils ne savent jamais aujourd'hui s'ils ne seront pas dépossédés demain. « Nous avons demandé la concession, disent-ils, parce qu'on ne vend pas les terres ; on nous la donnera gratuitement selon l'usage, ou on nous la refusera sans que nous puissions rien dire. Nous renoncerions volontiers à toute faveur, nous nous empresserions de payer nos champs, si nous pouvions ainsi être sûrs de les garder. » Cette incertitude et ces lenteurs tuent la colonisation.

Nous arrivons à Constantine à six heures du matin. L'après-midi j'ai suivi la route de Philippeville jusqu'au pont d'Aumale qui est en réparations, ou plutôt qu'on reconstruit à neuf. Deux machines locomobiles aidaient au travail, et des Arabes les manœuvraient avec une parfaite aisance.

De là, j'ai pris un sentier étroit qui remontait la rive droite du Roumel, et d'où je devais voir l'ensemble des cascades en face de moi ; je comptais ensuite gravir les rochers du Sidi-Mécid, faire ainsi le tour de la ville, et rentrer par la porte d'El-Kantara.

Mais bientôt le sentier cessa d'être distinct ; puis il se perdit entièrement. J'avais continué à avancer en escaladant les rochers, lorsque tout à coup, au moment où j'étais perdu dans des fourrés de broussailles épineuses, qui m'empêchaient de voir ma direction, la nuit vint me surprendre à l'improviste ; et avec cette rapidité qu'on remarque dans les pays du Sud, l'obscurité succéda presque sans transition, sans crépuscule, à la clarté du jour. Ma seule ressource était de rebrousser chemin en m'aidant de mes souvenirs, de redescendre à tâtons ces rochers escarpés. Mais ce ne fut pas sans peine que j'y parvins, ni sans émotion, car le moindre faux pas m'eût infailliblement précipité dans le Roumel que j'entendais bouillonner à cent mètres au-dessous de moi.

Après des efforts inouïs, après avoir encore erré longtemps au milieu d'une forêt d'arbustes qui me meurtrissaient de leurs épines, enfonçant jusqu'aux genoux dans d'invisibles fossés d'arrosement, j'eus le bonheur de retomber sur le sentier par où j'étais venu. La lune à ce moment vint m'encourager de sa blafarde lumière. Je respirai plus librement. Mais je ne pus avancer que lentement et avec précaution sur ce mince ruban de terre suspendu entre un profond ruisseau d'irrigation qui le longeait du côté de la montagne, et le redoutable ravin du Roumel. Ce ne fut qu'au bout de deux heures d'une marche inquiète et pénible que je pus regagner Constantine, satisfait malgré tout de ma périlleuse promenade.

On y célébrait la naissance de Mahomet. La ville entière était garnie de petites chapelles où brûlaient des cierges de couleurs variées; à côté, des enfants mendiaient des sous aux passants. M. K. eut l'obligeance de me mener à l'école arabe-française où la fête avait réuni une nombreuse assistance. Au milieu de la salle étaient assis quelques Français, et partout le long des murs des Arabes rêveurs et silencieux formaient la haie, les jambes croisées sur des nattes de palmier.

Sur une estrade se tenaient accroupis mélancoliquement deux musiciens arabes à barbe grise dont l'un portait de grosses lunettes. Ils chantaient languissamment à demi-voix un air de réjouissance assez monotone, formé d'une douzaine de notes qui revenaient indéfiniment avec des alternatives régulières de forté et de piano. L'un s'accompagnait d'une guitare grossière et l'autre d'un mauvais violon. Le balancement cadencé de leur corps suivait le mouvement de la musique et se mettait en harmonie avec le degré de passion de leur jeu.

Quel singulier effet produisent cette lenteur, cette paresse orientale, cet assoupissement rêveur! D'abord l'inertie, la torpeur empreinte sur tous les visages, la monotonie de cette musique barbare m'avaient impatienté; je trouvais tout cela non-seulement détestable, mais incompréhensible, lorsque peu à peu la rêverie s'empara de moi comme des autres. Sous l'influence contagieuse de cette somnolence universelle, je sentis toutes mes facultés actives s'assoupir et mon esprit se plonger dans une sorte d'engourdissement passager. Cette léthargie de la pensée fit bientôt place à une sorte d'extase religieuse qui transforma mes impressions extérieures. Ces notes, naguère si aigres, me parurent pleines de sentiment et d'expression. Dans le vague des sensations indécises qui berçaient mon âme, je finis par trouver solennelle et imposante cette fête si simple et si austère, et je me surpris à accompagner à voix basse comme mes voisins arabes cette mélodie inspiratrice. Durant toute la nuit, l'air que j'avais entendu se mêla à mon sommeil et à mes rêves, et plus tard encore pendant bien des jours je l'ai eu constamment sur les lèvres ; le voici dans toute sa simplicité :

Dimanche 9 octobre.

J'ai profité d'une radieuse matinée pour visiter l'aqueduc romain, qui autrefois amenait l'eau à Constantine. Les arches qui restent sont bien conservées ; l'ensemble ne devait pas être moins imposant que le pont du Gard ou que l'aqueduc de Carthage.

Je suis revenu par le plateau du Coudiat-Aty, où j'ai vu le camp des chasseurs d'Afrique et celui des turcos. On les fait vivre d'habitude sous la tente, pour les aguerrir.

Les turcos m'ont beaucoup intéressé. On les passait en revue ; leur musique fort bonne montrait qu'avec une véritable instruction musicale, l'Arabe abandonnera son genre insipide et grossier, qu'il arrivera à comprendre et à aimer notre musique, tandis qu'aujourd'hui il la déteste. Plus tard la gamelle eut son tour : ils se partageaient les aliments comme font nos propres troupiers. Quelques-uns étaient occupés à leur toilette ; ils se mettaient à trois pour rouler leurs turbans, et les serraient ensuite sur leurs têtes rasées.

A mon retour l'un d'eux me rejoignit, me demanda l'heure, et continua la conversation en mauvais français. Il avait assisté à la guerre d'Italie et à l'entrée des troupes à Paris. Il prétendait même avoir parlé à l'empereur, qui lui aurait promis de le faire entrer dans les zouaves de la garde à la fin de son service. Notre civilisation paraissait avoir produit sur lui un effet décisif, car tout en me racontant ce qu'il avait vu à Paris, il me répétait à chaque instant : « *Bono* la France, *makach bono* l'Afrique; moi aimer la France *beseff*. »

Les turcos ou tirailleurs indigènes, composés surtout de Kabyles et d'Arabes, remplacent les zouaves depuis que ceux-ci ne se recrutent plus que de Français. Ils sont braves, mais ont peine à se plier à notre discipline. Ceux qui ont été à Paris, après la guerre d'Italie, sont revenus en Afrique en racontant monts et merveilles à leurs compatriotes. Paris est d'après eux une ville immense, sans fin, avec des maisons si hautes qu'elles touchent le ciel, des femmes belles, belles ! et où tout le monde, chose essentielle, a des douros en masse, *douro beseff*.

L'après-midi j'ai visité de nouveau la pépinière centrale et les jardins pleins d'avenir qui entourent la ville.

Dans la soirée, M. K. m'a mené au théâtre où les frères Braquet, célèbres acrobates, donnaient une représentation de gymnastique. L'un d'eux marchait les pieds suspendus au plafond et la tête en bas, au grand étonnement des Arabes qui aiment beaucoup ce genre de spectacle. Il y a quelques jours, l'un des frères avait annoncé une ascension aérostatique sur la place de la Kasbah. Plusieurs chefs avaient payé des places pour tous les Arabes de leurs tribus, en sorte que la foule fut immense. Quand Braquet s'éleva dans les airs en se démenant sur un trapèze suspendu à la mongolfière, les Arabes émerveillés attribuèrent ce prodige au diable. Ils se regardaient ébahis en murmurant : Chitan (Satan).

XI

La littérature et la poésie arabes.

Cette puissance inspiratrice que possède la musique arabe n'existe pas à un moindre degré dans sa littérature et surtout dans sa poésie. On connait la vive et brillante imagination des Arabes, les formes gracieuses et élégantes sous lesquelles elle s'est manifestée à la fois dans les productions de l'esprit et dans les œuvres d'art. Ce peuple rêveur et contemplatif a créé une architecture originale et raffinée comme sa civilisation, une littérature brillante et délicate, subtile et ingénieuse comme sa pensée. Et comment en serait-il autrement dans ces beaux pays de l'Orient et du Midi où un ciel toujours radieux réjouit la nature, où un printemps éternel semble régner pour réaliser les poétiques rêves de l'âge d'or? Peuple de rêveurs et d'enthousiastes, inspirés par une pensée créatrice, ardente comme leur soleil de feu, les Arabes laissent dans l'histoire de l'humanité une trace brillante et ineffaçable.

Qui n'a été charmé par les poésies arabes et les contes orientaux, et qui ne souhaiterait de voir fouiller davantage une mine aussi riche, d'où l'on pourrait tirer encore de si nombreux trésors? L'Algérie n'aurait-elle pas payé une partie de sa dette à la France, si elle faisait renaître chez nous la fibre poétique, si elle tempérait par les gracieuses images de sa littérature juvénile la mélancolique prose de notre siècle et de notre nation?

Mais je m'arrête devant une plume plus compétente. M. Cherbonneau a bien voulu traduire et m'offrir pour ce volume quelques morceaux inédits, choisis dans le riche écrin de la poésie algérienne. Je ne puis qu'applaudir aux judicieuses pensées de la lettre qui accompagnait cet envoi, et que je me fais un vrai plaisir d'insérer ici.

POÉSIES POPULAIRES DE L'AFRIQUE

LETTRE A L'AUTEUR.

Constantine, 15 avril 1861.

C'est par les productions de l'esprit qu'un peuple se révèle ; la littérature est un organe par lequel il manifeste ses instincts, ses préjugés, sa vie morale et intellectuelle. Comme dans un miroir, un peuple se reflète tout entier dans sa littérature. Ainsi, le moyen de connaître les hommes étranges au milieu desquels nous demeurons, en Algérie, ne consiste pas seulement à observer leurs procédés industriels, leur manière de combattre et leur zèle inaltérable pour la prière ; il dépend aussi de l'étude de leurs poëtes, de leurs conteurs et de leurs historiens. Les quelques pages des auteurs africains qui ont été traduites dans notre langue sont loin de fournir la solution de l'énigme ; nous ne possédons encore que des données vagues sur les transformations successives qu'ont subies l'âme et l'imagination des descendants de Mahomet à côté des races berbères converties à l'islamisme. On peut dire que le travail est à peine commencé.

Je voudrais que l'on fît pour l'Occident ce qui a été fait pour l'Orient : que les épopées du Sahara, les chants de guerre, les cantiques, les élégies et les romances fussent livrées à la publicité ; car, si les compositions théologiques et les œuvres historiques sont le produit de la raison d'un peuple, la poésie est l'expression vraie de son caractère.

Or le champ est vaste : il y a là de quoi occuper les loisirs de plusieurs érudits, même en faisant un choix.

Depuis tantôt douze siècles, les musulmans de l'Afrique ont écrit des milliers de volumes en vers sur les différentes branches de la science, grammaire, médecine, unitéisme, astrologie judiciaire, soufisme, etc. Laissons aux hommes spéciaux le soin de débrouiller ce chaos de versification didactique, « *verba pedibus clausa.* » Je parle seulement des œuvres qui portent le cachet de l'inspiration, de celles auxquelles s'applique le vers d'Ovide : « *Sponte suâ carmen numeros veniebat ad aptos.* » Parmi les poésies que j'ai lues dans les manuscrits du pays, je choisis celles qui peuvent vous convenir. Si la traduction vous semble un peu embarrassée et privée de cette désinvolture qui caractérise les compositions françaises, n'oubliez pas que rien n'est plus difficile que de faire passer dans notre idiome l'esprit des langues sémitiques. Voici mon offrande :

I. Extase.

La beauté de Dieu est la plus parfaite de toutes les beautés ; car c'est à Dieu qu'appartient la perfection, sans contredit.

L'amour de Dieu est le sentiment le plus noble. Habitue donc ton âme à honorer le Seigneur.

La récitation des louanges de Dieu guérit toute blessure ; elle est plus salutaire que l'eau fraîche pour un homme brûlé par la soif.

Il n'y a que Dieu qui existe en réalité. Jette donc loin de toi le goût des vanités.

II. Sur les Illuminés.

Les cœurs des contemplatifs voient ce qui échappe aux yeux du vulgaire.

Leurs langues murmurent un mystère inconnu des savants.

Ils ont des ailes qui volent sans être munies de pennes, et se réfugient dans le sein du maître des mondes.

Là, ils prennent leurs ébats dans les parterres de la sainteté et s'abreuvent aux océans des contemplatifs.

Simples mortels, ils quittent secrètement la terre pour s'approcher de Dieu et s'unir à lui.

III. Chant d'amour.

Si Dieu m'avait donné deux cœurs, j'en garderais un pour vivre, et je laisserais l'autre souffrir en vous aimant.

Mais je n'ai qu'un seul cœur, qui est tout entier au pouvoir de l'amour. La vie est pour moi sans douceur, et la mort ne vient pas!

Je suis comme l'oiseau qu'un enfant au berceau tient dans sa main. Le pauvret goûte l'amertume du trépas pendant que le nourrisson joue.

La raison manque à l'enfant pour avoir pitié du captif; les ailes manquent à l'oiseau pour s'envoler et fuir.

IV. Chant d'amour.

Celui qui ne dessèche pas par l'amour
N'a qu'un amour mensonger.
L'amour amaigrit la figure
Et creuse une rivière de larmes sur les joues.
L'amour fait trembler le corps comme la feuille légère.
Il n'y a pas de savant qui connaisse un remède contre ce mal indicible.
Si tu pouvais mourir et perdre tes mouvements gracieux!
Si tu pouvais mourir et disparaître de la terre en quittant ta peau si veloutée!
Ma bien-aimée parcourt la plaine, afin d'échapper à ma passion;
Mais le vent m'apporte son haleine.
C'est le souffle du paradis et le parfum de ses fruits.
Celle que j'aime vaut mieux que l'empire des Arabes;
Elle efface à mes yeux le monde entier.
Mon cœur n'aime que Zaïra.

V. Chant d'amour.

J'ai souffert sans remède : elle seule peut me guérir.

Au moment où j'étais heureux, les cils de ses yeux m'ont frappé.
Je suis brûlé par les mille blessures dont elle m'a meurtri.
Seigneur, ayez pitié de moi !

VI. Élégie.

O vous qui suivez à cheval le sentier de la montagne, veuillez me prendre en croupe.
Conduisez-moi à la tente de ma bien-aimée et déposez-moi entre ses bras.
Si je meurs, qu'on me lave avec ses pleurs; ses cheveux seront mon linceul,
Et ma tombe sera creusée dans un coin de sa tente!...
Passant, Dieu t'accordera sa miséricorde.

VII. Chanson à boire.

Lorsque vient le printemps, profite de ta jeunesse : car le printemps est aimable et gracieux.
C'est la saison des fleurs; n'oublie pas que l'été n'est qu'un hôte passager.
Le printemps ramène la verdure à foison. Les beaux jours de l'automne formeront sa couronne.
O toi qui aimes le plaisir, et la coupe, et le verre étincelant,
Je veux que mon amante s'asseye à mes côtés, docile et complaisante.
Amis, j'aime les fleurs, j'aime la giroflée aux blonds reflets et le narcisse doré,
Et le jasmin à cinq pétales, qui confie son arôme au souffle du zéphyr,
Et la rose, reine des fleurs, quand je la vois se balancer amoureusement sur sa tige.
Un bouquet de fleurs apparaît sur ta joue. Vivent la coupe et le verre étincelant!
Que mon amante s'asseye à mes côtés, docile et complaisante.

VIII. Le luth.

Je fus arbre; je servais d'asile aux rossignols et les berçais avec amour.

Posés sur mes branches vertes, ces chanteurs ailés modulaient leurs plus doux accords,

Et j'apprenais ainsi l'art d'exhaler les secrets de mon cœur.

Mais l'ouvrier m'arracha impitoyablement du parterre dont je faisais l'ornement,

Et mes membres mutilés allèrent attendre une transformation.

Il fit de moi l'instrument délicat que vous voyez,

Un luth qui résonne sous les doigts.

A présent, je m'appuie sur le sein de mainte belle,

De mainte gazelle aux yeux noirs et à la taille élancée.

Que le Dieu protecteur resserre notre union :

Car l'objet aimé est inconstant et volage.

CHAPITRE VI

LA PETITE KABYLIE

I

Départ de Constantine; l'Oued-el-Kébir; les Kabyles blonds;
l'hospitalité dans un pays peu sûr.

Lundi 10 octobre 1859.

A neuf heures du matin je faisais mes adieux à Constantine. J'avais pour compagnons de voyage M. Maurice, contre-maître et briquetier en chef de l'exploitation que j'allais visiter, et deux Kabyles qui y étaient employés également. Ceux-ci conduisaient un mulet chargé des bagages, et s'y hissaient à tour de rôle. M. Maurice montait un bon cheval brun, marchant l'amble, et ferré; moi, j'avais un charmant cheval gris, de trois ans, leste et agile, montant et descendant les escaliers au besoin, et non ferré, ce qui rendait ses mouvements plus doux et lui donnait plus de facilité pour traverser sans glisser les chemins rocheux. Les Kabyles nous avaient amené ces bêtes qui appartenaient à l'exploitation.

Après avoir passé le Roumel au pont d'Aumale, nous quittâmes la route de Philippeville, pour prendre un étroit sentier de montagne le long du beau jardin de Salah-Bey, descendant d'un célèbre bey de Constantine qui portait ce nom et régnait il y a plus d'un siècle. Après cela, plus aucune variété et rien pour égayer les yeux. Le vent du désert, le *sirocco*, soufflait et nous enveloppait de son haleine embrasée. Le pays devenait de plus en plus sauvage : partout des roches d'apparence ferrugineuse qui formaient de leurs détritus un sol rougeâtre ; tout au plus de loin en loin, au fond d'un ravin étroit, une source arrosant quelques arbres touffus, fraîche oasis au milieu de ce désert brûlant et halte naturelle du voyageur accablé par la soif et affamé d'ombre.

Bientôt il nous fallut de nouveau traverser l'Oued-el-Kébir, la *grande rivière* formée à Constantine par la réunion du Roumel et du Bou-Merzoug. Son lit sablonneux, presque partout à sec, était couvert de broussailles habitées par un gibier nombreux ; on voyait de loin courir les perdrix et les cailles. M. Maurice, armant son fusil à deux coups, en tua plusieurs aux applaudissements frénétiques de nos compagnons kabyles qui, faisant l'office de chiens de chasse, allaient chercher les bêtes mortes, et les rapportaient à l'adroit chasseur.

Nous avions été rejoints depuis peu par un troisième indigène que, malgré son costume arabe, je pris d'abord pour un Européen déguisé ou naturalisé. Il avait les yeux bleus, les cheveux blonds et la peau blanche; une coupe de figure germanique. C'était cependant un vrai Kabyle.

Il existe en effet, dans les montagnes de la Kabylie, des tribus tout entières ayant les mêmes traits caractéristiques, et tirant probablement leur origine de races septentrionales.

Lors de l'invasion des Vandales un détachement de légionnaires romains, nés presque tous en Gaule ou en Germanie, se serait réfugié dans ces montagnes, s'y serait fixé, et aurait donné naissance, par son union avec les femmes du pays, à cette race d'une blancheur si remarquable, et dont on trouve un peu partout en Kabylie des rejetons. Telle est l'explication assez vraisemblable que donnent de savants historiens de ce phénomène curieux.

A cinq heures du soir, nous étions arrivés près de quelques misérables gourbis à murs de pierre, caractère qui distingue les constructions kabyles des gourbis arabes faits seulement de pisé, ou même de simples branches d'arbre recouvertes de terre.

La nuit allait bientôt venir, et, malgré mon désir de pousser plus loin, je fus obligé de me rendre aux vœux et aux raisons de mes compagnons et de m'arrêter. Le chemin, disaient-ils, devenait peu après si mauvais qu'il eût été dangereux de s'y aventurer autrement qu'en plein jour.

Nous ne pouvions songer à nous loger dans les sales et infectes demeures des habitants, qui d'ailleurs eussent été trop petites pour nous contenir encore à côté des hommes et des bêtes auxquels elles servent de domicile habituel. L'*ouakhaf* ou chef du douar (titre moins élevé que celui de cheikh), vint à notre rencontre, nous salua amicalement, et nous indiqua une place assez favorable pour passer la nuit. D'un côté un rocher élevé nous préservait du vent qui était devenu très-fort depuis quelques heures. De l'autre un figuier touffu pouvait nous abriter contre la pluie qui menaçait de tomber prochainement.

Bientôt nous fûmes tous étendus les uns à côté des autres dans cet étroit espace qui dominait un peu le village et formait un plateau triangulaire terminé du côté opposé au rocher par une pente très-forte. Nos bêtes avaient pris place à côté de nous.

Ne voulant pas rester douze heures à dormir, et désirant employer une partie de la soirée à prendre des notes sur ce que j'avais vu, je m'étais rapproché du rocher. De mon burnous appuyé sur mon parapluie j'avais fait une espèce de tente. Sous cet abri improvisé qui la protégeait contre les atteintes du vent, j'avais allumé une bougie et je m'étais mis à écrire.

Un quart d'heure à peine s'était écoulé ainsi que l'ouakhaf arriva, s'approcha de moi, et me fit, avec force exclamations et gestes, un discours que je ne compris qu'à moitié, mais d'où je pus conclure cependant que je devais me résigner à éteindre ma lumière.

Les Kabyles de ces parages nourrissent contre les

Français une haine peu dissimulée. Il y avait trois mois seulement que les troupes françaises avaient été obligées d'intervenir, pour comprimer une révolte naissante qui devait embrasser toute la petite Kabylie. A tous ces griefs anciens et généraux, qui indisposaient contre moi les habitants du village, venaient de s'en joindre deux autres qui m'étaient personnels. Ils avaient remarqué sur mon cheval un épais burnous que j'avais acheté à Constantine. Ils étaient venus le toucher, admirer la qualité de la laine et du tissage ; ils m'en avaient demandé le prix, et n'avaient pas été médiocrement irrités de voir qu'un Français, un chien d'infidèle eût un burnous plus beau et trois fois plus cher que les leurs. Puis j'avais allumé une bougie, comme ils ont l'habitude de le faire eux-mêmes pour célébrer la fête de Mahomet, comme je l'avais vu faire la veille à Constantine. Ils en avaient conclu naturellement que je n'avais pas d'autre but que d'insulter à leurs croyances religieuses.

Aussi faisait-on dans le village *fantasia beseff*, comme disait notre hôte, c'est-à-dire beaucoup de tumulte, et les habitants, qui étaient *makach samisami Francis* (pas amis des Français), refusaient-ils d'apporter à nos bêtes leur pitance (*alfa*), l'orge qu'il est toujours d'usage de fournir aux voyageurs. En outre, un Français avait été assassiné dans le voisinage deux jours auparavant : c'était le cinquième depuis trois semaines ; et ma personne, éclairée par ma bougie, pouvait parfaitement servir de point de mire au fusil d'un indigène fanatique. Je compris la valeur de ces raisons, et je fis ce que la prudence conseillait.

Notre hôte nous quitta alors, et revint bientôt avec de l'orge qu'il tira de sa propre provision, ne pouvant vaincre les refus des habitants irrités.

A neuf heures environ il reparut, nous apportant à nous-mêmes le souper national, que nos compagnons de voyage kabyles réclamaient avec impatience, le succulent kouskous, qui fait toujours partie intégrante de l'hospitalité indigène.

Il plaça devant nous une grande et large coupe en bois, à pied arrondi, semblable à celles des anciens Romains, et remplie de cette farine granulée qui forme la partie végétale du mets célèbre. Au milieu de cette montagne appétissante, il creusa avec ses doigts un puits profond, et y versa le jus au poivre rouge (*felfel*) qui se trouvait à part dans un vase en fer-blanc; puis il nous offrit la viande dans un autre plat de bois. Chacun alors, suivant la méthode du pays, avisa un côté de la coupe, se creusa dans la farine un trou, que venait remplir à l'instant le jus versé dans le réservoir central, puis, s'emparant d'une aile ou d'un autre morceau de poulet cuit, se mit à le dévorer à belles dents, non sans l'humecter de temps à autre en le trempant dans son puits particulier. A cela on ajoutait des poignées de farine granulée qu'il fallait saisir avec les doigts comme le reste, à défaut d'autres instruments[1].

1. Il faut avoir soin de ne manger que de la main droite, car *le démon*, dit un proverbe arabe, *mange et boit de la main gauche.*

Nos camarades kabyles apprécièrent ce kouskous d'autant plus vivement qu'il ne leur coûtait rien; ils ne lâchèrent prise que lorsque le plat et un autre supplémentaire qu'on avait cherché furent entièrement vides.

Là-dessus, chacun s'enveloppant dans son burnous songea au repos. Mais auparavant je fus obligé de montrer à notre ami l'ouakhaf mon revolver, mon couteau à dix lames, ma montre, etc., tous objets qu'il examinait avec une curiosité intelligente; puis de lui raconter quelque chose des merveilles de notre civilisation. Ce ne fut pas sans peine, ni sans accompagner mes paroles de gestes explicatifs que je pus lui donner des détails sur nos villes, nos chemins de fer, nos aérostats, nos télégraphes électriques, nos manufactures, etc.

Il manifestait son contentement par des exclamations répétées : *Bono, bono, meleh, meleh* (bien, bien), surtout quand je lui disais qu'en France il y avait *douro beseff, beseff* (beaucoup, beaucoup d'argent); car les indigènes sont tous extrêmement intéressés et cupides, au point qu'ils feront dix lieues pour vendre un sac de blé quelques sous plus cher, sauf ensuite à flâner ou dormir d'autant mieux le lendemain. *C'est qu'en effet*, dit un proverbe arabe, *au chien, quand il a de l'argent, on dit :* « *Monseigneur le chien.* »

Notre hôte, avec ce caractère chevaleresque qui distingue l'hospitalité arabe, passa la nuit couché auprès de nous pour veiller à notre sûreté. Cette coutume me paraît bien touchante. Quel mélange bizarre de qualités et de défauts dans ces races primitives, que de grandeur véritable à côté de bien des bassesses!

Bientôt la pluie se mit à tomber; elle dura plusieurs heures, et je pus apprécier à merveille l'imperméabilité de mon burnous indigène : le matin, j'étais aussi sec que s'il n'avait pas plu.

II

Un chemin périlleux; les zouaves et le four à chaux; le fort d'El-Miliah; un marché indigène; le mohammed.

Vers cinq heures du matin nous nous remîmes en route. L'obscurité était encore si grande que nous ne pouvions avancer que lentement, et les chemins devenaient de plus en plus mauvais. La lune avait peine à percer les nuages, et sa pâle clarté ne nous permettait pas de distinguer les reliefs des objets. Les pierres semblaient au même niveau que le sentier; les pentes, les crevasses, toutes les irrégularités du chemin, même les ravins, qui souvent le bordaient, étaient invisibles, et le tout paraissait une surface plane, nullement accidentée.

Bientôt le jour commença à poindre. Il était temps, car autrement nous aurions été obligés de nous arrêter. Nous nous retrouvions au bord de l'Oued-el-Kébir; la nature devenait de plus en plus imposante et sauvage. La rivière, plutôt large que profonde, était encaissée entre deux montagnes rocheuses, à peine couvertes de quelques broussailles, et d'une vertigineuse élévation. Notre sentier longeait cette côte à pic, profitant de toutes les anfractuosités des rochers, montant à des hauteurs prodigieuses au-dessus de l'eau et descendant souvent presque tout droit; quelquefois il venait s'arrêter devant une paroi verticale formant un mur infranchissable. Il fallait alors traverser la rivière et suivre l'autre bord, jusqu'à ce que, devant un obstacle pareil, un nouveau passage à gué devînt nécessaire. Il nous arriva ainsi de la franchir une dizaine de fois.

Mais l'Oued-el-Kébir, gonflé par la pluie, s'élevait au-dessus de son niveau habituel; et en divers endroits il avait rongé la rive là où le sentier menait à l'eau. Nos chevaux alors sondaient de l'œil la profondeur qui dépassait souvent un mètre, se ramassaient, s'asseyaient sur leurs jambes de derrière et laissaient glisser à l'eau avec beaucoup d'adresse leurs pieds de devant que suivait bientôt le reste du corps. Parfois cependant ils trébuchaient sur les cailloux, quand le courant était fort, perdaient l'équilibre, et à plusieurs reprises je me crus sur le point de visiter le lit du fleuve. Nous en fûmes quittes pour des bains de pied, moins gênants parce que nous avions mis nos jambes à nu; l'eau nous montait souvent jusqu'aux genoux.

Un accident plus sérieux faillit nous atteindre. Une fois, au sortir de la rivière, un rocher élevé se présentait devant nous; il fallait le gravir. Le sentier formait une suite de marches creusées dans la pierre : on eût dit un gigantesque escalier. Nous nous suivions à dix pas de distance, silencieux, chacun livré à ses propres réflexions. M. Maurice se trouvait devant, et je venais immédiatement derrière lui, admirant l'adresse de nos bêtes qui se tiraient à merveille des passages les plus difficiles et marchaient sans broncher sur des rochers souvent lisses comme si on les avait polis exprès, et rendus plus glissants encore par la pluie de la nuit précédente.

Nous étions presque arrivés au sommet, et je contemplais à plus de cent pieds au-dessous de moi l'eau qui venait baigner la base du rocher à pic sur lequel nous nous trouvions, et reflétait dans son miroir mouvant l'image du soleil, lorsque soudain une étincelle jaillit d'un fer du cheval de M. Maurice. Les Kabyles poussèrent un cri d'effroi; le cheval avait glissé, s'était affaissé sur lui-même, et commençait à rouler en bas de la pente avec son cavalier. Il venait droit sur nous et allait nous entraîner tous dans l'abîme. Par un bonheur extrême une marche un peu plus large que les autres, comme une espèce de plate-forme, nous séparait : là un buisson épais croissait au bord du rocher, du côté même de l'eau. M. Maurice s'y cramponna à une branche avec la force du désespoir. Le cheval vint également heurter contre cet obstacle providentiel, et le choc fut assez fort pour amortir et arrêter son mouvement.

Les Kabyles accoururent et aidèrent M. Maurice à se relever. Il secoua ses membres avec inquiétude; il n'avait aucun mal. Cependant mon cheval s'était arrêté, et d'effroi tremblait violemment. Je n'aimais pas rester ainsi suspendu entre ciel et terre et je l'éperonnai vigoureusement. Il poussa un grand soupir, prit son élan, et franchit en quelques bonds le périlleux passage, aux applaudissements enthousiastes des Kabyles qui battaient des mains en criant : *Bono, bono, meleh, meleh !* On parvint heureusement à faire lever l'autre cheval, qui n'avait rien que quelques légères contusions, et à faire passer avec précaution le mulet aux bagages. Un instant après nous nous trouvions tous sains et saufs au haut de la montagne.

Peu à peu le pays devenait moins inhospitalier, les rochers moins effrayants, les montagnes moins nues. Vers onze heures du matin le drapeau français s'offrit à nos yeux. Nous approchions d'un camp retranché où se trouvaient vingt-cinq zouaves occupés à la construction d'un four à chaux. Dans le voisinage, à El-Miliah, on bâtissait un fort d'une certaine importance destiné à tenir en respect les Kabyles encore presque insoumis de ces parages ; et comme les transports à distance eussent été trop difficiles, on préférait extraire la chaux sur place.

Le lieutenant qui commandait ces braves travailleurs nous fit arrêter, nous invita à prendre l'absinthe [1] avec lui, et nous raconta les péripéties de la

---

[1]. Partout, en Algérie, les Européens ont la funeste habitude de prendre l'absinthe avant les repas, sous prétexte d'ouvrir l'appétit. Cet usage se transformant trop souvent en abus, la pernicieuse liqueur a déjà fait, surtout dans l'armée, une foule de victimes qui meurent du *delirium tremens* ou par combustion spontanée. Pour les colons civils, elle en a ruiné un grand nombre, surtout parmi les ouvriers, dont elle dévore les écono-

dernière révolte des Kabyles peu de mois auparavant, en nous montrant de la main sur les montagnes voisines le théâtre des opérations militaires. On avait essayé même, il y avait peu de semaines, d'attaquer son détachement dans sa position retranchée ; mais prévenu à temps, il avait pu obtenir du renfort d'El-Miliah, et, après quelques coups de fusil échangés de part et d'autre, tout était rentré dans le calme.

Vers midi nous eûmes le plaisir de voir se dresser devant nous les travaux encore inachevés du fort d'El-Miliah. Pour y arriver, il nous fallut traverser un marché kabyle très-fréquenté qui se tenait à cet endroit. Le marché est le point central où se rassemblent à jour fixe les Kabyles des montagnes pour toutes les transactions où ils ont besoin les uns des autres. Le jour du marché, sur la place encore vide et nue la veille, s'élèvent comme par enchantement des tentes où les marchands et les artisans de toute espèce, maréchaux-ferrants, cordonniers, tailleurs, barbiers, bouchers, etc., s'installent avec tout leur matériel pour disparaître de nouveau le lendemain. Ces marchés se tiennent à époque régulière, tantôt dans une tribu, tantôt dans une autre.

Au milieu de toute l'animation qui régnait dans ce lieu, je voyais s'élever tristement dans un coin,

---

mies et les salaires, bien que ceux-ci soient généralement plus élevés qu'en France. L'absinthe et les liqueurs, en général, sont un des plus grands ennemis que rencontre la prospérité de notre colonie.

sous un olivier séculaire, une palissade enfermant un tombeau surmonté d'une croix : le premier Français qui soit mort à El-Miliah.

Peu après nous déjeunions dans une cantine militaire, hutte grossière, couverte de chaume, sans le moindre meuble, pendant qu'un de nos Kabyles se faisait raser par un de ses compatriotes. Les indigènes en effet, Arabes et Kabyles, depuis l'enfance ont toujours la tête rasée, à l'exception d'une mince touffe de cheveux en forme de houppe qu'ils conservent au sommet du crâne comme les peaux rouges. Cette mèche s'appelle le *mohammed*, parce que, disent les musulmans, c'est par là que le prophète Mahomet saisira les vrais croyants pour les faire entrer au Paradis. Du reste tous se laissent, en général, croître la barbe. Cependant les jeunes Kabyles ne doivent pas la porter avant leur majorité ; et ils ont presque toujours la tête découverte, même au soleil, qui frappe sans obstacle leur crâne nu.

A El-Miliah déjà le pays s'anime, mais plus tard la végétation devient admirable. Partout des forêts de chênes-liéges magnifiques, des champs de sorgho d'une taille gigantesque, une fertilité inconnue dans nos pays du Nord.

III

Une exploitation de liége ; les ouvriers kabyles ; les chênes-liéges ; le sorgho.

Nous approchions du terme de notre voyage. Bientôt, désespéré de la lenteur de mon escorte, je me lançai seul en avant, demandant à chaque Kabyle que je rencontrais le chemin de la maison de Charlot.

Sous le nom de Charlot que lui ont donné les indigènes, le chef de l'exploitation que j'allais visiter est connu dans toute la petite Kabylie, et partout son influence est grande. Il parle parfaitement l'arabe, il porte le costume du pays et fait la fantasia à l'occasion. Il mène à coups de bâton ses ouvriers kabyles, et les guérit quand ils sont malades ou blessés. Un homme qui réunit ces qualités est sûr d'être hautement considéré par les indigènes; car ils ont le plus grand respect pour celui qui se distingue par sa force physique et l'emploi qu'il en fait, et la plus profonde vénération pour le *tebib* ou médecin, qui, dans leur estime, vient immédiatement après le marabout. Aussi Charlot est-il assez connu et assez populaire pour qu'à trois lieues à la ronde tout le monde pût m'indiquer mon chemin.

Après avoir traversé encore une fois la rivière, je mis mon cheval au galop. Quelques bœufs qui paissaient sur les bords du chemin, effrayés de cette course désordonnée, se mirent de la partie, ainsi que le pâtre kabyle qui les gardait.

Cependant les bœufs se lassèrent bientôt et s'enfuirent de côté; mais le jeune Kabyle, enchanté de me montrer sa vélocité, continua encore sa course pendant quelque temps. Il fut ensuite remplacé par d'autres que je m'amusai également à suivre au galop, et dont j'admirai la légèreté et la prestesse.

C'est ainsi que tout en jouant, dans ces prairies

verdoyantes, à l'ombre des chênes et des oliviers séculaires, je parcourais rapidement les trois lieues qui me restaient à faire, et bientôt je vis devant moi, au pied de la montagne boisée, une maison européenne, entourée d'un jardin naissant, devant lequel coulaient les eaux tranquilles de l'Oued-el-Kébir. *Meneh* (c'est là), me dit un Kabyle. J'étais encore à cent pas de la maison, lorsqu'en tournant les yeux du côté de la montagne, je vis sur la pente, à trente pas de moi, deux Français debout devant un four à chaux : l'un était Charlot.

Ces messieurs s'approchaient, couverts de jaquettes blanches à capuchon ; j'allai à leur rencontre. Charlot était coiffé d'un fez tunisien, les cheveux courts, la moustache longue et pointue, une vraie tournure de zouave ; il caressa le cheval qui le reconnut et se mit à hennir de plaisir. Je lui fis mon compliment sur cette excellente bête, car c'est lui qui l'avait élevée ; et nous nous dirigeâmes tous du côté de la maison où je trouvai mon ami L. B. qui m'attendait.

Une heure après moi arriva mon escorte. L'un des Kabyles s'adressa aussitôt à Charlot pour se faire opérer. Il avait à la jambe un énorme abcès, malgré lequel il avait fait le voyage entier, tant ces indigènes sont insensibles à la fatigue et à la douleur. Charlot lui coupa l'abcès ; il poussa un léger cri, et ce fut tout.

Je passai la soirée à visiter l'exploitation avec ces messieurs ; j'y vis des ouvriers de toute espèce, Français et Kabyles ; car, dans ces lieux écartés, il faut tout faire soi-même, la chaux et les briques, couper et tailler le bois de charpente, cuire le pain, etc. Pour chacune des différentes professions nécessaires, il y avait un ou plusieurs Français ayant sous leurs ordres des Kabyles qui leur aidaient et apprenaient le métier. Deux de ces derniers étaient arrivés à une grande promptitude et une grande habileté dans la fabrication des briques ; ils les faisaient tout seuls. Un autre avait demandé à surveiller seul le four à chaux.

Le plus grand défaut de ces gens c'est leur inexactitude au travail ; ils viennent un jour, puis le lendemain ils restent chez eux pour vaquer à leurs propres affaires. A l'exception de deux ou trois, on n'est pas encore parvenu à les fixer à leur besogne, à les habituer à une tâche journalière et continue. L'indépendance de leur vie sauvage est encore trop profondément enracinée dans leurs goûts pour qu'on puisse de sitôt obtenir d'eux la régularité d'un ouvrier européen. Aussi, pour être sûr d'avoir une moyenne journalière de vingt Kabyles à un ouvrage quelconque, faut-il en former quatre-vingts. Du reste ils travaillent à très-bon compte, moitié moins cher que les Européens, et, comme ils ont de l'intelligence et de la bonne volonté, ils font de rapides progrès. Bien différents des Arabes indolents et mous, dont ils n'ont du reste ni les vices ni les préjugés, les Kabyles d'ici à peu d'années seront certainement à la tête des races indigènes.

Le lendemain j'ai été réveillé à six heures du matin par le son du cor, qui sert à Charlot pour appeler ses ouvriers au travail. Je me suis rendu avec mon ami L. B. au ravin des Singes, où je n'ai pas eu la chance de voir un seul de ces animaux. En revanche j'ai pu me faire une idée des difficultés qu'on éprouve ici pour bâtir. On avait abattu d'énormes chênes, au sommet de la montagne, pour les employer comme bois de construction ; mais, en l'absence de tout chemin, il a fallu se servir du lit du torrent, qui coule au fond du ravin, pour y charrier les troncs d'arbres. Des ouvriers français et des Kabyles faisaient glisser ces lourdes pièces d'un rocher à un autre, et c'est ainsi qu'à force de peine et de travail on les amène au bas de la montagne. Au sommet on a installé quelques scieurs de long, pour séparer les branches des troncs.

A défaut de chemin, nous avons été obligés de remonter le lit du torrent, le gravissant de cascade en cascade, non sans glisser dans l'eau et nous mouiller de temps à autre. Nous avons continué à grimper de sommet en sommet jusqu'au point le plus élevé des montagnes environnantes, et j'ai pu alors jouir d'une vue assez étendue sur l'ensemble du pays. Partout des montagnes élevées couvertes d'épaisses forêts, séparées seulement par des vallées étroites consacrées généralement à la culture du sorgho. Au milieu de la plus large, serpente paisiblement l'Oued-el-Kébir, et au bout de son cours sinueux on aperçoit la mer à l'horizon.

L'après-midi, montés sur deux excellentes mules, nous avons parcouru les environs. J'ai pu voir ainsi l'ensemble de la concession, qui comprend surtout l'exploitation du liége des forêts voisines. Le travail a déjà commencé. A bon nombre d'arbres on a enlevé l'écorce supérieure ou mâle qui est rugueuse, pour laisser se développer une écorce plus fine et plus homogène qui constitue le liége. On appelle *démasclage* (*masculus*, mâle) cette opération préliminaire. Il faut environ sept ans pour que l'écorce intérieure, ou écorce femelle, atteigne une épaisseur suffisante pour l'usage ; on l'enlève alors à son tour, et elle recommence à se développer de même ; en sorte que chaque chêne fournit une récolte de liége à peu près tous les sept ans.

Nous avons vu aussi quelques chaumières sacrées, appelées *marabouts*, qui sont dispersées dans la montagne en guise de chapelles, généralement à l'ombre d'arbres séculaires qui inspirent une égale vénération.

Les champs de sorgho m'ont étonné par leur puissante végétation. Ils sont très-abondants ; car les indigènes se servent de cette plante pour faire une espèce de pain qui constitue leur principale nourriture. Un grand nombre d'entre eux étaient occupés à la récolte, et ils entassaient gerbes sur gerbes de ces tiges d'une longueur extraordinaire.

Au retour, pour abréger, nous avions suivi un sentier qui traversait un champ de sorgho. Les tiges s'élevaient à plus d'un mètre au-dessus de nos têtes, et, quoique nos mules fussent de haute taille, nous ne parvenions plus même à nous apercevoir l'un l'autre. Bientôt le sentier s'arrêta. Impossible de voir où nous étions et de quel côté nous devions nous diriger. Il fallut nous orienter d'après le soleil qui brillait au-dessus de nos têtes et commençait à donner des ombres obliques, pour pouvoir sortir de cette forêt de sorgho où nous étions comme perdus.

Nous passâmes la soirée à écouter le glapissement des chacals auxquels répondaient les aboiements des chiens. Peu de jours auparavant on avait tué une panthère à cent pas de l'habitation.

IV

L'embouchure de l'Oued-el-Kébir; Djidjelly.

Le jeudi 13 octobre, à six heures du matin, je me mets en route pour Djidjelly, d'où je compte me rendre à Alger en traversant la grande Kabylie. L. B. a bien voulu m'y accompagner pour me recommander à un officier du bureau arabe qu'il connaît. Nous montons les deux vigoureuses mules de la veille ; elles marchent l'amble, de sorte que nous faisons facilement deux lieues à l'heure sans nous fatiguer. Nous nous dirigeons tout droit vers la mer où nous arrivons vers neuf heures. A partir de là le chemin devient extrêmement fatigant ; il suit la côte à travers des sables fins et mouvants, jusqu'à Djidjelly qu'on aperçoit de loin à la pointe extrême du golfe, où l'Oued-el-Kébir a son embouchure. La barre de la rivière présente un fort beau spectacle : les vagues écumantes et majestueuses de la Méditerranée viennent se briser avec fracas contre les flots tranquilles de l'Oued-el-Kébir, à peine agités par le vent; et ceux-ci restent longtemps sans se confondre avec les eaux de la mer. On voit même de loin les deux colorations différentes et la ligne de démarcation.

Cependant le soleil darde sur nous ses rayons brûlants. Quelquefois le vent vient nous apporter un peu de fraîcheur, mais en même temps il chasse devant lui une fine poussière de sable qui nous pénètre les yeux et les narines, nous dessèche la poitrine et nous fait cruellement souffrir. Impossible d'aller vite pour franchir plus promptement ces mauvais passages; nos mules enfoncent jusqu'aux genoux dans les sables des dunes et se fatiguent encore plus que nous.

Enfin, la route devient moins pénible. Nous passons dans des prés dont l'herbe desséchée forme un sol plus stable. De riants villages kabyles, appelés *dechera,* plur. *dechour* (nom kabyle du douar), se succèdent, entourés d'une ceinture verdoyante de figuiers de Barbarie, auxquels s'entremêlent des vignes et des pastèques. Leurs maisons, bâties en pierre et couvertes de chaume, quelquefois même de tuiles, souvent blanchies à la chaux, nous rappellent certains villages des provinces reculées de la France. Sauf la végétation, j'y retrouve en partie des souvenirs de l'île d'Iona, au nord de l'Écosse.

Puis, le pays tout entier prend de plus en plus un air civilisé. Voici déjà les perches et les fils du télégraphe électrique, puis des ponts en bois à l'américaine, des ponts voûtés en pierre, une grande route macadamisée. Nous entrons à Djidjelly; il est près d'une heure.

Immédiatement nous nous mettons à la recherche de M. S., l'officier du bureau arabe. Nous le trouvons au café des officiers. Ces messieurs nous reçoivent avec la plus grande affabilité et nous font prendre l'absinthe avec eux, mais nous disent qu'il sera impossible de partir tout de suite, car il n'y a pas de mulet disponible à Djidjelly, et le soir arrivera avant qu'on ait pu en trouver dans les tribus. Cependant on y envoie immédiatement un cavalier afin que tout soit prêt pour le lendemain matin, et notre aimable lieutenant pousse l'obligeance jusqu'à m'offrir son propre lit de camp et sa cantine, et il insiste vivement pour me faire accepter ce supplément de comfort, qui m'évitera de coucher sur la dure et dans la vermine indigène.

Après avoir réparé nos forces par un déjeuner un peu tardif, nous profitons des quelques heures de jour qui nous restent encore pour visiter la ville en détail. Djidjelly est un charmant endroit, mais dont toutes les constructions neuves n'ont qu'un étage. La ville, en effet, a été renversée il y a peu d'années par un tremblement de terre, et depuis lors on ne bâtit plus de maisons élevées par mesure de prudence. Nous avons pu voir un quartier tout entier qui est encore en ruines, comme si la catastrophe n'avait eu lieu qu'il y a peu de jours. Cependant la ville est prospère, et il est probable que d'ici à peu d'années elle sera reconstruite en entier.

Nous sommes montés jusqu'au sommet du phare

qui se trouve sur une élévation rocheuse dominant la mer. On y jouit d'une vue admirable. Toute la côte que nous avions suivie le matin se présentait à nos yeux avec l'éclat incomparable que lui donne le soleil couchant. La mer se balançait doucement, et quelques navires apparaissaient à l'horizon. Nous avons revu le même spectacle le soir, éclairé par la mystérieuse clarté de la lune; la scène alors était vraiment féerique.

Sur le port, on rencontre quelques ruines romaines assez bien conservées, surtout un pavé en mosaïque naguère encore enfoui sous le sol, et qui appartenait sans doute à un temple ou à un établissement de bains.

Nous avons pu, avant la nuit, visiter hors de ville ce qu'on appelle emphatiquement l'oasis. C'est une espèce de bosquet arrosé par une source, et qui serait insignifiant en Europe. Mais ici, c'est une promenade délicieuse par son ombre et sa fraîcheur au milieu de la plaine sèche et sans arbres qui entoure Djidjelly.

V

Départ de Djidjelly; le khiélas ou spahis bleu; les mulets kabyles; halte dans une tribu des Babors; inconvénients de l'ignorance des dialectes indigènes.

Vendredi, 14 octobre.

A six heures arrivèrent enfin à mon hôtel deux mulets conduits chacun par un Kabyle. On les avait commandés pour cinq heures; mais les indigènes ne sont jamais exacts. Sur l'un on mit la cantine et les bagages, par-dessus lesquels se jucha le muletier. Je montai l'autre dont le propriétaire suivait à pied. Je n'avais pas de selle, mais un simple bât recouvert d'un *tellis*, sac de laine rayé dont j'ai parlé page 99. L'escorte était complétée par un de ces cavaliers qui servent de messagers aux bureaux arabes ou de gendarmes aux kaïds. On les appelle *khiélas* ou *spahis bleus*, d'après la couleur de leur burnous, pour les distinguer des *spahis rouges* ou réguliers, qui seuls sont enrégimentés. Il était chargé d'une lettre qui me recommandait au kaïd de la circonscription où je devais m'arrêter.

Je pris alors congé de L. B. qui ne devait pas m'accompagner plus loin.

Les adieux furent pénibles; je quittais pour longtemps mon ami, et je m'enfonçais dans un pays inconnu et sauvage, seul au milieu d'étrangers. Lui me voyait rentrer en France, et devait rester loin de la patrie, loin de sa famille et de ses amis. Une dernière poignée de main, un dernier adieu où chacun dissimulait une larme, et nous nous mîmes en marche. Il resta à nous regarder, aussi loin que ses yeux purent nous suivre, et me fit longtemps signe de la main et du mouchoir. Qui aurait pensé alors que six mois plus tard il périrait assassiné par une horde de Kabyles insurgés, qui pillèrent et brûlèrent cette belle concession?

Nous longions la côte à travers des sables épais où nos bêtes enfonçaient. Les rayons ardents que lançait sur nous le soleil à peine levé contrastaient singulièrement avec la fraîcheur et l'humidité que la nuit avait partout répandues. Les vagues venaient en cadence se briser sur les écueils, et les couvraient de panaches d'écume, qui disparaissaient aussitôt pour faire place à des milliers d'arcs-en-ciel. Quelquefois un flot plus impertinent s'avançait sournoisement et d'un élan irrésistible baignait les pieds de nos bêtes.

En avant marchait au pas mon cavalier d'escorte. C'était un beau jeune homme à la figure pâle et mélancolique; sa moustache blonde et ses yeux bleus lui donnaient un air européen, relevé encore par son turban blanc soigneusement attaché. Sa personne entière respirait un air de propreté rare chez ses compatriotes. Vêtu de blanc tout entier, sauf ses bottes molles de maroquin rouge qui jouaient dans ses larges étriers arabes, il se tenait assis nonchalamment dans sa selle de velours cramoisi et conduisait avec grâce un beau cheval souple et docile, à l'œil vif et intelligent, à la marche douce et sûre, au pelage blanc de lait, relevé seulement par le reflet rougeâtre du henné qui dorait ses naseaux mobiles et ses jarrets nerveux. Il chantait à demi-voix un des airs monotones du pays. Quelquefois un des Kabyles qui me suivaient répétait sur le même ton nasillard le thème favori. Ces deux voix, qui se répondaient ainsi invariablement, comme deux crécelles tournant lentement ensemble, formaient un singulier concert.

Derrière ce brillant cavalier je m'avançais humblement sur ma modeste monture qui, à voir sa mine piteuse et sa lenteur imperturbable, semblait avoir conscience de son irrémédiable infériorité. En vain je cherchais, par d'incessants coups de talon ou de baguette, à accélérer sa marche paresseuse, la bête somnolente ainsi excitée faisait tout au plus quelques pas d'un trot pesant pour rentrer ensuite insensiblement dans son apathie rêveuse et ses abstraites méditations. Il en était de même du mulet aux bagages, qui restait constamment en arrière, et qu'il fallait souvent attendre. Les mulets kabyles auraient-ils adopté la religion de leurs maîtres? Le fatalisme musulman leur ferait-il considérer comme inévitables ces coups réitérés, et à chaque nouveau châtiment ne se diraient-ils pas peut-être en eux-mêmes: « C'était écrit là-haut? » On eût pu le croire en voyant la résignation stoïque et l'indifférence avec laquelle mes deux bêtes acceptaient sans avancer plus vite les rudes mais infructueux avertissements de leurs cavaliers.

Nous avions quitté la côte pour gravir une montagne boisée. A mesure que nous nous élevions, notre vue s'étendait davantage, et le paysage devenait plus grandiose. D'un côté l'imposante chaîne des montagnes du Babor qui séparent Bougie de Djidjelly, couvertes d'épaisses et sombres forêts, de l'autre la mer calme et tranquille, éclairée par un soleil tropical et par le ciel pur du midi qui communiquait aux eaux sa teinte bleu foncé. La mer s'étendait à perte de vue jusqu'à l'horizon où elle se confondait presque avec le ciel dans une pâle ceinture de brouillards, et se détachait en contours majestueux de la côte sinueuse et blanchâtre que nous venions de parcourir depuis la pointe où se cachait Djidjelly.

El Babour, me dit tout à coup le cavalier. Je regardai et j'aperçus le bateau à vapeur de l'État. Il venait de tourner le cap qui sépare Bougie de Djidjelly, et s'avançait vers cette dernière ville de sa marche impassible et fière, laissant derrière lui deux sillons obliques qui se prolongeaient au loin, et une longue traînée de fumée noire. Ses roues, tournant avec une vitesse que l'éloignement faisait paraître plus grande encore, lançaient autour d'elles des feux d'artifice d'écume où se jouaient les rayons du soleil.

Nous avions dépassé la dernière éclaircie. La forêt devint plus touffue ; puis les arbres s'écartèrent de nouveau et un riant village kabyle s'offrit à nos yeux : de basses maisons de pierre, couvertes de chaume et bâties sur le bord de la forêt. A leur pied un gracieux ruisseau animait de sa course sautillante un étroit vallon servant de pâturage.

En nous voyant arriver, quelques Kabyles s'approchèrent d'un air affable, l'un d'eux en tête. C'était le cheikh, beau vieillard à barbe grise, d'un aspect digne et respectable. Il nous salua d'un cordial *selam alekoum,* puis me dit « bonjour, » me prit la main et la porta à ses lèvres; il en fit autant au khiélas; puis, nous adressant quelques compliments d'usage, il nous demanda où nous allions, et nous invita à mettre pied à terre.

Je voulais profiter de l'occasion pour me plaindre de la lenteur de notre marche, et expliquer à mes hôtes debout ou accroupis en cercle autour de moi que je tenais à aller vite, pour être à Bougie le lendemain dans la journée, plus tôt même si c'était possible; mais pas un d'eux, et personne de mon escorte, ne savait un mot de français. Ces gens-là parlent habituellement le berbère, et l'arabe aussi bien que le sabir ne leur sont pas familiers; de plus, les dialectes arabes usités en Algérie différant sensiblement de la langue littéraire, mon dictionnaire de poche, comme je m'en étais aperçu déjà, ne m'était pas de grande utilité. Pour comble de malheur, enfin, j'avais oublié le nom du village où je devais coucher et celui du kaïd à qui j'étais recommandé. Je saisis alors mon parapluie et, traçant sur le sable une longue ligne droite, je marquai un point à chaque extrémité; puis, m'adressant aux Kabyles qui examinaient avec curiosité ce que je faisais, je leur montrai ces deux points, appelant l'un Djidjelly, l'autre Bougie. *El trek* (le chemin), dis-je ensuite en leur désignant la ligne. Ils n'avaient pas compris : je recommençai ma démonstration. Au nom de *Bougie*, ils se regardèrent de nouveau avec curiosité.—*Ah! Bougie, Boudjaïa,* s'écria enfin l'un d'eux (c'est le nom arabe de la ville qui, paraît-il, était seul connu de mes interlocuteurs), et tous redirent ce nom avec de bruyantes exclamations. — *El trek*, leur dis-je de nouveau, *ana andar fissa, fissa, requad Boudjaïa el ioum* (voyez le chemin, je veux aller très-vite et coucher à Bougie aujourd'hui). — *Makach, makach* fut l'exclamation générale; *el trek beseff, beseff* (non, non, il y a beaucoup,

beaucoup de chemin). Je recommençai mes questions en montrant avec soin sur la ligne le point intermédiaire entre Djidjelly et Bougie, et demandant son nom. Les exclamations recommencèrent : — *Makach andar B'djaïa el ioum, andar rhedoua; rhedoua B'djaïa.* Je ne comprenais guère, et, me figurant que *rhedoua* était le nom que je cherchais, le nom de l'endroit intermédiaire, je leur dis : — *Andar rhedoua* (j'irai à Rhedoua). Affirmation générale. — *Andar rhedoua el ioum* (aujourd'hui), recommençai-je. Nouveaux signes d'étonnement. Décidément, je n'en sortais pas ; tout à coup la lumière se fit dans mon esprit. *Rhedoua*, en arabe, ne veut-il pas dire demain ? Je saisis aussitôt mon dictionnaire, je cherchai : c'était bien cela. — *Ah !* dis-je, *andar rhedoua Bougie* (j'irai demain à Bougie). Les indigènes, satisfaits d'être compris, émettent par gestes et par paroles des affirmations unanimes. Je trace alors de nouveau sur le sable mon itinéraire, les Kabyles suivent attentivement ; je leur en explique bien toutes les parties, puis, m'arrêtant au point intermédiaire, je leur demande son nom et celui du kaïd de l'endroit. Ils hésitent. Enfin : — *Ziama, Ziama, kaïd Saïd,* s'écrient-ils tous. Je pousse un long soupir de soulagement : j'irai coucher à Ziama, chez le kaïd Said indiqué par M. S. Mais les Kabyles recommencent : — *Makach andar Ziama el ioum, el trek beseff.* Je le craignais bien. Je leur montre les mulets : — *Makach bono mulet,* dis-je. — *Oh ! makach bono,* répètent-ils à l'envi, *makach andar Ziama.*

Cependant je tiens à arriver, dussé-je être mal

couché. Je prends donc le parti de renvoyer à Djidjelly, avec le lit de camp, le mulet aux bagages, et de continuer ma route avec celui que je monte et qui est meilleur, sauf à le charger encore de ma valise. J'écris à la hâte à M. S. quelques lignes d'excuses et d'explications, et je les remets au muletier. Mais pendant ce temps mes hôtes kabyles ont trouvé mieux encore. Le cheikh me propose de changer de bête, de renvoyer mes mulets qui sont fatigués tous deux, et de m'en donner un frais : — Bono mulet, bono, bono, dit-il, en me faisant la pantomime expressive d'un mulet vif qui saute, cabriole et galope. J'accepte avec empressement. Tout le monde est satisfait ; les uns vont chercher ce mulet modèle, et les autres nous mènent au bord du ruisseau dont l'eau est claire et fraîche, nous y font asseoir, et chacun de déjeuner à sa manière. Les gens de mon escorte ont leurs provisions, de la galette arabe, et quelques figues. Ils me regardent avec un sentiment de pitié et de dégoût entamer les miennes, manger de la viande et du pain français, et déguster du vin.

Les Kabyles du village nous tiennent compagnie, suivant les règles de l'hospitalité, et me calment par de nombreux *chouya* (doucement), chaque fois que je parle de partir et que je m'impatiente de leur lenteur. Moi, de mon côté, pour leur faire plaisir et satisfaire leur ardente curiosité, je leur montre mon parapluie et leur en explique l'usage ; puis mon couteau à dix lames, mon revolver, ma montre, mon peigne à miroir, mes allumettes, mes guêtres, mon burnous. Ces braves gens battent des mains chaque fois, s'appellent les uns les autres pour admirer ces objets si nouveaux ou si précieux pour eux, et témoignent d'un air d'orgueilleuse satisfaction qu'ils en comprennent et en apprécient l'usage. Bien entendu que pour chaque objet ils ne manquent jamais de demander le prix. Chercheront-ils à travailler davantage pour gagner de quoi en faire l'acquisition ? Cela n'est pas impossible.

Enfin, on amène le mulet. C'est une grande et belle bête grise, aux yeux pleins de vivacité, et qui arrive en caracolant. Le cheikh me la montre avec orgueil, et je vois briller dans son regard le plaisir que lui cause mon approbation. Je m'approche du mulet, il saute en l'air, rue et se démène; deux Kabyles le saisissent alors et lui couvrent les yeux d'un burnous. Je veux monter : impossible. Le mulet se regimbe si bien que je suis forcé de me tenir à distance. *Chouya, chouya,* me dit un Kabyle, et il prononce le mot de *burnous*. Approbation générale. Aussitôt on me couvre d'un burnous blanc, on me montre ainsi accoutré au mulet qui se calme aussitôt, et me laisse monter à mon aise, me prenant pour un indigène.

VI

Une forêt vierge dans les monts Babors; les différents âges de la civilisation vivent côte à côte en Afrique.

Une fois en selle, je donnai le signal du départ, et je partis avec mon cavalier d'escorte et le Kabyle propriétaire de mon mulet. Notre départ fut brillant ; nos bêtes caracolaient, et les indigènes, après nous avoir baisé la main, nous accompagnèrent longtemps de leurs bénédictions et de leurs regards curieux.

Il nous fallut d'abord gravir une montagne rocheuse et boisée. Le sentier passait souvent sur la pierre nue et suivait des ravins et des précipices d'une hauteur effrayante. Le moindre faux pas de nos bêtes nous eût précipités dans l'abîme. Mais arrivé au sommet je fus ravi du spectacle qui s'offrit à mes regards : des montagnes de tous côtés, des pics élevés, pointus ou arrondis, mais toujours garnis de forêts épaisses et sombres; rarement une éclaircie dans une étroite vallée ; au fond, un bras de mer éclairé par le soleil, des nuages obscurs et entassés s'entre-choquant dans un ciel orageux.

A la descente, le chemin fut encore plus difficile qu'à la montée, mais admirable de sauvagerie. Imaginez de véritables forêts druidiques, des arbres gigantesques au feuillage touffu, ormes ou chênes, entrelacés par des lianes énormes qui formaient autour de leurs troncs et de l'un à l'autre un réseau inextricable, et rendaient tout passage impossible; de sombres cavernes dégouttant d'humidité et tapissées d'un lierre épais et vigoureux, fermées par de longues branches ou des lianes qui pendaient en guirlandes naturelles et sévères devant leur entrée. Ajoutez à cela les chants rauques et cadencés articulés à demi-voix par mes deux compagnons, notre isolement au milieu de ces forêts vierges, un silence mystérieux qui n'était rompu que rarement par le bouillonnement d'un gracieux ruisseau, ou le cri sinistre d'un oiseau de proie planant dans les airs, et vous vous seriez cru facilement transporté à deux mille ans en arrière, au milieu des forêts de la Gaule.

L'illusion devint plus frappante encore, quand, au sortir du bois, nous commençâmes à rencontrer des Kabyles allant à leurs travaux. Ils me saluaient d'un bonjour affable prononcé avec ce ton de dignité fière et en même temps bienveillante qui caractérise la politesse kabyle et la met bien au-dessus de la politesse obséquieuse et souvent rampante de l'Arabe. C'étaient de beaux hommes, grands et vigoureux, à la barbe noire et rarement brune, au teint sombre et hâlé, à la démarche énergique et fière, vêtus d'une espèce de chemise ou de blouse blanche sans manches (*gandoura*) tombant jusqu'aux genoux et ordinairement attachée autour du corps par une ceinture en cuir qui soutenait un long couteau. Ils étaient chaussés de la sandale antique attachée sur le pied et laissant à découvert sa surface supérieure. Ou bien encore, et le plus souvent, une peau de chèvre ou de bœuf non tannée et le poil tourné en dehors leur enveloppait le pied et la jambe, la défendant contre les ronces et les épines, espèce de bottine ou de guêtre maintenue par de forts lacets de cuir. Pour coiffure ils portaient une *chachia*, bonnet de laine blanche ou rouge, sans visière, en forme de cylindre ou de calotte, qui protégeait leur tête rasée. Un grand tablier de cuir appelé *tabenta* les couvrait entièrement depuis le menton jusqu'au-dessous du genou, comme nos charpentiers, et leurs bras musculeux, brûlés par le soleil, se déployaient à nu, brandissant une hache ou une serpe de forme antique. Quelquefois de superbes vieillards à la barbe longue et blanche, au burnous blanc descendant jusqu'à la cheville, à la démarche majestueuse et vénérable, semblaient les druides respectés de ces Gaulois africains. On eût dit des bas-reliefs animés, la vie pénétrant et faisant mouvoir devant mes yeux les mosaïques ou les fresques de Pompéi.

J'étais frappé d'admiration et je me demandais par quel mystérieux décret de la Providence on peut voir vivre côte à côte des races, des mœurs, des civilisations, des époques si différentes ; le Français du dix-neuvième siècle à côté du contemporain de César, du patriarche de l'époque d'Abraham, du nègre inculte et qui se retrouve aujourd'hui dans les contrées les plus arriérées du globe, semblable à ses ancêtres dont les sculptures de l'antique Égypte ou de l'Assyrie nous ont transmis les traits. Si on voulait poursuivre le raisonnement on reconnaîtrait dans les races actuelles qui habitent l'Algérie toutes les époques presque de la civilisation, depuis l'homme le plus primitif, vivant aujourd'hui encore à l'état sauvage, jusqu'au type le plus perfectionné de l'homme du dix-neuvième siècle, toutes les religions depuis le fétichisme le plus grossier jusqu'au christianisme le plus abstrait, tous les genres de vie, tous les costumes, tous les âges. Les Européens eux-mêmes représentent les nuances les plus variées, tous les siècles depuis la Renaissance. Le Grec et le

Maltais sont encore l'homme du quinzième siècle, l'Espagnol celui du seizième, l'Italien du dix-septième, l'Allemand du dix-huitième ; le Suisse, l'Anglais, le Français sont les représentants divers du dix-neuvième. Les Maures et les Juifs algériens sont encore comme ceux de Cordoue; les Arabes nomades sont le même peuple qui conquit le monde sous les successeurs de Mahomet, et qui, sauf la religion, n'a pas changé depuis Ismaël ; les Berbères sont restés tels qu'ils étaient sous l'empire romain, et les Numides d'Annibal se retrouvent encore.

Telle est l'œuvre de chaque civilisation, telle est l'œuvre des différentes religions qui se sont succédé dans le monde; car l'homme n'est que ce que le fait son intelligence, et l'intelligence se développe suivant le principe moral qui la guide.

Cependant nous ne tardâmes pas à quitter entièrement les forêts, sauf quelques bouquets d'arbres de loin en loin. Nous longions des champs cultivés, quoique en ce moment desséchés par les chaleurs de l'été. Quelquefois nous apercevions de jolis villages kabyles. Mais nous étions toujours encore dans les montagnes, et continuellement il fallait monter ou descendre. Le chemin était bordé d'arbres fruitiers soigneusement cultivés qui surplombaient au-dessus des précipices : des oliviers d'une taille inconnue en Europe, des arbousiers, des caroubiers, des rosiers sauvages au fruit doux et succulent, des vignes gigantesques avec des raisins énormes.

Une fois, la descente devait être longue ; mon cavalier avait mis pied à terre et conduisait son cheval par la bride. J'étais à cent pas en avant; voulant faire comme lui, je descendis lestement, mais à peine eut-il revu mon costume européen que mon pauvre mulet, saisi d'une terreur panique, sauta, rua, se débattit et se démena si bien que je fus forcé de lâcher la bride. Il détala de toute la vitesse de ses jambes, mais heureusement en se dirigeant du côté de son maître, qui put le rattraper. Une large rivière coulait au pied de la montagne : j'y attendis mes compagnons et, en me couvrant d'un burnous, je pus remonter facilement sur ma farouche monture. Notre chemin passa à côté d'un village aux maisons de pierre, comme près de Djidjelly. J'y fus suivi par tous les enfants de l'endroit qui ne pouvaient assez contempler cet étranger bizarre. Puis il s'éleva, par une pente sinueuse et roide et à travers un bois touffu, jusqu'au sommet d'une montagne nue et rocheuse, dont il suivit longtemps les contours abrupts. Les dangers de ce sentier étroit, longeant des précipices, et la sauvagerie du paysage n'étaient amoindris que par les beaux arbres qui le bordaient et qui, puissamment fixés au sol par des racines vigoureuses, défiaient majestueusement les abîmes et leur envoyaient au moindre souffle du vent une grêle de fruits mûrs.

Bientôt la pluie commença à tomber ; il était un peu plus de quatre heures. Je me couvris de mon burnous. Un village apparaissait devant nous et mes compagnons auraient voulu y coucher; ils prétendaient que la demeure du kaïd Saïd, auquel le lieutenant S. m'avait recommandé, était encore loin, bien loin dans la montagne, que d'ailleurs les chemins étaient mauvais et impraticables la nuit ; mais je refusai disant que je voulais aller, coûte que coûte, passer la nuit chez le kaïd. En nous voyant arriver, les habitants de la dechera vinrent à nous avec de chaleureuses démonstrations d'amitié, nous baisant les mains et nous engageant vivement à rester chez eux. Je les quittai à regret, mais je tenais à avancer.

Le chemin ne tarda pas à devenir réellement dangereux, parfois effrayant ; il longeait de vrais abimes ; le jour baissait à vue d'œil. Enfin, à six heures, à la tombée de la nuit, le village désiré se présenta à nos yeux.

VII

Ziama ; le kaïd et son hospitalité.

Une fontaine avec des eaux claires et abondantes se trouvait à l'entrée. Les femmes venaient d'y avoir fait leur provision et s'en retournaient chez elles avec leurs cruches. Quelques Kabyles accroupis à côté de la source s'étaient levés, m'avaient salué cordialement et conversaient avec mes guides arrêtés auprès d'eux.

Je continuai seul à avancer, admirant le site pittoresque du village. Des pins élancés qui ornaient une grande place au milieu des habitations donnaient à l'ensemble cette teinte sombre et sévère qui caractérise les paysages de montagnes du Nord ; on se serait cru en Suisse ou en Norvége. Le soleil couchant dorait de ses reflets changeants les cimes des arbres et les sommets des montagnes boisées; les nuages encore noirs dans leur centre prenaient vers leurs bords les belles nuances de l'arc-en-ciel; l'horizon semblait embrasé, et, à l'autre extrémité du ciel, la lune qui se levait saluait d'un regard mélancolique le départ de Phébus.

Quelques Kabyles, accroupis à l'orientale au pied d'un figuier gigantesque qui se dressait au milieu de la place publique et la couvrait de son ombre, se levèrent à mon approche. L'un d'eux, à la démarche imposante et digne, à la barbe noire et sévère, au front intelligent, couvert d'un haïk de laine fine, s'avança vers moi, me dit d'un air affable : « Bonjour, ça va bien? » me baisa la main, et me demanda en bon français d'où je venais.

— Es-tu le kaïd Saïd? lui dis-je.

— Oui, répondit-il, je suis le kaïd Saïd-Mohammed. Descends de ton mulet, et repose-toi. Dis-moi qui t'a adressé à moi, et d'où tu viens.

— Je viens de Djidjelly, et je vais à Bougie, repris-je; le lieutenant S. m'a recommandé de passer la nuit chez toi.

— Ah! le lieutenant S.! as-tu une lettre de lui?

— Je ne l'ai pas sur moi, mais un spahis qui m'accompagne va l'apporter tout à l'heure.

— C'est bien, dit-il; je vais te faire préparer un mulet. Quand veux-tu partir?

En ce moment mon cavalier arrivait; il salua respectueusement le kaïd. Tous deux se baisèrent la main à tour de rôle, se firent les compliments d'usage, puis le khiélas présenta la lettre.

Le kaïd la lut attentivement, puis, s'adressant à moi avec les plus grandes démonstrations d'amitié : « Tu auras un bon mulet, et je te donnerai un spahis pour t'accompagner. Mais repose-toi, je te prie. »

Pendant ce temps des serviteurs avaient apporté des nattes et des tapis et les avaient étendus sous le figuier. On m'y fit asseoir, et à l'instant s'accroupirent en cercle, autour de moi, le kaïd, le khiélas et les notables habitants du village venus pour me faire honneur. Les Kabyles, ne sachant pas le français, causèrent entre eux; le kaïd continua à m'entretenir. Il m'assura que Bougie était à une petite distance et que j'y arriverais facilement à cinq heures du soir. Mais connaissant l'exagération indigène, je demandai à partir à trois heures du matin. Des ordres furent donnés dans ce sens. Au bas de la montagne, près des ruines de la ville romaine de Ziama, ruines peu considérables du reste, se trouve un poste de spahis; l'un d'eux devait m'attendre au passage et m'accompagner jusqu'à la tribu des Beni-M'hamed dont le kaïd est placé sous les ordres du bureau arabe de Bougie.

Après quelque temps je me levai ; le kaïd me conduisit à sa demeure située à deux pas au bord de la place. Elle se composait d'une cour plus longue que large, fermée à une extrémité par un hangar qui servait d'étable à des vaches, des mulets et des chevaux, et qui touchait à deux maisons basses en pierre, symétriques, formant deux autres côtés de la cour. Sur le quatrième côté se tordait un chêne puissant, d'une croissance irrégulière et trapue, qui lançait au loin ses larges branches touffues et menaçantes, et protégeait de son ombre un petit hangar ouvert à tout vent ou plutôt un simple toit où nous devions passer la nuit. On y étendit sur la terre glaise un large tapis de laine à bandes de couleur, et au bord un long coussin pour servir d'oreiller.

Le kaïd me demanda si je mangeais du kouskous et si je buvais du café arabe. « Oui, répondis-je, traite-moi comme un Arabe ou un Kabyle; j'ai l'habitude de vivre en tout pays comme les habitants. »

On apporta alors deux assiettes en faïence à dessins, de fabrication française; sur l'une se trouvaient des dattes, sur l'autre des pastèques. Chacun se servit à son tour, puis on passa la cruche en grès contenant une eau peu agréable à boire. Du reste, point de verre. J'offris du vin au kaïd; il refusa en me disant d'un air confidentiel : « Vois-tu, quand je suis en ville avec des Français, j'en bois toujours; mais ici, tu comprends, on me verrait; il faut que je me respecte. — Les gens sont si ignorants, continua-t-il d'un air de protection, que j'ai eu beaucoup de peine à apprendre à mes femmes à faire le café. Comme on ne le connaît pas dans ces environs, elles étaient persuadées que c'était du vin, et maintenant encore, bien qu'elles le cuisent, elles ne veulent pas en boire. Mais moi j'aime les Français et je tiens à la civilisation. Tu vois que j'ai une montre et des assiettes. » En ce moment on apporta le café dans de jolies petites tasses mauresques, garnies chacune d'une cuiller en ruolz. Il était tout sucré et assez bon; j'en fis mon compliment au kaïd qui y parut très-sensible. Il me raconta alors sa vie. Il avait été longtemps spahis, et même maréchal des logis; puis, ayant pris sa retraite, il était venu habiter son village, et s'y était bâti une maison, lorsqu'un beau jour lui arriva l'ordre de se rendre à Djidjelly. Il partit assez inquiet, et ne sachant pas trop ce qu'on lui voulait. A Djidjelly il fut rassuré; on lui apprit sa nomination de kaïd, et séance tenante on lui remit le burnous d'investiture pourpre, insigne de ses fonctions. Il rentra enchanté dans son village, et y vit depuis très-satisfait. Il a deux femmes qui passent leur journée à tisser des étoffes de laine. Il a pu acheter plusieurs vaches, et cultive un bon bout de terrain; enfin sa place de kaïd et l'impôt des routes réunis lui rapportent environ 1,800 francs; c'est plus qu'il ne lui faut pour vivre, de sorte qu'il ne tardera pas à être riche et considéré.

Bientôt vint le kouskous : on en avait fait deux portions. Une grande coupe de bois à pied, suivant la mode du pays, était destinée à mes deux guides, le cavalier et le muletier, qui couchaient à mes côtés. Pour moi, on avait apporté une belle et large assiette en faïence et une cuiller en bois. Enfin un vase en étain contenait la sauce qui fut distribuée également entre les deux portions du kouskous. Je fus bientôt rassasié; mais mes compagnons, doués de l'appétit homérique que les indigènes témoignent toujours en face d'un repas gratuit, vidèrent d'abord leur plat, malgré son énorme contenance, et achevèrent ensuite ce qui restait sur mon assiette.

On nous servit une seconde tasse de café; puis le kaïd nous quitta, en nous souhaitant le bonsoir; chacun s'étendit dans son burnous, et bientôt mes deux compagnons ronflèrent à l'envi. J'aurais voulu faire comme eux; mais la dureté de ce lit de terre glaise, le peu d'habitude que j'avais de coucher tout habillé, et surtout les cruelles démangeaisons que me causaient les piqûres sans cesse renouvelées d'une foule d'odieux insectes, ne me laissèrent aucun repos.

Cependant le temps se passe; j'ouvre les yeux: la pluie qui était tombée un instant a cessé; les étoiles scintillent de nouveau dans l'obscurité bleuâtre du ciel; le chêne qui m'avoisine résiste avec fierté aux efforts du vent. Pareil à un fantôme bizarre et gigantesque, il secoue ses bras énormes et fait tomber quelques glands secs. La lune, qui continue paisiblement sa course dans le ciel nuageux, éclaire de sa pâle lueur ce spectacle étrange, et le rend encore plus fantastique. Elle brille à travers les feuilles, donne la vie aux branches en mouvement, et semble animer leurs ombres. Je sors de ma rêverie; je tire ma montre: il est trois heures, temps de partir, et rien ne bouge. Je me lève, je m'avance dans la cour: personne. J'appelle; pas de réponse. Je crie une seconde fois. Aussitôt s'élancent sur moi les trois chiens de mon hôte, féroces comme tous les chiens kabyles. Je n'ai que le temps de me jeter sur mon parapluie, et d'improviser un moulinet rapide qui bientôt m'épuise. Les chiens aboient de plus en plus fort. Quelques vaches, endormies dans la cour, se réveillent au bruit, se lèvent effrayées, et se mettent à courir en tout sens. Les chiens du voisinage commencent à hurler à leur tour. Mon bras se fatigue, et, ne sachant plus comment me défendre, j'allais tirer soit mon pistolet, soit mon couteau, lorsqu'un serviteur de mon hôte arrive avec un bâton et fait taire les chiens. Je lui dis que je veux partir. *Chouya, chouya*, est sa réponse, et il retourne dormir à son poste, couché en travers de la porte. Je reprends également ma place, d'où mes compagnons n'ont pas bougé.

Au bout d'une demi-heure je me relève; le mulet n'est toujours pas là, j'appelle le gardien, et lui dis d'aller prévenir le kaïd que je veux partir. Il y va. Le kaïd sort en chemise de sa maison, à moitié endormi, calme mon impatience, et me dit que le mulet va venir tout à l'heure; puis il me souhaite un bon voyage, et va se recoucher.

Enfin, après une nouvelle demi-heure, le gardien vient me prévenir que le mulet est arrivé.

VIII

Les spahis; la côte de la mer; les forêts de la Kabylie et l'administration française; l'Oued-Aguerioun.

Il est quatre heures du matin. Mes compagnons de la veille se lèvent à leur tour; je prends congé d'eux, et leur glisse dans la main un souvenir monnayé. Puis je m'élance sur le mulet, et je pars accompagné par le Kabyle qui a amené la bête. Quel charme il y a dans ces voyages de nuit! La lune nous éclairait de sa lumière blafarde et mélancolique; le sentier se distinguait à peine à l'ombre de ces pins sévères qui semblaient autant de sombres géants alignés pour protéger le village. Les sommets des montagnes se confondaient avec le ciel obscur comme eux; et dans le lointain, entre deux pics élevés, on voyait la mer refléter dans ses flots noirs et mobiles les astres brillants. De temps en temps quelques cavaliers en burnous blanc s'avançaient à travers les arbres, assis dans leurs selles rouges et armés de leurs longs fusils; ils nous croisaient en silence, ne prononçant qu'un grave selamalek. Le vent soufflait majestueusement à travers les branches, et produisait dans la forêt entière comme un murmure immense. Un cavalier nous rejoignit bientôt, monté sur un beau mulet richement harnaché, et nous accompagna quelque temps. Nous descendions peu à peu vers la mer par des sentiers étroits et roides bordés de ravins profonds.

Vers cinq heures, nous arrivions au bas de la montagne, à deux pas du rivage, devant quelques gourbis habités par les spahis du kaïd. Mon guide me dit de m'arrêter, et se mit à appeler à grands cris, pour réveiller celui qui devait nous accompagner; aussitôt les chiens s'élancèrent sur nous avec acharnement. Enfin on répondit d'une des maisons. Je demandai de l'eau, et mon Kabyle alla en chercher une cruche ; mais après m'être rafraîchi, je fus de nouveau obligé d'attendre pendant plus de trois quarts d'heure. J'étais impatienté de ces malencontreux retards au moment même où la fraîcheur permettait de voyager avec le plus d'agrément.

Enfin arriva un Kabyle en burnous blanc, monté sur un petit mulet gris ; il descendit, me salua, s'accroupit à côté de moi, but à la cruche, et se mit à me faire la conversation. *Andar*, dis-je à mon guide, au bout de quelque temps, avec un redoublement d'impatience ; *andar*, répondit-il. Je me levai, et montai sur ma bête. Le nouveau venu fit de même, le guide nous précéda, et je me mis en route, pensant que le spahis promis nous rejoindrait plus loin.

Il nous fallut d'abord traverser des marais garnis d'épaisses broussailles, puis le chemin gravit une montagne élevée. Le jour était venu, et bien heureusement ; car le sentier passait sur des rochers nus et glissants et devenait de plus en plus étroit.

Le spahis n'apparaissait toujours pas ; et il y avait

plus d'une heure que nous étions en marche. J'en fis l'observation à mon guide, qui d'un air tout étonné me montra notre nouveau compagnon. Celui-ci confirma l'assertion en me disant qu'il était lui-même le spahis. Pour le coup, je ne m'en serais pas douté, moi qui attendais un de ces beaux cavaliers d'élite drapé dans son burnous rouge et son haïk rayé de soie, fièrement assis sur une selle de velours cramoisi, conduisant habilement son vaillant cheval arabe, et brandissant son fusil de guerre. J'ai rougi pour l'honneur de notre civilisation européenne de voir le respect de la loi si développé chez ces peuplades incultes, à demi sauvages. Partout en Europe l'agent de police, pour imposer, a besoin d'un sabre, et si l'Angleterre fait exception à cette règle, si le policeman se contente de son court bâton, on admire la puissance de la civilisation anglaise et le respect de l'Anglais pour la loi; on y trouve un idéal à poursuivre chez nous et qu'il sera long et difficile de réaliser. Ici au contraire, chez les Arabes et les Kabyles, chez ces peuples fiers, intrépides, batailleurs, le représentant de l'autorité parcourt le pays sur un simple mulet ou même un âne, sans uniforme aucun, sans armes, et il se fait respecter et obéir, lui et la loi.

Il faut dire toutefois, pour expliquer ce fait étrange, qu'on n'admet en général dans les rangs des spahis que des jeunes gens de famille noble, des *fils de grande tente*, jouissant par eux-mêmes d'une certaine fortune et d'une certaine considération, que le spahis se monte et s'habille à ses propres frais, qu'il possède une certaine indépendance, qu'il est une espèce de magistrat volontaire plutôt encore qu'un gendarme d'élite, que les cheikhs et les kaïds étant très-souvent tirés des régiments de spahis, ceux qui aspirent à ces dignités, quels que soient leurs avantages de naissance, s'y enrôlent volontiers pour être plus sûrs d'être distingués par les autorités françaises, et qu'ainsi, joignant au prestige du corps auquel il appartient son propre ascendant, le spahis est dans une situation tout à fait exceptionnelle. Ce qui est certain, c'est qu'il inspire dans tout le pays un respect et une crainte que les baïonnettes françaises sur lesquelles il pourrait s'appuyer n'expliquent pas seules.

Bientôt nous atteignîmes le sommet de la montagne qui descendait presque à pic jusque dans la mer. Le sentier était à peine assez large pour nous laisser passer un à un, et le moindre faux pas nous eût infailliblement fait rouler dans le gouffre liquide. C'est dans cette position périlleuse qu'on avait bâti des villages kabyles partout où l'escarpement un peu moindre avait permis de fixer une maison. Sur ces pentes si roides on voyait paître des bestiaux, jouer des enfants. Bien plus, des travailleurs kabyles montés de branche en branche jusqu'aux sommets d'oliviers gigantesques qui surplombaient, et semblaient défier l'abîme en se penchant vers lui, s'occupaient à les tailler et à les greffer. Ils paraissaient oublier que la moindre rupture de leur point d'appui si fragile, malgré les puissantes racines qui le fixaient au sol, les eût infailliblement lancés d'une hauteur de plusieurs centaines de mètres dans la mer qu'ils voyaient presque perpendiculairement au-dessous d'eux ou sur les rochers contre lesquels venaient se briser les vagues.

J'aimais bien voir dans leur costume de travail, au milieu de leurs occupations rustiques, ces courageux *Suisses de l'Afrique,* comme les appelle le général Daumas, aussi ardents au travail que redoutables à la guerre. Et en réalité, involontairement, ces fiers Kabyles me rappelaient ce qu'avaient dû être il y a quelques siècles les valeureux compagnons de Guillaume Tell. D'alertes petites filles surveillaient, une baguette à la main, des chèvres qui folâtraient dans les buissons ; des femmes, le visage découvert, se montraient aux portes, ou recueillaient les fruits qui tombaient des arbres. Une Nausicaa kabyle, entre autres, me frappa par la blancheur et la propreté de ses vêtements, circonstance exceptionnelle dans ce pays, et le luxe de sa personne. Son costume était du reste le même que j'avais déjà vu ailleurs : une espèce de robe blanche avec une ceinture rouge. C'était probablement la fille ou la femme d'un chef, car elle était accompagnée de deux suivantes. Mais pour faire contraste avec ces tableaux paisibles, des oiseaux de proie planaient dans les airs, et les faisaient retentir de leurs cris rauques et de mauvais augure.

Mes guides me firent remarquer quelques arbres célèbres par leurs dimensions colossales. Dans chaque village ils s'arrêtaient un instant pour faire échange de salutations et d'amabilités avec les habitants qu'ils connaissaient. Le spahis surtout était en butte aux politesses les plus affectueuses. On lui baisait la main à l'envi, et les compliments à son adresse étaient interminables. Pour tout dire, la curiosité avait beaucoup de part dans ces réceptions si aimables, car j'étais le sujet de la plupart des conversations et chacun demandait avec force détails à mes guides et souvent à moi-même qui j'étais, d'où je venais, où j'allais, etc.

J'ai remarqué dans le langage de cette partie du pays des tendances musicales qui m'ont frappé et que je n'ai pas entendues ailleurs. Il y a de fort belles voix, et, à côté des sons rudes et gutturaux qui dominent dans les dialectes locaux, j'ai surpris des nuances harmonieuses et des phrases très-mélodieusement accentuées. Qui sait s'il n'arrivera pas un jour où parmi nos chanteurs de l'Opéra on pourra trouver des ténors ou des barytons kabyles?

Vers huit heures, j'eus le plaisir de voir arriver à notre rencontre un Français et deux indigènes à cheval. Ils étaient armés tous trois et appartenaient à l'inspection des forêts de Bougie. Il paraît que les Kabyles ont la funeste habitude de mettre le feu aux broussailles qui couvrent leurs montagnes. Ils en emploient les cendres pour fumer leurs champs, et le terrain incendié peut de nouveau servir de pâturage aux bestiaux. Mais le feu se propage ordinairement plus loin et consume ainsi dans de vastes incendies les trop rares forêts qu'on trouve encore en Algérie. Cette malheureuse coutume a dénudé peu à peu toutes les montagnes du pays qui, du temps des

Romains, étaient couvertes de forêts touffues, et détruit à mesure la végétation qui tendrait à se reproduire. On venait d'avoir signalé dans le voisinage des incendies pareils, et les trois cavaliers allaient visiter le pays pour prendre des informations et apprécier la gravité des dégâts commis. L'administration des forêts ne plaisante pas en pareille matière, et les tribus coupables sont sévèrement punies.

Nous arrivions à un grand village. On voyait encore la mer, brillamment éclairée par le soleil du matin. La côte s'arrondissait et formait une vaste anse dont nous occupions le milieu ; derrière nous, on apercevait dans le lointain le promontoire sur lequel s'élève Djidjelly, et devant nous, à une distance un peu moins grande, sur la pente d'un cap élevé qui s'enfonçait dans la mer et bornait l'horizon, les blanches maisons de Bougie, vague et nuageuse apparition.

A ce moment le chemin tourna, et, au sortir du village, nous nous trouvâmes sur le versant intérieur de la montagne. Son sommet nous cachait la mer; mais en revanche la vue s'étendait sur un ensemble magnifique de montagnes élevées, presque toutes revêtues d'épaisses forêts, et séparées par des vallées étroites où brillait au soleil l'eau tranquille de larges rivières coulant sur des cailloux blancs. Comme d'habitude, une bonne partie de leur lit était à sec, et dans ces espaces vides croissaient des lauriers-roses en fleur, des lentisques et des rosiers sauvages, aux fruits innombrables, dont le rouge ardent tempérait et égayait en même temps le vert intense des feuilles.

Notre sentier quitta bientôt la hauteur pour descendre vers les bords fleuris de l'Oued-Aguerioun, qu'il nous fallut traverser à plusieurs reprises. Puis, se glissant entre deux montagnes, il rejoignit la mer. Dès lors il serpenta longtemps au milieu d'une large surface plate et sablonneuse, espèce de terrain d'alluvion qui formait la côte.

Des hauteurs que nous venions de quitter, cette plage verte m'avait paru couverte d'herbe, de bruyères, de houx ou d'autres plantes analogues, mais la distance avait rapetissé à mes yeux une végétation d'une puissance rare. C'était en effet une vraie forêt de lentisques, de rosiers, d'arbousiers, de lauriers-roses, de tamarins, de chênes verts, etc. Les grands arbres étaient peu nombreux, il est vrai, les broussailles et les arbrisseaux dominaient de beaucoup, mais ils étaient assez élevés pour dépasser ma tête et m'empêcher de voir au loin.

J'étais ravi d'ailleurs de ce changement. Les feuilles éclairées par le soleil présentaient à l'œil un vert magnifique et varié d'une infinité de nuances qui ressortait encore mieux par son contraste avec la couleur blanche, rouge, rose, noire, jaune, des fleurs et des fruits; un vrai jardin, en un mot, et d'où s'exhalaient des senteurs délicieuses inconnues dans nos pays du Nord. Des oiseaux de mille espèces sautillaient de branche en branche et remplissaient l'air de leurs gazouillements joyeux.

De cette atmosphère embaumée, mon muletier

kabyle ne sentait que chaleur et lassitude. Il me demanda à monter derrière moi sur mon mulet; je le lui permis pour le reposer un peu, quoiqu'il me fatiguât horriblement. Plus tard je lui dis à plusieurs reprises de descendre; il feignit toujours de ne pas comprendre, si bien que je me résignai à le garder en croupe, pour ne pas employer la force.

IX

Les Beni-M'hamed; leur mauvais vouloir; autres désagréments.

Enfin nous arrivâmes vers dix heures à la tribu des Beni-M'hamed, où je devais changer de monture. Nous nous arrêtâmes près d'un mur bas, peut-être d'origine romaine, formé de quelques larges pierres, et paraissant servir de porte au village, car au milieu il s'interrompait pour laisser passer la route. Je mis pied à terre, je m'assis sur ce fragment d'enceinte, et m'occupai de déjeuner pendant que mon spahis allait s'installer dans un autre coin, que les deux mulets, débarrassés de leur charge, s'empressaient de brouter l'herbe de la prairie et que mon guide montait au village bâti sur une légère élévation pour y demander un mulet de rechange qui me conduirait jusqu'à Bougie. Il y avait son intérêt, car s'il n'en trouvait pas il devait, suivant les instructions du kaïd Saïd-Mohammed, m'y accompagner lui-même. Il tarda longtemps à revenir; enfin il reparut, disant que les Kabyles ne voulaient pas donner de bête. Le spahis alors gravit à son tour le coteau pour aller voir si son autorité aurait plus d'influence.

Si ce retard ne m'avait impatienté, j'aurais joui pleinement de cette halte champêtre. Nonchalamment étendu sur mon banc de pierre, je voyais passer devant moi en tous sens de laborieux Kabyles revenant des champs avec leurs mulets chargés de sorgho ou d'autres produits utiles, ou bien s'y rendant avec leurs outils de travail. D'autres, montés eux-mêmes sur leurs bêtes chargées de sacs, s'en allaient vendre au dehors leurs provisions. Quelquefois ils s'arrêtaient près de moi, car l'endroit où j'étais, arrosé par une source claire et fraîche, ombragé par quelques arbres d'un âge et d'une taille vénérables, au feuillage touffu, semblait servir un peu de place publique. Ils se saluaient gravement et affectueusement, se causaient longtemps, et se séparaient avec les mêmes démonstrations d'amitié. Devant moi s'étalaient des champs de sorgho magnifiques, et sur la montagne voisine j'apercevais de jolis villages kabyles gracieusement assis au milieu des haies vertes de figuiers de Barbarie, des oliviers, des vignes, qui les entouraient de leur florissante végétation.

Mais le soleil avançait dans sa course, ma montre marquait midi, j'avais déjà perdu deux heures à attendre et le spahis ne revenait pas. J'étais sur le point de monter moi-même au village pour voir ce qui en était, si je n'avais craint qu'on ne me volât mes bagages en mon absence. J'avisai alors un Kabyle qui passait sur un mulet chargé de blé, et lui demandai de me conduire à Bougie. Il exigea d'abord un prix exorbitant; je marchandai avec succès; le marché était conclu et déjà nous nous étions serré la main pour confirmer l'accord, lorsqu'au moment où j'allais mettre ma valise sur le bât et monter moi-même, il refusa de décharger le blé qui s'élevait en montagne volumineuse sur le dos de sa bête. Je ne me souciais pas de me jucher comme un paquet sur une pile de sacs. D'ailleurs, avec un pareil chargement et la lenteur habituelle des gens de ce pays, je ne serais peut-être pas arrivé du tout. Le Kabyle, persistant à ne pas céder, me quitta.

Je voulus alors, conformément à l'autorisation que m'avait donnée le kaïd Saïd, reprendre mon mulet du matin. Mais son pauvre diable de propriétaire se mit à se lamenter d'une manière si pitoyable que j'hésitai d'abord à faire usage de mon droit. Comme cependant, habitué aux jérémiades des indigènes, j'insistais, il tenta un dernier effort. Il courut de nouveau au village et revint enfin au bout de quelque temps avec les mots consolateurs de : *Chouya, chouya* (patience). Un mulet allait arriver sous peu. Puis il me demanda de lui faire cadeau de mon pistolet, et sur mon refus il se rabattit sur ma montre, puis sur mon couteau, sur ma ceinture de cuir qui, me disait-il en montrant sa tunique lâche, ferait parfaitement son affaire. Malheureusement je n'avais pas ces objets par luxe et je ne pouvais m'en passer; je lui donnai quelques pièces d'argent qu'il empocha avec le geste rapace et le regard cupide de l'avare qui cache un trésor.

Un instant après je vis arriver, monté sur un magnifique mulet gris, couvert d'une selle en velours rouge brodée d'or et d'une housse luxueuse à larges raies transversales de couleurs éclatantes, un beau et majestueux Kabyle, à la barbe noir de jais, à la figure noble, simplement habillé, en burnous blanc, et accompagné de deux cavaliers qui lui servaient d'escorte.

Il vint à moi et me baisa affectueusement la main. Je lui demandai s'il était le kaïd des Beni-M'hamed. Il répondit affirmativement et me dit que les habitants du village n'avaient pas voulu donner de mulet, qu'ils avaient fait du tapage (*fantasia beseff*) et qu'il avait été obligé d'intervenir et d'user de son autorité pour me procurer une bête qui allait venir tout à l'heure. Je lui demandai son nom pour le noter dans mes tablettes, mais il ne comprit pas. Craignant d'avoir employé une phrase inexacte, je tirai mon dictionnaire arabe; j'avais bien dit; je répétai ma question, mais il ne me comprit pas davantage. Sans doute les mots indiqués par mon dictionnaire appartenaient à un autre dialecte. J'usai alors d'un autre moyen : *Enta Mohammed?* lui dis-je avec gestes explicatifs, *enta Ibrahim? enta Messaoud? enta Saïd?* A cette énumération de noms arabes il finit par comprendre et me dit qu'il s'appelait Mohammed-bel-Kassem. La conversation continua encore quelques instants, puis il me quitta en me saluant très-gracieusement.

Peu après le mulet qui m'était destiné arriva;

c'était une belle bête brune, pleine d'ardeur, mais qui n'était pas encore habituée aux Français, car il fallut lui couvrir les yeux, et en outre je fus obligé de me revêtir de mon burnous pour me mettre en selle. Il était midi et demi. Notre chemin passa d'abord dans une espèce de verger garni d'oliviers touffus et gigantesques, dont l'ombre était impuissante à nous préserver des ardeurs d'un soleil tropical. Puis il gravit une côte assez rapide, passant auprès d'un de ces pittoresques villages que j'avais aperçus d'en bas. Là, une légère brise vint nous rendre moins insupportable la chaleur étouffante qui régnait partout. Les figuiers de Barbarie, les oliviers, les vignes, les lauriers-roses, les rosiers sauvages, etc., croissaient à l'envi dans ces lieux embellis et transformés par le travail des Kabyles. Mais un peu plus loin la végétation diminuait, les terrains devenaient schisteux, et le sentier étroit serpentant parmi ces rochers friables et glissants devint réellement périlleux lorsqu'il fallut descendre la pente roide de la montagne. Cependant mon mulet ne broncha pas dans ce passage difficile. Bientôt nous arrivâmes en plaine sur la côte sablonneuse et couverte de broussailles, en tout semblable à celle que j'avais parcourue dans la matinée avant de m'arrêter chez les Beni-M'hamed.

D'abord il fallut traverser une large rivière, puis le chemin s'avança droit dans le sable au milieu d'une forêt d'arbrisseaux touffus. Je profitai de la bonté du chemin pour trotter. Le Kabyle courait devant moi, suivant l'habitude du pays. Voulant aller plus vite, je l'avais un instant dépassé, lorsque subitement mon mulet s'arrête et se couche. Je n'ai que le temps de sauter lestement à terre, pour ne pas avoir les pieds pris sous la bête. Le Kabyle prétend que le mulet est fatigué. Je remonte en selle; et nous nous remettons en route, mais ma monture se couche de nouveau à deux reprises différentes en pleine marche. Je m'en tire heureusement sans accident; mais pour éviter le danger d'une chute, je me décide à aller à pied. Quant à mon guide, il prétend que Bougie est très-loin, et que nous ne pourrons plus y arriver le même jour. Serait-il de connivence avec son mulet pour me forcer à m'arrêter?

Le gibier était assez abondant au milieu de cette forêt de broussailles. J'y vis des lièvres; et même de petits Kabyles vinrent m'offrir des oiseaux qu'ils avaient tués avec de mauvais arcs de bois comme en ont chez nous aussi les enfants. Cependant le sable fin qui formait la route me fatiguait beaucoup; j'y enfonçais à chaque pas, souvent jusqu'à la cheville; la chaleur était toujours accablante.

Bientôt se présenta une montée assez rude. Je désirais conserver mes forces pour les jours suivants, et ne pas trop en abuser dès le commencement. Aussi, rejetant mes craintes de tout à l'heure, je me remis sur le mulet. Le sentier était étroit et pierreux, mais je comptais sur la sûreté de pas que ma bête avait montrée à la montagne précédente. Arrivés à environ cent mètres de hauteur perpendiculaire au-dessus de la mer, nous allions commencer à redescendre, et nous passions sur un rocher à pic dont le pied était baigné par les flots, quand soudain, glissant des quatre pieds sur la pierre polie, mon mulet s'abattit. Il chercha immédiatement à se relever. S'il ne réussissait pas du premier coup, nous roulions tous deux dans l'abîme. Je ne voulus pas tenter cette épreuve périlleuse, et comme au premier mouvement il chancelait déjà, je m'élançai par-dessus son dos, contre la terre rocheuse qui bordait le chemin du côté de la montagne. Le mulet, débarrassé de mon poids, parvint à se remettre sur ses jambes. Quant à moi, j'avais pris un si violent élan qu'au lieu de retomber droit sur mes pieds, j'allai m'aplatir contre la paroi; une branche à laquelle je pus me cramponner à la hâte me préserva d'une chute fatale. Le Kabyle qui venait derrière avait poussé un cri d'effroi en voyant le danger. Il accourut. Je m'étais blessé au bras et à la jambe; mais je n'avais rien de brisé. Je l'envoyai alors en avant avec le mulet, en lui disant que je le rejoindrais tout à l'heure. Je n'avais que quelques contusions peu graves, et au bout d'un instant je pus me remettre en marche.

Un quart d'heure après, j'arrivai à la maison d'un colon français située au bord de l'eau. Le Kabyle s'y était arrêté, et avait raconté mon accident; le colon venait à ma rencontre pendant que sa femme me préparait des rafraîchissements. Ces bonnes gens s'informèrent avec le plus vif intérêt de l'état de mes membres, et insistèrent pour me faire passer la nuit chez eux. Mais je tenais à être à Bougie dans la soirée, et d'ailleurs je me sentais aussi frais et dispos que s'il ne me fût rien arrivé. Je les remerciai donc et ne consentis qu'à prendre avec eux un verre d'absinthe. Mon guide me proposa alors d'aller en avant jusqu'à la tribu des Beni-Mimoun qui se trouvait à une lieue de là, de m'y faire préparer un mulet frais, et de revenir avec lui me chercher. J'acceptai ; mais, pour gagner du temps, je décidai que je ferais la route à pied jusque chez les Beni-Mimoun, où j'arriverais probablement avant que le mulet ne fût prêt.

Les Beni-Mimoun ; l'amble ; rude éducation des jeunes Kabyles ; arrivée à Bougie.

Après m'être reposé un quart d'heure, je partis malgré l'insistance de mes hôtes, dont la cordiale et sympathique réception m'avait profondément touché. Le colon me montra le chemin ; je n'avais qu'à suivre la côte, et il eût été difficile de se tromper. J'avais soin d'ailleurs de demander le village des Beni-Mimoun aux rares Kabyles que je rencontrais. Enfin, après une heure d'une marche fatigante dans les sables échauffés par le soleil, j'arrivai sur la place principale du village. Là se trouvaient rassemblés, accroupis en cercle, les habitants notables de la tribu. L'un d'eux s'avança à ma rencontre, et m'accosta en bon français, tout en me conduisant vers un vénérable vieillard à barbe blanche qui s'était levé du milieu du groupe et s'approchait de moi. C'était le kaïd Saïd-Hamed.

Il me baisa la main affectueusement, me souhaita la bienvenue et engagea la conversation. Mon premier interlocuteur servait d'interprète, de sorte que je pus m'exprimer en français et sortir un peu des banalités auxquelles ma connaissance incomplète de la langue arabe me forçait à me borner dans mes causeries ordinaires avec les indigènes. Le vieux kaïd insista vivement pour me faire coucher chez lui, assurant qu'il me traiterait de son mieux, mais je ne voulais pas au dernier moment renoncer à ma résolution d'arriver à Bougie le soir même. D'ailleurs, malgré l'amabilité que l'on me témoignait, je me sentais si dépaysé au milieu des indigènes que j'attendais impatiemment l'heure où je pourrais me retrouver avec des Français.

On me prépara donc un bon mulet et on y chargea mes bagages pendant que j'émerveillais les Kabyles par mes descriptions de la France. Ils s'imaginèrent que j'étais un ingénieur venu pour faire les études du chemin de fer qui est projeté dans les environs. Voyant que ce sujet les intéressait, je leur parlai de nos chemins de fer, de nos bateaux à vapeur, de nos télégraphes électriques. Beaucoup d'entre eux s'étaient levés et se tenaient debout autour de moi, écoutant avec une vive attention, et se communiquant par paroles et par gestes la surprise et l'admiration que leur causaient tous ces prodiges. Comme péroraison, je leur racontai une ascension en ballon que j'avais faite et les confirmai ainsi dans la pensée souvent émise par des indigènes que les Français sont des sorciers ou qu'ils sont secondés par le diable. Cette opinion ne contribue du reste pas médiocrement à l'affermissement de la domination française dans le pays.

Je quittai au milieu des salutations les plus cordiales cette tribu hospitalière et bienveillante. Il était quatre heures et je voyais Bougie à environ deux ou trois lieues de distance. On m'avait donné un excellent mulet marchant l'amble et un jeune Kabyle d'environ quatorze ans pour me conduire. L'amble est l'allure perfectionnée que les Kabyles et les Arabes s'étudient à donner à leurs bêtes de voyage; le mouvement, comme on sait, est plus rapide et en même temps plus doux pour le cavalier. On voit de tous côtés dans les campagnes des bêtes en apprentissage. On leur attache ensemble, par une corde assez courte passant autour des chevilles, la jambe de devant et la jambe de derrière de chaque côté. L'animal ne peut avancer l'une sans entraîner l'autre dans tous ses mouvements, et ainsi tout en broutant il contracte une habitude qui lui reste, une fois les entraves enlevées. Chez les chameaux, cette allure est naturelle. Un mulet marchant l'amble fait facilement une lieue et demie à l'heure.

Comme je voulais arriver à Bougie le plus tôt possible, pour trouver encore à son poste l'officier du bureau arabe auquel j'étais recommandé et pouvoir repartir le lendemain matin de bonne heure, je ne tardai pas à mettre mon mulet au trot, tandis que le petit Kabyle me suivait ou me précédait en courant. Au bout de quelque temps il se plaignit de la fatigue et de la fièvre, et me demanda à monter en croupe. J'y consentis, quoique j'eusse des doutes sur la réalité de sa maladie ; mais au bout d'une demi-heure de trot je repris le pas et je mis à terre le gamin qui fatiguait encore plus que le mulet mes membres endoloris et enflés par huit jours d'équitation continue.

Il était leste et bien bâti, vêtu d'une simple *gandoura,* tunique ou chemise de laine blanche à capuchon, serrée autour des reins par une ceinture de cuir ; du reste, la tête rasée et découverte en plein soleil, sauf la petite houppe à la huronne sur le derrière de la tête (le *mohammed*).

En ce moment arrivèrent à notre rencontre quelques vaches en compagnie de plusieurs ânes. Sans plus de cérémonie mon guide enfourcha un de ces derniers et lui fit rebrousser chemin ; je ne puis dire qu'il lui fit tourner bride, car les ânes n'en ont jamais par ici. J'en profitai pour reprendre le trot et le gamin me suivait à la même allure lorsque quelque temps après nous rencontrâmes le gros du troupeau, conduit par quelques Kabyles en habit de travail, avec leur long tablier de cuir.

L'un d'eux s'approcha, reprit son âne, en fit descendre mon jeune compagnon et me pria de le laisser remonter en croupe sur ma bête, disant qu'il était son neveu et qu'il avait réellement la fièvre. Mais pourquoi ne lui prêtait-il alors son âne qui marchait à vide ? Cependant, par humanité, je laissai le gamin s'asseoir derrière moi, non sans admirer une fois de plus la vigueur et la dureté à la fatigue de ces indigènes pour qui la maladie, semble-t-il, ne compte pas, puisqu'on envoie à Bougie à pied, pour en revenir le même soir avec le mulet par l'obscurité, un garçon qui souffre de la fièvre. Nous approchions de Bougie de plus en plus, mais le jour baissait sensiblement. J'apercevais devant moi cette gracieuse ville accoudée sur la montagne, embellie encore par les rayons du soleil couchant qui se jouaient dans ses murs et dans le feuillage de ses promenades.

Au moment où j'allais traverser un pont en bois jeté sur la Summam, large rivière qui a près de là son embouchure, je fus rejoint par l'un des employés indigènes des eaux et forêts que j'avais rencontrés le matin. Il me salua et marcha à côté de moi en me faisant la conversation. Il était en uniforme complet, semblable à celui des spahis, et montait un beau cheval blanc avec lequel il prétendait avoir fait vingt lieues dans la journée, n'allant au pas que dans les sentiers difficiles de la montagne. Il nous fallut plusieurs fois encore traverser l'eau, soit sur des ponts, soit à gué, avant d'arriver à Bougie où nous fîmes notre entrée à la nuit tombante et par une légère pluie.

Je me dirigeai tout droit vers le bureau arabe, situé dans le haut de la ville, près de la Kasbah, véritable citadelle aux murs cyclopéens. Malheureusement il était trop tard, les officiers étaient tous partis. Je me rendis alors directement à l'hôtel de la Marine où l'on me donna une bonne chambre ayant vue sur la mer.

CHAPITRE VII

LA GRANDE KABYLIE

I

De Bougie au bordj de Thaourirth-Iril ; l'Oued-Sahel ; le spahis Messaoud-ben-Saïd et sa réception.

Le lendemain je me lève de bonne heure ; la matinée est fort belle ; je me promène dans la ville, admirant la mer et quelques ruines romaines qui dominent le port. Bougie est une jolie ville française qui a perdu tout à fait le cachet arabe ; du reste bien située, avec une belle vue, étendue et pittoresque. Bientôt huit heures sonnent ; c'est l'heure où le bureau arabe s'ouvre. Je m'y rends, je remets à l'officier M. une lettre de recommandation que m'a donnée le lieutenant S. à Djidjelly. M. M. me dit que je pourrai arriver encore avant la nuit au bordj de Thaourirth-Iril, qui est à une douzaine de lieues, et me fait préparer une lettre en arabe pour le maréchal des logis de spahis, Messaoud-ben-Saïd, qui occupe le bordj avec quelques-uns de ses hommes. Justement un Kabyle se trouve dans la cour avec son mulet. On le fait arrêter et on le charge de me conduire avec sa monture à Thaourirth-Iril.

Je contemple pour la dernière fois le site pittoresque de la ville et la vue admirable qu'on a sur la mer, sur la côte et sur la Kasbah qui couronne tout le reste, puis je me dirige vers mon hôtel avec le Kabyle pour chercher mes affaires.

Le harnachement de ma bête laisse beaucoup à désirer; il se compose uniquement d'un mauvais bât avec deux grands paniers, un de chaque côté; ceux-ci contiennent les provisions du Kabyle, qui sont assez volumineuses. Aussi quand par-dessus ce chargement complet on arrive encore à mettre mes bagages, le tout forme une surface horizontale d'un mètre carré; je la couvre de mon burnous pour amortir les réactions, et je grimpe à mon tour sur cette espèce d'impériale. Je m'y assieds, quoique la position soit très-fatigante, et je n'ai pour distraction que la faculté de tourner mes jambes en avant, en arrière ou de côté, variation qui n'est pas à dédaigner quand on voyage un certain temps de suite.

Dans ce grotesque équipage je traverse les rues de Bougie sans que personne s'en inquiète et j'arrive en plaine. A chaque descente, il faut que je m'accroche avec la main à la partie postérieure du plateau pour ne pas glisser en avant; car je suis assis comme un enfant sur une chaise trop haute pour sa taille et mes pieds pendent sans appui aucun. Bientôt nous arrivons à une citerne où quelques indigènes puisent de l'eau : mon guide me fait arrêter en me disant : *Menèh Kabaïles* [1] *bibir el agua* (ici les Kabyles boivent l'eau). Nous buvons donc, chacun à notre tour, car mon Kabyle, qui m'a cherché de l'eau dans un petit gobelet de cuir dont j'ai fait l'acquisition à Bougie, ne manque pas de s'en servir aussi pour lui-même.

Nous longeons ensuite la Summam, qu'on appelle aussi Oued-Sahel ou Bou-Mansour, mais sur une grande route parfaitement entretenue.

Le pays, du reste, est fort beau. Il a un aspect civilisé : on se croirait presque en France. La rivière, calme et limpide, longe la route au milieu d'une étroite vallée resserrée entre de hautes montagnes sur la pente desquelles on voit juchés de jolis villages kabyles. Souvent les maisons y sont peintes en blanc, ce qui leur donne tout à fait un air européen. Joignez-y des platanes, des figuiers, des oliviers, des champs cultivés, une route carrossable, tout comme en Europe. Plus tard le chemin s'écarte de la rivière et se rapproche des hauteurs. Nous continuons ainsi à marcher jusqu'à deux heures sans trouver nulle part de source ni d'eau. Enfin j'en vois une ; l'eau est saumâtre, mais c'est la dernière de longtemps, dit mon guide, car, tandis que

---

1. Les Kabyles s'appellent eux-mêmes, non pas *Kabyles*, mais *K'baïl* (prononcez avec un son intermédiaire entre Kabaïl, Kebaïl et Kobaïl), nom dérivé du mot *k'bila*, ou *kebila*, qui, dans leur langue, signifie *ligue* ou *confédération*. Les K'baïls sont donc, comme au moyen âge les Suisses, *eidgenossen*, des *confédérés*.

les chemins indigènes, faits pour le pays, vont de source en source, au risque même de faire un détour, la route française va tout droit sans s'en inquiéter. Je me décide donc à arrêter ; je tire de ma valise des provisions que j'ai prises à Bougie, et j'en offre au Kabyle qui accepte du pain, mais refuse un morceau de saucisson en faisant une grimace de dégoût. Cependant je lui ai affirmé que c'est de la viande de mulet et non de porc (la chair de cet animal est défendue aux musulmans). Lui, de son côté, m'offre des figues qu'il tire de son sac et qui ne brillent pas par leur propreté. C'est le menu habituel de son déjeuner. J'en accepte quelques-unes par politesse.

Après un quart d'heure de repos, nous nous remettons en marche et nous rencontrons deux grands chars attelés chacun de quatre chevaux et appartenant au génie militaire. Nous les devançons bientôt, puis la route devient plus pénible. Il s'agit de gravir les montagnes, car le bordj se trouve sur le sommet le plus élevé. Du reste, à mesure que nous montons la vue s'étend et devient plus pittoresque ; de gracieux villages kabyles couvrent toutes les hauteurs et les crêtes des collines ; des rivières limpides coulent paisiblement dans le creux des vallées. Sur le bord de la route, des gamins indigènes, en burnous blanc, la tête nue et rasée, ou couverte d'un petit bonnet de laine, jouent bruyamment à la toupie, aux osselets, ou à d'autres jeux encore, tous pratiqués en Europe.

Nous arrivons bientôt au sommet du col. Là, le

panorama devient magnifique : au-dessous de nous la vallée fertile de l'Oued-Sahel ; de tous côtés de hautes chaînes de montagnes ; dans le lointain, derrière nous, la mer bleuâtre. Mon mulet commence à se fatiguer, mon guide aussi. Je mets pied à terre pour laisser ce dernier monter à son tour, et, impatienté de la lenteur du mulet, je marche en avant.

Bientôt, et avec un vif plaisir, je rencontre des Français : ce sont des rouliers qui conduisent un train de bois de charpente coupé dans les vastes forêts qui couvrent ces montagnes. Comme on fraternise vite quand on voyage seul dans un pays sauvage et étranger! Là, au milieu d'une population amie par nécessité, hostile par nature et par éducation, des compatriotes sont à première vue de vieilles connaissances, des frères. Et comme on a plaisir à parler le même langage, à causer de la patrie absente! Ces braves gens m'accueillent avec des poignées de main cordiales, débouchent une bouteille de vin, m'en offrent et boivent à ma santé. Mais en même temps ils me disent que je n'arriverai pas au bordj avant la nuit.

Plus tard je rencontre un Arabe qui voyage comme moi sur le mulet de son guide ; puis trois autres à cheval, et je me retrouve de nouveau seul dans la montagne, n'apercevant d'êtres vivants que des éperviers, des milans et d'autres oiseaux de proie, au vol puissant, au cri rauque et saccadé. Je profite des derniers rayons du soleil couchant pour contempler encore une dernière fois le paysage qui s'assombrit et la mer qui dans le lointain reflète le ciel irisé et brise contre les rochers ses flots rougeâtres. Puis j'attends mon guide qui ne tarde pas à me rejoindre et je remonte sur ma bête.

La nuit tombe. Une heure durant nous marchons au clair de lune à travers une sombre forêt de pins, puis nous prenons un sentier pour abréger, et nous arrivons à une grande route qui le croise. Faut-il aller à droite ou à gauche? Mon guide hésite, s'arrête indécis... nous sommes égarés. D'habitation, nulle part; d'indigènes non plus, car ceux-ci prennent rarement la grande route; ils continuent à fréquenter les anciens sentiers kabyles qui sont plus courts, passent à travers les villages et auprès des sources, point essentiel dans les pays chauds.

Tout à coup une lumière apparaît devant nous dans le lointain : *Zalamette* (allumette, lumière), me dit le Kabyle, et il se met à crier vigoureusement pour demander le chemin, mais personne ne répond. Il me dit alors de m'arrêter, qu'il va chercher à se reconnaître et disparaît. Il tarde si longtemps à revenir que je commence bientôt à me trouver mal à l'aise, seul en pleine campagne, entouré de forêts et loin de toute habitation. Peut-être mon guide ne sait-il plus où je suis; je le hèle donc à mon tour; personne ne vient; je brûle successivement plusieurs allumettes en continuant à crier : aucun signe ne répond.—Enfin il revient. Au même instant j'aperçois de nouveau de la lumière au même endroit qu'auparavant. Je la montre à mon Kabyle qui recommence à appeler, mais sans plus de succès que la première fois. Cependant il me dit qu'il croit le bordj à notre droite, et nous prenons cette direction.

Le chemin devient de plus en plus mauvais ; à chaque instant des pierres font trébucher mon mulet, et j'aperçois sur le bord du sentier des fondrières larges et profondes, creusées par les torrents de l'hiver. De plus, le froid et le brouillard commencent à me transpercer : raisons suffisantes pour aller à pied. Le Kabyle, qui se dit *morto* (fatigué), se met en selle à ma place. Enfin, après une heure de marche nous voyons au clair de lune le bordj se dresser devant nous au sommet d'une légère éminence que couronnent ses murailles blanches. Au pied se trouve un village kabyle dont les lumières brillent dans l'ombre.

Mon guide s'annonce à haute voix et demande si nous sommes bien arrivés. On répond de la dechera. Le kaïd arrive avec quelques habitants et offre de me loger chez lui. Mais je refuse en demandant le spahis Messaoud, comme le lieutenant me l'avait indiqué. Un des Kabyles appelle à grands cris les habitants du bordj ; les spahis répondent et deux d'entre eux viennent à notre rencontre Le kaïd m'accompagne jusqu'au haut de la montée, puis me fait amicalement ses adieux.

On m'ouvre la grande porte du bordj, qui est bâti dans le même style que les caravansérails, et l'on me fait entrer dans une salle basse ornée d'une cheminée où brille un bon feu ; j'y trouve quatre spahis accroupis ou couchés sur leurs lits de camp. L'un d'eux s'avance vers moi ; c'est Messaoud-ben-

Saïd, le maréchal des logis. Il me fait asseoir et lit attentivement la lettre du lieutenant que je lui ai remise. Puis il m'adresse les mille compliments en usage dans la politesse arabe. Du reste il parle bien le français, assez bien même pour me dire *vous*, au lieu de me tutoyer suivant la mode du pays.

Il paraît que le lieutenant M. m'a très-chaudement recommandé. Je le vois à l'empressement avec lequel me traite Messaoud qui lui a longtemps servi d'ordonnance; je dois même, paraît-il, coucher dans son lit, car le lieutenant, qui est obligé souvent de passer quelques jours à Thaourirth-Iril pour les affaires du bureau arabe, y a un appartement.

Messaoud me demande si je veux manger quelque chose. Je le remercie en disant que j'ai mes provisions, et je commence à souper. Mais le brave spahis n'est pas satisfait; il va chercher une espèce de casserole et six œufs; il les casse, les bat et me prépare sur le feu de la cheminée une excellente omelette à l'huile, qui eût fait honneur à un cuisinier français.

Je lui offre du vin, mais il me dit d'un air confidentiel qu'il n'en boit jamais devant ses compatriotes[1]; Mahomet par contre n'a pas défendu la

---

[1]. On sait avec quel soin les Arabes veillent à leur dignité, et conservent le respect de soi-même, qui est recommandé par le proverbe : « *Ne jouez pas avec les chiens; ils se diraient vos cousins.* » Et cependant personne ne s'entend mieux qu'eux à la flatterie quand ils veulent obtenir quelque chose; ce sont eux qui ont imaginé le proverbe : « A celui que tu rencontres monté sur un âne, dis : *Monseigneur, que ton cheval est superbe!* »

bière, et Messaoud, qui le sait, va en chercher une bouteille ; il rapporte en même temps deux verres, et nous trinquons ensemble. Il me sert ensuite une tasse d'excellent café qu'il a cuit à la mode arabe.

La conversation, bien entendu, ne tarit pas, car Messaoud parle avec une volubilité rare. Il est Arabe, né près d'Aumale, et me raconte sa vie entière. Mais, tout en continuant ainsi à me donner les marques de la politesse la plus empressée, il n'oublie pas son intérêt. Il me demande ma carte, et quand il l'a reçue il me prie d'y écrire que je suis content de son hospitalité. Il compte sur mon témoignage pour son avancement, car je m'aperçois qu'il me prend pour un très-grand personnage ; il se plaint amèrement de ce que les indigènes ne puissent que difficilement parvenir aux grades supérieurs de l'armée, et qu'à l'exception du général Yousouf, ils arrivent tout au plus à être capitaines. Puis, se ravisant tout à coup : « Voyez-vous quelquefois l'empereur ? me dit-il. — Pas souvent. — Eh bien ! quand vous le verrez, dites-lui de me nommer kaïd ; je compte sur votre recommandation. »

Il me dit qu'il ne faut que cinq heures pour aller au fort Napoléon, qu'en partant à sept heures du matin j'y serai à midi, que lui-même y va ainsi, tranquillement, au pas de son cheval. Mais, comme je commence à apprécier à sa juste valeur la hâblerie arabe, j'en conclus qu'il y a une journée de marche, et je demande à partir à trois heures du matin. « Comme vous voudrez, » dit-il, et il envoie un de ses spahis au village pour commander un mulet.

Il me mène ensuite à la chambre du lieutenant, prend sur la table un flacon d'eau insecticide, de provenance parisienne, en asperge le lit pour me préserver des puces et des punaises, et me quitte après m'avoir montré, avec un air d'importance, comment je dois m'y prendre pour fermer ma porte à clé.

Je jette alors les yeux autour de moi, je vois quelques gravures épinglées au mur et j'y découvre une vue de ma ville natale, tirée de *l'Illustration*. Rien ne saurait autant réjouir le cœur quand on se trouve isolé au fond d'un pays étranger et lointain.

En ce moment on heurte à la porte. C'est encore Messaoud; il a sans doute fait de nouvelles réflexions, et, ne se trouvant pas encore assez aimable, il a imaginé de venir passer la nuit au pied de mon lit pour me servir de garde d'honneur; il apporte avec lui un tapis et l'étend par terre, en guise de couche. Bientôt il ronfle de son mieux.

11

Les forêts du Djebel-Zen ; réception d'un voyageur dans les villages kabyles.

Lundi, 17 octobre.

A trois heures du matin j'étais debout. Pendant qu'on préparait le mulet, Messaoud-ben-Saïd, toujours aussi empressé que la veille, insista pour m'offrir le café. A mon tour, pour récompenser son zèle, je lui fis présent d'un joli couteau de poche qu'il se garda bien de refuser. Il me remercia vivement et me souhaita mille bénédictions.

Je m'enveloppai de mon burnous et me mis en selle ; Messaoud me baisa la main respectueusement et je quittai le bordj, accompagné du muletier et d'un spahis, monté sur un beau cheval blanc.

Il faisait un vent très-fort et très-froid qui me glaçait à travers mes vêtements épais. Nous traversions des forêts d'ormes et de chênes-zen magnifiques, faisant partie du massif du Djebel-Zen qui s'étend entre Thizi-Barbar et Ksar-Kbouch ; elles renferment des arbres qui ont jusqu'à trente mètres de hauteur et sont exploitées par les Français. On y voyait de temps à autre les huttes des bûcherons et les traces de leur travail. Les arbres, éclairés par la lune dont les rayons blafards perçaient leur épais feuillage, prenaient des formes fantastiques ; leurs branches puissantes se courbaient et s'agitaient avec un bruit sinistre sous l'effort du vent. On eût dit une armée de Titans en lutte.

Mes deux compagnons, excités sans doute par ce spectacle imposant, chantaient à pleine voix les airs rauques et rhythmés de leur patrie. Quant à moi, malgré ces sauvages essais d'harmonie, j'avais peine à lutter contre le sommeil qui m'accablait, et si je ne m'étais tenu cramponné des deux mains au pommeau de la selle, je serais sans doute tombé au premier mouvement imprévu de ma bête. Enfin le jour se leva ; le chemin devint meilleur. Quelquefois la forêt faisait place à de vastes clairières, ou à des prairies d'une certaine étendue qui me permettaient de prendre le trot tandis que mon spahis se livrait à des fantasias enthousiastes.

A huit heures, nous arrivions sur un plateau à l'entrée d'un beau village kabyle. Le kaïd me reçut avec un respectueux empressement; il fit chercher un tapis et quelques nattes, et les fit étendre sur une large pierre placée au milieu de la place de la dechera. Puis il nous invita à nous asseoir et m'apporta lui-même quelques grappes de raisin que, par surcroît de luxe, il avait enveloppées dans son mouchoir sale. Il chercha ensuite à entamer la conversation : « *Enta sabir el arab?* dit-il (sais-tu l'arabe). — *Makach*, répondis-je; *enta sabir el francis?* (sais-tu le français?) — *Makach*, » dit-il. Après ce préambule peu encourageant, on conçoit que la conversation ne fut ni longue ni intéressante.

Les principaux habitants du village étaient venus s'accroupir en cercle autour de nous. En face, une belle fontaine, jaillissant d'un bassin muré avec soin, répandait une eau claire et limpide que les femmes venaient chercher dans des cruches de grès. Je me désaltérai, puis j'offris du vin au kaïd, qui, naturellement, refusa. Quelques-uns de ses sujets montrèrent moins de scrupules, car les lois de Mahomet sont bien moins sévèrement observées chez les Kabyles que chez les Arabes. Ceux-ci boivent cependant du vin de Champagne, prétendant que Mahomet ne l'a pas défendu. — *Cherab?* (du vin), me dit un Kabyle avec curiosité, et il se servit. Il fit une grimace atroce, mais son voisin fut d'un autre avis, et plusieurs de mes hôtes trouvèrent la liqueur prohibée tellement de leur goût que, de crainte de les voir vider ma bouteille, je fus obligé de la reprendre et de mettre ainsi un terme à leurs libations. Je fis présent au kaïd d'une bouteille vide que j'avais encore avec moi, et il en fut si satisfait qu'il s'empressa d'aller la porter dans sa maison pour la montrer à ses femmes.

Cependant les Kabyles, en gens qui n'ont pas tous les jours la chance de posséder un étranger au milieu d'eux, mettaient l'occasion à profit pour m'étudier attentivement et examiner avec le plus grand soin les moindres particularités de ma personne, de mes vêtements et de mon bagage. Ils touchaient mes pantalons, mes guêtres, mes souliers, mon chapeau, et se communiquaient leurs appréciations. Cela devenait gênant. Mon burnous surtout excitait leur admiration et ils en demandèrent le prix. Je leur montrai alors tour à tour toutes mes curiosités. Chaque objet me valait un chœur de *bono, bono*, répétés sur tous les tons. L'un d'eux prononça le mot de *zallamettes* et aussitôt tous insistèrent à l'envi. Je pris ma boîte et leur distribuai des allumettes qu'ils eurent une joie d'enfant à faire brûler.

Mais leur enthousiasme ne connut plus de bornes quand je leur fis voir mon revolver. Car les armes sont pour ces peuplades la passion favorite. Je leur en expliquai le mécanisme qu'ils comprirent immédiatement. Le kaïd demanda à tirer un coup, puis un second; il en était ravi. D'autres voulurent avoir leur tour; mais bientôt je refusai, ne voulant pas être complétement désarmé.

Pendant ce temps on avait amené le mulet frais que je devais monter, car mon ancienne bête, son maître et le spahis ne devaient pas m'accompagner plus loin. Au moment où je m'approchai de mon mulet de Thaourirth-Iril pour prendre mes affaires qui se trouvaient encore dans les sacs de son bât, celui-ci, effrayé à l'aspect d'un Européen, car il ne m'avait jusque-là vu qu'en burnous, me détacha une ruade qui m'atteignit à la jambe. Heureusement, j'en fus quitte pour une légère contusion, l'animal n'étant pas ferré.

Je fus bientôt prêt à partir et j'allais me mettre en route lorsque le kaïd me dit d'attendre un instant. On lui apporta un encrier en bois, avec une plume et un canif, le tout de fabrique française, et il m'écrivit un sauf-conduit qu'il donna au guide, et qui devait me procurer les moyens de me rendre jusqu'à Thizi-Ouzou. Il me fit admirer ensuite un canif à ressort, dont il paraissait fier d'être le possesseur, et lorsqu'il vit que je connaissais le mécanisme, il s'écria avec le plus grand plaisir : *Bono, bono, enta sabir* (bien, bien, tu connais). Je lui fis mes adieux, et j'avais déjà fait quelques pas, lorsqu'il me courut après pour me demander la permission de tirer encore un coup de pistolet. *Tocar, tocar* (tirer), disait-il d'un air insinuant. Je lui passai l'arme; il lâcha le coup, aussi heureux qu'un collégien en vacances, puis me baisant la main avec effusion il me remercia chaleureusement et m'accompagna de mille selamalek.

Une fois en route, je trouvai bientôt que je n'avançais pas assez vite à ma guise. Mon guide, que je talonnais sans cesse en l'excitant par les mots : *Fissa, fissa*, me proposa de changer de mulet ; il me fit arrêter en effet en vue d'un petit village. Le chef de l'endroit et quelques autres Kabyles vinrent me souhaiter la bienvenue et s'accroupir devant moi ; ils engagèrent la conversation qui fut très-courte et très-banale, car ils ne parlaient guère que le dialecte kabyle, à peine quelques mots d'arabe.

Après une demi-heure d'attente que je commençais à trouver singulièrement longue, on amena un jeune mulet de petite taille, mais vif et plein de feu, et qui n'était pas encore dressé. On m'avertit de me tenir sur mes gardes et de ne pas le frapper. Les Kabyles n'eurent pas peu de difficulté à lui mettre un bât ; trois hommes avaient peine à le tenir ; il sautait surtout en me voyant. Quand il fut prêt, on lui boucha les yeux, on me couvrit d'un burnous blanc et on me fit monter. Un Kabyle le tenait par la bride, et je me mis en route.

Mais quelques pas plus loin, désirant tâter de la vitesse de ce ravissant petit animal, je dis à mon guide de le lâcher et je le touchai légèrement de ma baguette. Il partit aussitôt à fond de train et se dirigea tout droit vers un arbre dont le branchage très-bas me menaçait du sort d'Absalon. J'essayai en vain de le détourner et de le diriger d'un autre côté; il n'avait ni mors ni bride, mais une simple corde attachée autour de la tête. Arrivé près de l'arbre, je me baissai et je cherchai à écarter les branches pour me préserver la figure; mais comme elles étaient roides et ne fléchissaient pas sous l'effort de mon bras, il y eut un choc assez violent; la selle tourna et je roulai dans le gazon. Je me relevai; les Kabyles rattrapèrent la bête; et, au lieu d'attacher comme précédemment le bât par une simple corde très-lâche, ils le sanglèrent vigoureusement. Je remontai, mais en laissant cette fois mon guide conduire le mulet par la bride.

Au sortir de la prairie, le sentier devint épouvantable : un véritable escalier de pierre qui traversait une montagne assez élevée, des marches très-hautes et toujours des montées ou des descentes. Mon mulet y passait avec une vitesse et une sûreté de pied extraordinaires.

III

<small>Habitudes laborieuses des Kabyles; leurs assemblées populaires ou djemâa; leur organisation politique et religieuse; les kanoûns; les marabouts; les zaoüïas; l'anaya; l'Oued-Bou-Béhir; les Aïth-Fraoucen; Djemâa-Saharidj; Mekla; les femmes à la fontaine; scènes bibliques.</small>

Au bout d'une demi-heure, après avoir franchi encore une étroite vallée, nous arrivions auprès d'une autre dechera établie sur le penchant d'une colline. Les habitants étaient rassemblés en dehors du village dans une grande prairie à l'ombre de quelques arbres vénérables. Accroupis en cercle, ils causaient tranquillement, tout en travaillant. Les uns faisaient des nattes ou des chapeaux de paille, les autres cousaient des habits, spectacle original autant qu'intéressant. Ils avaient presque tous la tête couverte d'un bonnet de laine blanc, portaient la sandale classique ou des bottines avec des espèces de guêtres en peau de chèvre, le poil en dehors, enfin la tunique blanche à ceinture de cuir et le burnous. Beaucoup avaient en outre leur grand tablier de cuir, leur *tabenta* qui a fait donner le nom de *cordonniers de Bougie* aux premiers Kabyles que les Français aperçurent dans les environs de cette ville.

Le chef de la tribu, beau vieillard à barbe blanche et à démarche imposante, vint à ma rencontre avec quelques-uns d'entre eux et me souhaita la bienvenue pendant que d'autres allaient me préparer un mulet frais. On me fit asseoir sur une pierre, et mes nterlocuteurs s'accroupirent autour de moi. Je leur racontai avec force gestes explicatifs l'histoire de ma chute qui les fit beaucoup rire. Il paraît que ce mulet est connu dans le pays pour sa vivacité, et mon aventure n'était probablement pas la première, car l'un d'eux me dit en riant : *Maboul bourrico, maboul kifkif muchacho* (ce mulet est fou comme un enfant).

Bientôt on m'amena un mulet ardent aussi et vigoureux, et je repartis accompagné du propriétaire de l'animal. Après une demi-heure de course rapide, j'arrivai à l'entrée d'un grand village où je devais changer de monture. Il était près de midi.

Ici encore se tenait la réunion générale de la tribu, dans une grande prairie ombragée d'arbres séculaires. On y discutait, tout en travaillant à tresser des nattes ou à coudre des habits, les affaires civiles, politiques et judiciaires de la communauté, et l'assemblée populaire ou *djemâa* jugeait séance tenante. Des colères véhémentes se faisaient entendre parfois et avec des notes d'une variété et d'une puissance extraordinaires, une véritable musique, mais violente et âpre, passant chez le même individu des sons les plus aigus de la voix de tête aux sons les plus profonds de la poitrine. Les gestes étaient aussi menaçants que les paroles, et jamais acteur en scène ne me parut aussi beau qu'un de ces Kabyles furieux. La majesté, la puissance, la fierté indomptable, perçaient dans le regard, dans le maintien, dans le port du burnous et dans ces grands mouvements de bras qui en écartaient les pans, et dans ces éclats de voix d'une harmonie et d'une vigueur prodigieuses. Quelle différence entre ces hommes libres, si beaux et si imposants qu'ils semblent tous des grands seigneurs, et les gens du peuple chez nous, surtout les paysans, si gauches, si maladroits, si embarrassés!

Les Kabyles se gouvernent eux-mêmes démocratiquement. Chaque village ou dechera tient, à un jour fixe de la semaine, son assemblée du peuple ou djemâa comme celle à laquelle j'assistais, et qui se compose indistinctement de tous les membres de la dechera. Tout se passe encore ici comme dans l'antiquité classique; les républiques grecques ne devaient pas différer beaucoup de ces républiques kabyles.

A vrai dire, la nation kabyle forme une république fédérative, composée d'un grand nombre de ligues (*kebila*). Ils en tirent même leur nom de K'baïls, qui veut dire *confédérés,* et dont nous avons fait le mot Kabyle (voir page 348, note). Chaque ligue se subdivise en tribus (*arch*); enfin la tribu comprend plusieurs villages (*dechera*) qui renferment chacun un certain nombre de familles (*kharouba*). Chaque dechera a son code particulier formé de coutumes locales, et appelé *kanoûn*, et son chef ou *amine*, qui est nommé par le suffrage universel de la djemâa pour un temps indéterminé. On ne le destitue pas; mais il doit se retirer dès qu'il est devenu impopulaire. Enfin les différents amines d'une tribu se concertent et choisissent parmi eux un *amine des amines* (amin-el-oumena) qui, en cas de guerre, commande les forces réunies de la tribu entière.

On voit que cette organisation, entièrement démocratique et élective, diffère sensiblement de celle des Arabes, fondée sur le principe aristocratique et héréditaire. Chez ceux-ci, en effet, la tribu, composée de plusieurs villages (*douar*), était gouvernée par un cheikh héréditaire, et le kaïd, chef de plusieurs tribus, placé au-dessus des cheikhs, était un agent du gouvernement central. Les Français, aujourd'hui, nomment eux-mêmes les cheikhs aussi bien que les kaïds, et cherchent à imposer la même organisation aux Kabyles.

Sous le rapport religieux, les Kabyles, bien que

musulmans, sont beaucoup moins fanatiques que les Arabes. Ils ne suivent les préceptes du Koran que sous bénéfice d'inventaire, et leur juxtaposent leurs coutumes et leurs traditions propres, où l'on retrouve encore quelques souvenirs du christianisme, autrefois répandu chez ces peuplades. Ces statuts, comme il a été dit précédemment, portent le nom de *kanoûn* (du grec *kanon*, règle, canon de l'Église) qui indique à première vue leur origine chrétienne. Sur plusieurs points importants, tels que la répression du vol, du meurtre, etc., ils ne s'accordent point avec les arrêts du Koran et penchent plutôt vers nos idées pénales. Ainsi, tandis que le Koran prescrit la peine du talion : « dent pour dent, œil pour œil, » la djemâa kabyle ne prononce jamais une sentence de mort contre le meurtrier. Il est simplement exilé, mais à tout jamais ; sa maison est détruite et ses biens confisqués. Là s'arrête la répression publique ; mais l'opinion exige par contre que la vengeance particulière la complète, et que les parents de la victime appliquent le talion dans toute sa rigueur. La bastonnade n'est pas non plus admise chez les Kabyles, et, contrairement aux Arabes, ils la considèrent comme infamante. En général, ils ne se font aucun scrupule de manger du sanglier ; ils boivent de l'eau-de-vie de figues fabriquée par les juifs, qui sont en grand nombre dans le pays ; ils observent mal le jeûne et les ablutions ; ils ignorent les prières, et leur religion se borne à peu près à connaître et à répéter la formule : « Il n'y a qu'un seul Dieu, et Mahomet est son prophète. » Les marabouts, les chefs et les tolbas ou lettrés, se font seuls un scrupule de suivre les préceptes de l'islamisme.

Mais, chose extraordinaire chez un peuple si fier, si foncièrement républicain, si fanatique de son indépendance religieuse et politique, la dévotion qu'ils refusent au Koran, les Kabyles l'accordent sans réserve à leurs marabouts. Les marabouts (du mot *m'rabeth*, lié) sont des gens liés à Dieu. Ils interviennent dans les différends entre les tribus; ils ont une influence prépondérante dans l'élection des chefs, ils commandent dans les marchés, ils sont consultés dans tous les cas importants. Cependant leur influence est toute morale, et elle varie avec l'individu. Les marabouts sont, en général, de race arabe et descendent de familles expulsées d'Espagne par les chrétiens. Réfugiés en Kabylie, ils y reçurent une hospitalité généreuse qu'ils surent reconnaître en initiant les montagnards à leur civilisation supérieure. Comme ils n'appartenaient pas aux tribus kabyles et qu'ils en sont restés distincts jusqu'à ce jour, ils ne leur devinrent pas suspects et purent s'interposer entre elles. Les marabouts respectés vivent en général sur le peuple et par le peuple; ils habitent les *zaouïas*, vastes établissements entretenus par les impôts religieux de la *zekkat* et de l'*achour* (fixés au centième pour les troupeaux et au dixième pour les grains) prescrits par le Koran, et les seuls que les Kabyles consentent à payer. La zaouïa sert à la fois d'école pour les enfants kabyles et de lieu de refuge pour les voyageurs et les pauvres, qui y sont nourris et logés, pendant trois jours, aux frais de la communauté. Elle renferme, en outre, une mosquée, un dôme (*koubba*), qui couvre le tombeau d'un marabout vénéré dont elle porte le nom, et un cimetière. C'est à la fois une université religieuse et une auberge gratuite. On y trouve souvent des *tolbas* (plur. de *taleb*, professeur) fort instruits, et venus de loin. Les zaouïas ont, en général, des propriétés foncières protégées, comme elles, par leur caractère religieux, et indépendantes des tribus.

Les marabouts ont encore institué une coutume vraiment admirable, dans un pays sans cesse en guerre et où la sécurité devenait impossible pour le voyageur; c'est l'*anaya*, dont ces fiers montagnards disent avec un attachement passionné : « L'anaya est le sultan des Kabyles ; aucun sultan du monde ne lui peut être comparé ; il fait le bien et ne prélève point d'impôt. Un Kabyle abandonnera sa femme, ses enfants, sa maison, mais il n'abandonnera jamais son anaya[1]. » L'anaya est une espèce de sauf-conduit donné par un Kabyle quelconque et représenté par un objet connu pour lui appartenir. Le voyageur placé sous la protection de l'anaya est en sécurité parfaite, et si une fois l'anaya venait à être violé dans une tribu, toutes les autres se réuniraient pour exterminer la tribu coupable. L'anaya étend ses effets plus ou moins loin, suivant la qualité du personnage qui le donne, et en général partout où celui-ci est connu. Accordé par un marabout, il peut servir à traverser toute la Kabylie: il suffit que son porteur se présente

---

1. Voir Daumas et Fabar : *la Grande Kabylie*.

tour à tour aux divers marabouts des tribus qu'il parcourt; chacun, pour faire honneur à l'anaya de son prédécesseur, donnera le sien en échange. Les femmes même peuvent quelquefois le donner. Le meurtrier d'un Kabyle, poursuivi par les frères et la femme de sa victime, allait succomber sous le nombre; il parvient à saisir le pied de la veuve, et s'écrie : « Je réclame ton anaya ! » La femme, émue, abandonne sa vengeance, jette sur lui son voile, et il est sauvé.

Du reste, les Kabyles sont hospitaliers, généreux, braves, mais très-superstitieux. Ils ont les qualités et les défauts qu'on trouve en général chez tous les peuples montagnards; mais, comparés aux Arabes, ils leur sont supérieurs par leur habitude du travail, leur goût pour la civilisation, leur zèle à étudier et à adopter ce qu'ils trouvent de bon chez nous.

Quelques indigènes, surtout des jeunes gens, s'étaient séparés de la djemâa et étaient venus former autour de moi un groupe de curieux. Je fus obligé de leur montrer tour à tour les différents objets inconnus dans leur pays, qui avaient déjà fait ailleurs l'admiration de leurs compatriotes. Toujours le revolver avait les honneurs de la séance. Comme le matin, mon vin trouva des amateurs, et, quoique les uns fissent la grimace, d'autres le trouvèrent si fort à leur goût, qu'ils me dérobèrent la bouteille, et se mettaient en train de la vider lorsque je m'en aperçus.

Je me plaignais vivement des retards qu'on me faisait subir; mais ces gens n'ont aucune idée de la valeur du temps; ils ne comprenaient rien à mon impatience; l'un d'eux, qui savait quelques mots de français, m'affirmait que je ne pourrais plus arriver le même jour ni au fort Napoléon ni à Thizi-Ouzou. Vers deux heures le mulet arriva; il ne portait qu'un bât en bois sans tapis ni couverture. Je réclamai inutilement un tellis, et fus obligé de me faire un coussin de mon burnous, pour ne pas m'asseoir sur le bois, et de me fabriquer des étriers avec quelques ficelles, enfin, d'attacher ensemble par une corde et de suspendre de chaque côté de ma monture les deux paquets qui contenaient mes bagages.

Je m'empressai alors de me mettre en route. On m'avait donné pour guide un jeune Kabyle d'environ seize ans, vêtu d'une simple tunique en laine blanche à capuchon, la tête nue et rasée, exposée ainsi au soleil ardent. Il ne parlait que le kabyle et quelque peu l'arabe; cependant, avec des efforts réciproques accompagnés de gestes explicatifs, nous parvenions à peu près à nous comprendre. Quand je me mettais au trot, il courait devant moi très-lestement.

Bientôt nous arrivions à la grande rivière du pays, l'Oued-Bou-Behir, qui prend plus tard à Mekla le nom d'Oued-Sebaou, et que nous devions longer jusqu'à Thizi-Ouzou. Le sentier traversait souvent l'eau et suivait tantôt une rive, tantôt l'autre. Mon guide se fatiguant à courir, j'étais forcé d'aller fréquemment au pas, pour le laisser souffler. Il me faisait arrêter à chaque source, me demandait mon gobelet de cuir, dont il avait vite apprécié l'usage, buvait le premier et me le passait ensuite.

Le pays semble fertile; nous traversions quelquefois de beaux champs de blé ou de sorgho dont on rentrait en ce moment la paille. La chaleur est moins accablante dans cette partie de la Kabylie que dans le sud, et d'ailleurs le vent qui règne presque toujours vient vous soulager. Nous laissions à notre gauche la puissante confédération des Zouaoua, qui ont donné leur nom à nos zouaves, et nous approchions de la tribu des Aïth-Fraoucen¹ qui prétendent descendre des Français. Une partie des Barbares francs qui se jetèrent sur la Gaule, l'Espagne, et pénétrèrent jusqu'en Afrique au IIIe siècle, serait-elle restée en Kabylie après leur défaite par les Romains, et s'y serait-elle établie? Cela n'est pas impossible.

Vers quatre heures j'aperçus devant moi un village plus grand et plus beau que les autres, bâti sur une éminence et entouré, comme toujours, de larges haies de figuiers de Barbarie. On voyait de loin plusieurs fontaines construites avec luxe comme dans toute la Kabylie; elles ont la forme d'un monument ou d'une petite chapelle en maçonnerie blanchie à la chaux; la façade est percée de plusieurs arcades fermées par des grillages, derrière lesquelles sont des bassins en pierre de taille recevant l'eau : on y monte par trois ou quatre marches. Je gravis la colline et j'arrivai sur une grande place bordée d'arbres qui formait la place principale de l'endroit.

Je me trouvais dans l'ancienne ville de Djemâa-Saharidj, qui doit son origine aux Romains. On trouve beaucoup d'antiquités dans ses environs; mais elle

---

1. *Aïth*, synonyme de *beni*, veut dire *fils*.

est surtout remarquable par ses quatre-vingt-dix-neuf sources qui se réunissent dans plusieurs bassins comme ceux que je venais d'admirer. Sur la place du marché se trouve une jolie mosquée blanche ombragée par deux palmiers élégants.

Djemâa-Saharidj, dont le nom signifie *réunion des bassins*, aurait été, à une certaine époque, suivant la tradition, en proie à une grande sécheresse qui, si elle avait duré plus longtemps, aurait amené la ruine du village et l'émigration des habitants. Sur ces entrefaites se présenta un étranger qui se faisait fort, moyennant salaire, de retrouver les anciens canaux et de rendre l'eau, par suite la fertilité et la vie, à la bourgade. Après une grande opposition, on finit par lui donner les fortes avances qu'il demandait. Les travaux furent entrepris avec le plus grand mystère dans le haut Jurjura à plus de vingt kilomètres de distance, puis des canaux souterrains furent creusés, et peu après l'eau se faisait jour à Djemâa-Saharidj par quatre-vingt-dix-neuf issues. Les habitants, après le premier moment de joie, se mirent à craindre que l'habile aventurier, par l'appât d'une nouvelle récompense, ne reprît cette eau pour en doter une autre contrée. On se consulta secrètement et on lui creva les yeux. Telle fut la récompense de ses éminents services.

Un nègre, qui savait un peu de français, me dit que j'avais encore une lieue à faire pour atteindre Thizi-Ouzou, mais que je ne devais pas m'arrêter si je voulais arriver avant la nuit ; je repartis donc immédiatement.

C'était l'heure où les femmes allaient faire leur provision d'eau à la fontaine, qui leur sert en même temps de lieu de réunion, car on en voyait au moins une trentaine causant pendant que les autres puisaient. Vraie scène biblique et d'un charme ravissant! Elles portaient, à la façon antique, sur l'épaule, en la soutenant de leur bras recourbé, l'amphore en grès classique des Romains. D'autres pour gravir la montée, si la cruche était lourde, la mettaient sur leur dos en l'appuyant sur la ceinture qui leur sert à porter les enfants.

Toutes ces femmes sortaient à visage découvert; nulle part je n'ai vu de voile en Kabylie. Les femmes, du reste, jouissent ici d'une bien plus grande liberté que chez les Arabes. Ainsi, loin de se cacher aux yeux des étrangers, souvent elles les servent à table. Elles étaient toutes vêtues d'une robe blanche avec une ceinture rouge et un fichu sur la tête. Le plus souvent elles suivent les hommes à la guerre et les excitent à la bravoure. On a même vu, à notre dernière expédition de Kabylie, une prophétesse kabyle, Lalla Fathma, relever le courage de ses compatriotes, leur communiquer son enthousiasme patriotique, ramener au combat les faibles et les découragés, et, après la défaite, prisonnière elle-même, consoler les vaincus et toiser les vainqueurs. Mais que peut, au XIXe siècle, une Velléda contre des troupes européennes disciplinées?

La même scène classique se représenta lorsque j'eus traversé la rivière pour gravir la hauteur où se trouve bâti le village de Mekla. Une fontaine élégamment murée laissait jaillir une eau limpide, et une vraie procession de femmes chargées de cruches dessinait le sentier qui menait du village à la source, centre d'un rassemblement nombreux où les commérages allaient leur train.

L'antiquité elle-même revivait devant mes yeux; et les mœurs aussi bien que les costumes sont encore les mêmes qu'il y a deux mille ans. Ces scènes champêtres ont toute la fraîcheur et toute la simplicité des tableaux d'Homère ou de la Bible. Ainsi devait vivre Israël à l'époque des juges. Booz se retrouve ici aussi bien que Rebecca ou Rachel. J'ai rencontré ainsi plus d'un propriétaire kabyle gravement monté sur un cheval ou mieux un mulet, la tête coiffée de l'immense chapeau de paille indigène, vêtu d'ailleurs de blanc et ordinairement sans armes.

IV

De Mekla à Thizi-Ouzou; l'Oued-Sebaou; une série d'aventures.

Arrivé au village, mon guide voulait s'arrêter pour y passer la nuit; je refusai net. Un Kabyle, richement habillé, auquel je demandai la distance de Thizi-Ouzou, me dit qu'il y avait loin et que si je voulais arriver il fallait *tocar* (frapper), c'est-à-dire user de ma cravache. Dès que je fus redescendu dans la plaine sur le bord de l'Oued-Sebaou, je pris le trot; mon jeune Kabyle courait devant moi en me faisant signe de me dépêcher, et si vite que j'avais peine à le suivre, malgré les coups de talon et de baguette incessants que je distribuais à ma monture. Tous les Kabyles que nous rencontrions nous disaient de nous hâter et, au premier village qui se fit voir, mon jeune guide insista pour ne pas aller plus loin. Je refusai de nouveau, car je tenais à arriver à Thizi-Ouzou pour n'y pas manquer la diligence qui part tous les deux jours seulement.

Nous suivions toujours la rive tortueuse de l'Oued-Sebaou qui coule dans l'enfoncement d'une vallée étroite entre deux rangées de hautes montagnes, dont l'une surtout forme un des principaux massifs du Jurjura. On y voyait de nombreux villages aux maisons blanches suspendus sur les pentes, comme des nids d'aigles. Il nous fallait traverser la rivière de temps en temps, chaque fois que l'escarpement de la paroi rocheuse nous empêchait de continuer sur le même bord; notre chemin, d'ailleurs, parsemé de cailloux roulés, amenés là par les grosses eaux de l'hiver, était recouvert d'une couche de sable fin assez épaisse pour que mon mulet y enfonçât jusqu'à la cheville, et n'avançât qu'avec peine.

Nous marchions de ce train depuis une heure environ, et le soleil couchant allait céder sa place au court crépuscule des pays du Midi, lorsque soudain ma bête, fatiguée de ce trot furieux, fit un faux pas dans ce sable mouvant, et s'abattit. Emporté par la force de projection, je fis la culbute par-dessus sa tête, et allai m'étendre dans le sable où mes bagages me rejoignirent. Je me relevai sain et sauf, juste assez tôt pour voir mon mulet en faire autant, puis s'enfuir à toute vitesse. Heureusement que trois Kabyles passant au même instant à quelque distance furent assez charitables pour le rattraper, non sans peine. Cette pauvre bête avait si peur de moi et de ma baguette, dont son échine avait fait une connaissance trop complète, qu'on fut obligé de lui boucher les yeux et de la tenir vigoureusement pour me permettre de remonter sur son dos.

Malgré mon impatience, je crus prudent de continuer la route au pas; une demi-heure s'écoula ainsi. Il était plus de six heures, et l'obscurité allait croissant, lorsque mon compagnon voulut s'arrêter de nouveau à un village dont quelques lumières nous annonçaient la présence. Il me disait de plus dans son langage kabyle, que je comprenais par intuition, que la route était semée de fondrières et infestée de voleurs, et qu'il y aurait du danger à poursuivre en pleine nuit.

Je persistai à avancer; seulement, pour plus de sûreté, je me remis à pied, d'autant plus que la fraîcheur m'invitait à la marche. Mais à peine le mulet fut-il débarrassé de son cavalier, que sa lenteur prit des proportions intolérables; de ce train-là nous aurions fait une demi-lieue à l'heure. Pensant que mon Kabyle en le montant le ferait avancer mieux, tout en se reposant lui-même de sa longue course, je lui dis de se mettre en selle.

Je m'approchais pour lui aider à monter, quand soudain le mulet effrayé à ma vue se débattit, rua, se cabra, se mit à tourner en tous sens, si bien que le pauvre garçon, ne pouvant plus le retenir, finit par lâcher la bride. Le maudit animal partit à fond de train, le Kabyle lui courut après, en me criant que mes bagages venaient de tomber, et je restai seul dans l'obscurité.

D'abord, je m'arrêtai stupéfait, puis je cherchai mes bagages que je trouvai intacts à vingt pas, et j'appelai mon guide à grands cris. Mais nulle réponse ne se fit entendre. Reviendrait-il après avoir rattrapé sa bête? N'était-il pas à supposer plutôt que le pauvre diable, déjà si peu désireux d'aller plus loin, profiterait de l'accident pour s'arrêter et passer la nuit au village qu'il m'avait proposé?

Indécis et inquiet, je m'assis sur ma valise et j'attendis quelques instants, réfléchissant à la désagréable position où je me trouvais, perdu solitairement au milieu d'une vallée de l'Afrique, ignorant des chemins et de la langue du pays, et exposé d'une minute à l'autre à une attaque des indigènes, qui, soumis à peine, se vengent tous les jours de la conquête par l'assassinat des Français. Puis j'appelai de nouveau, et, ne recevant pas de réponse, je pris le seul parti qui me parût raisonnable. Coucher en plein champ par une nuit froide eût été malsain et dangereux dans un pays de maraudeurs et de bêtes sauvages; attendre le retour problématique de mon guide eût été peu sensé; m'arrêter au village le plus voisin eût été plus prudent, mais n'eût pas rempli mon but qui était d'arriver à Thizi-Ouzou. D'ailleurs, je ne savais pas comment j'y serais reçu le soir, et s'il n'y aurait pas danger à m'en approcher au milieu des féroces chiens du pays, et des Kabyles eux-mêmes dont l'un ou l'autre pourrait me jouer un mauvais tour à la faveur de la nuit.

Je chargeai donc mes effets sur mon épaule, un sac devant, l'autre derrière, et me mis en marche malgré l'obscurité qui me laissait tout au plus distinguer le sentier entrecoupé, comme l'avait dit le Kabyle, de fondrières et de crevasses profondes. Au bout d'une demi-heure, la fatigue, l'inquiétude, le découragement, m'avaient abattu, au point que j'étais à peu près décidé à demander l'hospitalité au premier gourbi kabyle que j'apercevrais.

Survint un chef indigène vêtu du manteau rouge, insigne de sa dignité, et suivi de deux spahis, tous trois à cheval et armés. Je lui demandai le chemin de Thizi-Ouzou et la distance. Après un peu d'hésitation, il me dit qu'il y avait encore une demi-heure. « Viens passer la nuit à ma cantine, » ajouta-t-il. Mais à la vue d'un être humain, tout mon courage était revenu, et je me sentais la force de pousser l'aventure jusqu'au bout.

Je le remerciai donc, et me remis en marche ; je rencontrai bientôt un autre Kabyle : « Thizi-Ouzou ? lui demandai-je. — *Meneh*, dit-il, *el trek beseff* (il y a beaucoup de chemin). — *Crossar el oued ?* (faut-il traverser la rivière), lui dis-je, en songeant avec inquiétude à cette nouvelle chance d'ennui et d'accident. — *Muchacho* » (enfant), répondit-il, voulant dire probablement que l'eau était basse, et le gué praticable pour un enfant. Au moins c'est ainsi que je le compris, et je vis plus tard que je ne m'étais pas trompé.

Quelque temps après, je vois s'avancer une dizaine d'indigènes dont plusieurs sont montés sur des chevaux ou des mulets. L'un d'eux m'accoste en mauvais français, et me demande où je vais. Puis, s'approchant avec deux de ses compagnons : « J'habite Thizi-Ouzou, dit-il, j'y retournerai dans la soirée ; j'ai encore une course à faire à quelque distance. Si tu veux que je te conduise, monte une de mes bêtes, puis nous te mènerons en ville. »

Un instant je suis tenté d'accepter cette offre séduisante ; mais ne serait-il pas imprudent de m'abandonner à la merci de gens que je ne connais pas, qui, dans l'obscurité, pourraient surprendre ma vigilance et m'accabler sous le nombre ? Je refuse.

Le Kabyle alors me demande du tabac : je n'en ai pas ; des allumettes : j'en ai, mais trop peu pour vouloir m'en dessaisir. Je refuse encore ; il insiste ; je persiste dans mon refus, me souvenant des recommandations qu'on m'avait faites à Constantine : « Ne voyagez pas de nuit, m'avait-on dit, il y a toujours du danger dans un pays infesté de maraudeurs ; et si l'on vous accoste, méfiez-vous surtout des individus qui vous demanderont quelque chose pour détourner votre attention. Pendant que vous fouillerez vos poches, un coup de poignard, donné par surprise, mettra les bandits à même de vous dépouiller sans votre consentement. Surtout de la fermeté ; les indigènes sont lâches par nature, et reculent toujours devant un Français intrépide. »

Malgré mes refus, les trois Kabyles réitèrent leur demande d'un ton plus exigeant, avec des gestes équivoques, et se rapprochent davantage. Ils vont me toucher ; je recule d'un pas. J'entends grincer le sable derrière moi, je tourne la tête à la hâte : trois autres s'avancent à pas de loup pour me cerner. Une sueur froide me saisit, mais il n'y a plus à hésiter ; quelque répugnance qu'on ait à verser le sang, il vaut mieux se défendre que d'être surpris. Je me redresse fièrement, je tire à moitié de ma ceinture mon revolver à six coups, et, toisant mes interlocuteurs, je leur réponds par un énergique *makach* ; puis je reste en garde, immobile. Ils s'arrêtent indécis, portent la main à leur ceinture et saisissent leurs poignards ; puis ils m'examinent de la tête aux pieds, se consultent du regard, jettent sur moi encore un dernier coup d'œil scrutateur, et s'éloignent.

Je respire, mais mon cœur bat violemment, et c'est seulement alors que je vois la grandeur du péril auquel je viens d'échapper. Cent pas plus loin, j'arrive au bord d'un affluent du Sebaou, l'Oued-Aïssi. Je m'y arrête épuisé, jusqu'à ce qu'un léger repos ait calmé l'émotion involontaire qui me domine. Puis, ôtant mes bas et mes souliers, j'entre résolûment dans l'eau ; mais le lit de la rivière a plus d'un kilomètre de largeur, et il est entrecoupé de bancs de sable et de bras d'eau qu'il faut franchir successivement. Pour comble de malheur, dans cette obscurité, je perds de vue le sentier, et j'erre anxieusement dans les sables. Enfin, après de longs tâtonnements, je trouve une ornière de roue. Quel bonheur en un pareil moment! Une ornière de roue, c'est la France, c'est l'approche de la ville, et je reprends courage; je la suis avec une attention inquiète.

Tout à coup, entre les arbres qui bordent le chemin, je vois comme un fantôme blanc se mouvoir, puis un autre quelques pas plus loin. Je m'arrête, les ombres de même; puis l'une s'écrie : « *Dis donc! samisami Francis.* » Ce sont deux Kabyles qui m'ont pris pour un spectre, d'abord, et qui, leur frayeur passée, m'assurent de leur amitié pour les Français.

Plus loin, j'aperçois des groupes de Kabyles campés sous les arbres, quelques-uns avec des tentes. Ils me regardent passer d'un air défiant, et moi, involontairement, j'ai la main fixée sur la poignée de mon arme.

Nouvel embarras; le chemin se bifurque. Lequel choisir? je prends celui de gauche, d'après la direction qu'on m'a indiquée précédemment. Mais je marche bien longtemps, je gravis colline après colline, et à chaque descente je regarde d'un œil d'envie la montée suivante avec l'espoir de voir enfin, de son sommet, les lumières de Thizi-Ouzou. Chaque fois que péniblement j'y suis parvenu, nouvelle déception. De plus, l'obscurité est si grande, que je trébuche dans les creux du chemin sans les voir, et que le profond ravin qui le borde semble au niveau de la route. Peu s'en faut que je ne m'y trompe et ne m'y laisse tomber. Enfin, je m'arrête épuisé, rendu; j'avale la dernière gorgée de vin qui me reste, et la dernière bouchée de pain. Le sang circule de nouveau ; mais cette halte de deux minutes a roidi mes membres, et j'ai peine à me remettre en marche. Quand donc verrai-je un Français?

Enfin, après une dernière et interminable montée, le chemin tourne et je me trouve face à face avec les réverbères tant désirés. Encore deux pas, et me voilà installé à l'hôtel Pecollo. Il est près de dix heures ; cette marche pénible a duré trois heures et demie.

V

De Thizi-Ouzou à Souk-el-Arba ; le fort Napoléon ; caractère belliqueux et industrie développée des tribus kabyles; la montagne de Pharaon ; le bordj Sebaou ; le col des Beni-Aïssa ; arrivée à Alger.

Mardi, 18 octobre.

J'avais un jour entier à rester à Thizi-Ouzou, car la diligence d'Alger ne partait que le mercredi matin. Je profitai de ce répit pour visiter le fort Napoléon, bâti en trois mois lors de la dernière guerre de Kabylie, en 1857, sur l'emplacement du village kabyle de Souk-el-Arba, au sommet d'une montagne et à sept lieues de Thizi-Ouzou.

Mon hôte me procura un bon cheval et m'indiqua le chemin. Je ne pouvais du reste guère me tromper ; car je n'avais qu'à suivre la grande route stratégique créée en six semaines par l'armée dans cette fameuse campagne de Kabylie, l'une des plus intéressantes que nos soldats aient faites en Afrique. J'avais à répéter en partie le trajet qui m'avait été si pénible la veille au soir ; mais quelle différence ! j'étais agréablement monté sur un cheval frais ; aucune inquiétude ne me préoccupait ; il faisait grand jour, et le soleil d'Afrique éclairait toute la scène de ses rayons joyeux. Je m'aperçus même que, pour comble de malheur, la veille, j'avais fait un détour inutile, et d'autant plus fâcheux que la grande route que je suivais en ce moment était plus courte et longeait le pied des collines au lieu de les franchir.

J'arrivai bientôt à l'Oued-Aïssi, qui formait à son embouchure dans l'Oued-Sebaou comme un vaste lac de sables et de cailloux entremêlés d'arbustes et de roseaux. Il y avait peu d'eau en ce moment. Mais en hiver, ce calme ruisseau devient plus qu'un torrent impétueux ; c'est un fleuve large et majestueux qui, après les fortes pluies, roule avec fracas ses flots irrités. De l'autre côté de la rivière une cantine française est le seul reste du camp de Sikhou-Meddour où, lors de l'expédition de 1857, le général Renault était installé avec la première division de l'armée d'attaque. Un cabaretier y sert aujourd'hui des rafraîchissements aux voyageurs fatigués.

A partir de là, la route tourne et se dirige droit vers la montagne qu'elle gravit à pente douce ; la montée est de cinq lieues. Il y a un chemin de traverse qui abrége ; mais de crainte de m'égarer, j'en ai usé le moins possible ; je l'ai réservé pour le retour.

A mesure qu'on s'élève, la vue s'étend et devient

plus belle. Il s'en faut de bien peu que, malgré la distance, on ne voie la mer, depuis le sommet. Des villages kabyles sont bâtis à différentes hauteurs sur la pente roide de la montagne. Les Kabyles évitent de bâtir en plaine. En général, ils choisissent, pour y construire leurs villages, les points les plus inaccessibles, les sommets et les crêtes des montagnes, les rochers à pic; toujours des hauteurs d'où ils puissent dominer la contrée, voir arriver leurs ennemis et les repousser plus aisément.

A vrai dire, on sent que la guerre est l'état naturel et ordinaire du pays, et partout le cas est prévu. Tout est disposé pour faciliter la défense et rendre l'attaque difficile. Aussi les Kabyles ont-ils pu jusqu'à ce jour se glorifier avec raison de n'avoir jamais été soumis par les conquérants du pays, pas plus les Romains que les Turcs. La bravoure et l'opiniâtreté française ont seules pu triompher de ces peuplades fières et si jalouses de leur indépendance.

Elles sont divisées en tribus nombreuses souvent en lutte entre elles, mais dont les différentes fractions s'entr'aident toujours pour résister au danger commun. Il en résulte de véritables confédérations (ou *soff*) dont quelques-unes sont très-puissantes. Possédant peu de chose, les Kabyles n'ont guère à perdre; aussi les voit-on en cas d'attaque se réfugier dans les montagnes jusqu'à ce que le danger soit passé. Puis ils reviennent, reconstruisent leurs villages brûlés, et recommencent comme si rien ne s'était passé.

Ces hommes si belliqueux, si impatients de faire

« *parler la poudre,* » si susceptibles même entre eux, et si empressés de saisir les armes en toute occasion, sont en même temps, pendant la paix, les habitants les plus laborieux, les plus intelligents et les plus utiles de l'Algérie. Bien différents des Arabes, qui laissent en friche la majeure partie de leurs terres, et ne cultivent le reste que d'une manière très-superficielle, les Kabyles ne laissent rien perdre. Ils fument leurs champs, ils greffent leurs arbres, deux habitudes inconnues des Arabes ; ils se construisent des maisons en pierre, couvertes de tuiles ; enfin ils exercent des métiers. Ainsi, les Beni-Sliman, près de Bougie, exploitent des mines de fer ; les Zouaoua et les Beni-Abbès font des canons de fusil et des platines ; les Beni-Halla des bois de fusil en noyer ; les Flissa, ces grands et larges sabres droits qui portent leur nom, mais que les Kabyles eux-mêmes appellent *khredama;* les Beni-R'bah, les Beni-Ouasif et les Beni-Yenni ont le monopole de la fabrication des bijoux ; les Maatka font de la poterie ; les Beni-Ourlis et les Beni-Abbès du savon ; les Reboula, de la poudre à fusil. Enfin, toutes les tribus tissent des étoffes et les cousent, font des nattes, ont des tuiliers, des maçons, des menuisiers, et des forgerons qui fabriquent des socs de charrues, des fers pour les chevaux, des clous, des serrures, des couteaux, etc. A Aïth-el-Arba, on avait même poussé l'habileté industrielle jusqu'à produire de la fausse monnaie. Cette fabrication, montée sur une grande échelle, n'était pas vue de mauvais œil et ne déshonorait pas ceux qui s'y livraient.

Mais l'industrie principale des Kabyles est la culture des figuiers et des oliviers, et la fabrication de l'huile. Il est à remarquer que chez les Kabyles la propriété territoriale existe et se transmet par héritage et par vente, tandis que les Arabes n'ont que l'usufruit du sol qu'ils occupent, les terres conquises à l'islamisme par les armes étant inaliénables d'après les lois musulmanes. Des étendues immenses et fertiles sont ainsi gaspillées. Aussi l'administration française compte-t-elle exécuter tôt ou tard le *cantonnement* des tribus arabes, c'est-à-dire leur donner en propriété légitime une partie des terrains dont elles occupent aujourd'hui la totalité à titre d'usufruit; l'excédant serait alors appliqué à la colonisation européenne. Le cantonnement n'aurait pas lieu, au contraire, pour les Kabyles, qui d'abord ont beaucoup moins de terrains que n'en auraient les Arabes même après l'opération, et qui de plus en sont de temps immémorial individuellement propriétaires.

Conformément à ce principe, l'administration française n'a laissé que peu de colons français s'établir parmi eux, afin de leur conserver les terres, déjà peu considérables relativement, qu'ils cultivent. On évite de les molester en aucune manière; on cherche à les civiliser, tout en les surveillant avec une vigilance rendue indispensable par leur caractère impressionnable, ardent et enclin à la révolte.

C'est ainsi que dans les environs du fort Napoléon, sous prétexte de beauté et d'agrément, on leur a ordonné de peindre en blanc à la chaux les maisons de tous leurs villages, ce qui permet de mieux voir de loin ce qui s'y passe. L'aspect du paysage en est sensiblement égayé, et rien n'est plus joli que ces amas de maisons blanches qui couvrent les sommets des montagnes et leurs pentes les plus abruptes.

Un peu avant d'arriver au fort Napoléon, on passe à côté d'un magnifique abreuvoir, précédé d'un bassin pour faire la lessive. Il était onze heures lorsque je franchis la porte d'entrée du fort. L'intérieur est garni d'une rangée de maisons civiles, dont quelques-unes hôtels et cafés. C'est une véritable ville qui s'élève à l'intérieur des murs de fortification, et, malgré sa position fâcheuse au sommet d'une montagne, elle grandit et se développe tous les jours.

Je me rendis auprès du lieutenant de place, en l'absence du commandant, pour lui demander la permission de visiter le fort. Il examina mon passeport, et se mit tout entier à ma disposition, en me disant qu'il était mon concitoyen. Je pus voir ainsi les casernes, les arsenaux, les écuries, les prisons, la manutention, les magasins de vivres, les hôpitaux, et tout cet ensemble imposant qui constitue une place de guerre.

A peu de distance, dans un creux de rochers, au milieu d'une petite pelouse, on voit un arbre gigantesque et touffu, à l'ombre duquel le maréchal Randon réunit son état-major pour le conseil de guerre, lors de la prise du village kabyle de Souk-el-Arba, qui couvrait le plateau sur lequel on a bâti depuis le fort Napoléon, et qui appartenait à la puissante tribu des Aïth-Iraten.

Un peu plus loin se trouve la place du marché d'où le village tirait son nom, car Souk-el-Arba signifie en arabe le marché du quatrième jour, ou du mercredi. Les Kabyles, en effet, tiennent leurs marchés à tour de rôle dans telle ou telle tribu, chacune à son jour déterminé.

Il y a ainsi les marchés du dimanche, Souk-el-H'ad; du lundi, Souk-el-Etnin; du mardi, Souk-el-Tleta; du mercredi, Souk-el-Arba; du jeudi, Souk-el-Khemis; du vendredi, Souk-el-Djemâa; du samedi, Souk-el-Sebt. Le marché occupe, en effet, une grande place dans la vie des Kabyles. On y discute les questions politiques, on y colporte les nouvelles, et enfin c'est là que se traitent toutes les affaires commerciales du pays.

Le cercle des officiers renferme une belle bibliothèque et les principaux recueils périodiques de Paris et d'Alger. Comme dans toute l'Algérie, j'y ai trouvé des officiers fort instruits, intelligents, et appliqués à l'étude, ce qui ne les empêche pas d'être braves. Mais la responsabilité que leur impose leur situation même, au milieu d'un pays conquis et d'une population à peine soumise, double l'énergie de chacun d'eux, et développe ses facultés à un degré bien plus élevé qu'en France. En même temps l'émulation est plus forte, l'esprit plus occupé, toutes les facultés surexcitées; on est pour ainsi dire en état de guerre, en campagne, ce qui forme bien autrement les officiers que la monotone vie de garnison.

Le plateau de Souk-el-Arba est le point central où aboutissent toutes les crêtes voisines, et le fort, assis sur des rochers à pic, est pour ainsi dire imprenable. En même temps, de cette hauteur on domine tous les autres villages kabyles bâtis sur les sommets voisins; l'un d'eux a été brûlé et détruit lors de la campagne de 1857, et, pour servir d'exemple, il n'a pas été rebâti.

Après trois heures je remontai à cheval, et, au moment où le soleil se couchait, j'entrais à Thizi-Ouzou. J'avais mis un peu plus de deux heures à faire les sept lieues de la descente, et, en arrivant, mon cheval n'avait pas même chaud. On me dit qu'une pareille bête, dans le pays, valait cent quarante francs. Aussi les touristes qui ne sont pas trop pressés font-ils bien de s'acheter un cheval pour voyager, plutôt que de louer les mulets des indigènes.

Mercredi, 19 octobre.

Je partis à six heures du matin avec la diligence d'Alger. Désirant sans doute me garder deux jours de plus, l'hôte avait eu soin de ne pas me réveiller. Heureusement j'étais prêt, mais j'eus toutes les peines du monde à obtenir ma note, et je fus obligé de partir sans déjeuner. Dans ces villes frontières, un touriste est si rare qu'on l'exploite. On me dit que j'étais le troisième voyageur non militaire qui traversait la Kabylie. — En quittant Thizi-Ouzou, on longe la vallée de l'Oued-Sebaou et on aperçoit à peu de distance une montagne connue sous le nom de montagne de Pharaon (*Djebel-Feraoun*). C'est qu'en effet, disent les savants kabyles, Pharaon, roi d'Égypte, le même qui se noya dans la mer Rouge en poursuivant Moïse, habitait une fois chez les Aïth-lraten dans le Jurjura. Un jour d'été il revenait de la tribu des Flisset-oun-el-Lil où il s'était rendu pour affaires. Accablé par la chaleur et la fatigue, il éprouva une soif ardente ; malheureusement il se trouvait tout au haut de la montagne, sans une goutte d'eau. Le Sebaou coulait à ses pieds, mais il eût été long et fatigant de descendre dans la vallée. Pharaon alors imagina de se pencher et d'allonger son corps jusqu'à ce que sa bouche atteignit l'eau, sans que ses pieds bougeassent de place. Sa soif étanchée, il se releva, rapetissa sa taille aux dimensions ordinaires, et reprit son chemin. Depuis lors la montagne porte son nom [1].

La route de Thizi-Ouzou à Alger est assez pittoresque; elle traverse la rivière sur un fort beau pont de bois, en face d'un vaste caravansérail français; puis, après avoir passé près du bordj Sebaou, elle franchit le col des Beni-Aïssa et s'arrête à un autre caravansérail où on sert aux voyageurs un déjeuner passable. En face, un café arabe très-fréquenté sert de halte aux indigènes.

Jusque-là on voit le long du chemin des villages kabyles dans toute leur originalité, bien bâtis du reste, avec des hangars pour la paille et les bestiaux. Mais, après le col, on arrive en pays français; on traverse successivement plusieurs petites villes et villages tout neufs et entièrement européens; enfin à six heures du soir on entre à Alger.

---

[1]. Voir Devaux : les *Kebailes du Djerdjera*.

La vue de la ville et de la mer me plut énormément, éclairée par les derniers rayons du soleil couchant. Je descendis à l'hôtel de la Régence, et profitai de la soirée pour faire un tour de promenade sous les belles arcades des rues Bab-el-Oued et Bab-Azoun, sur lesquelles s'ouvrent les plus beaux et les plus riches magasins d'Alger.

CHAPITRE VIII

LA PROVINCE D'ALGER

I

Koléah la sainte; la plaine de la Métidja; le tombeau de la Chrétienne; Blidah, ses forêts d'orangers; Médéah, ses vins, l'hôtel du Gastronome et le tableau d'Horace Vernet.

Jeudi, 20 octobre.

A cinq heures du matin, je partais avec la diligence de Koléah. On longe d'abord la célèbre plage de Sidi-Ferruch où s'opéra le débarquement des troupes françaises lors de la conquête. On passe auprès du couvent des Trappistes de Staouëli, remarquable par ses dimensions et sa bonne tenue. Enfin on voit poindre le minaret de la mosquée de Koléah *la Sainte*, flanquée d'un superbe palmier, et à onze heures on arrive dans cette charmante petite ville où les maisons françaises, entremêlées de jolis jardins, ont presque partout supplanté les maisons arabes.

Je descendis à l'hôtel de Paris, et après de longs pourparlers je finis par obtenir, à un prix exorbitant, un cabriolet pour me conduire au tombeau de la Chrétienne. Le chemin suivait la belle et fertile plaine de la Métidja, à peine défrichée, presque partout encore couverte de palmiers nains, bordée de forêts d'oliviers, de caroubiers, de chênes. Puis il longeait de vastes marais qu'on cherche à dessécher, et s'arrêtait sur la rive du giboyeux lac Haloula, au pied d'une colline garnie de broussailles serrées. Sur le sommet de celle-ci s'élevait le tombeau de la Chrétienne ou de la Reine, véritable pyramide ayant servi, croit-on, de tombeau à une princesse chrétienne ou bien encore à la famille royale de Mauritanie; car son nom indigène, Kobeur-er-Roumia, tombeau de la Chrétienne, est formé de deux mots arabes presque identiques à une expression libyenne qui signifiait *tombe royale*.

Mon conducteur s'arrêta en bas avec sa voiture, et je fis l'ascension à pied, non sans peine, à cause des nombreuses épines dont sont hérissées les broussailles; celles-ci sont elles-mêmes si serrées et si touffues que souvent elles rendent le sentier invisible. Arrivé en haut, je fis le tour de ce singulier monument funéraire, j'en admirai les pierres gigantesques, et je finis par grimper de bloc en bloc, me cramponnant à toutes les aspérités, jusqu'au sommet de la pyramide.

On jouit là d'un panorama aussi vaste que splendide. D'un côté, l'Atlas avec ses hautes montagnes et les villes coquettes qui garnissent ses flancs. De l'autre, la mer, qui, grâce à la distance, paraît calme et tranquille, et ne laisse apercevoir que rarement des éclairs d'écume autour de quelques rochers sombres. La côte s'étend au loin, en découpures nombreuses, et l'on devine, plutôt qu'on ne les voit, les ports de Cherchell et d'Alger.

Si du côté de la mer l'horizon n'a d'autres bornes que cette ligne fugitive et lointaine qui sépare le ciel de l'eau, du côté de l'Atlas la terre aussi prend un aspect majestueux. La vaste plaine de la Métidja paraît plus grande encore devant la célèbre chaîne de montagnes qui la sépare du désert ; et à droite et à gauche elle s'allonge à perte de vue.

Le tombeau de la Chrétienne est un des monuments les plus curieux et les plus intéressants de l'Algérie. La légende l'a entouré d'un charme mystérieux, et elle offre à l'archéologue un sujet d'étude d'une grande importance, surtout quand on le compare au Medracen, nommé aussi tombeau de Syphax, roi de Numidie, qui se trouve au pied du Djebel-bou-Arif, entre Constantine et Batna, et dont on ne connaît pas encore exactement l'origine.

Suivant la tradition arabe, ce gigantesque monument (il n'a pas moins de quarante-deux mètres de hauteur sur soixante de diamètre à la base) renferme des trésors immenses. Un Arabe du voisinage, dit-elle encore, ayant été fait prisonnier dans une bataille contre les chrétiens, fut vendu comme esclave. Un jour que le désespoir était près de l'accabler, un étranger chrétien, un astrologue, s'avança vers lui, lui offrit de payer sa rançon, et de le renvoyer dans son pays, mais à une condition, c'est que le quatrième jour de son arrivée il se rendrait au pied du tombeau et y allumerait vers l'orient un feu, où il consumerait un papier jaunâtre qu'il lui montra, et qui était couvert de signes singuliers et de caractères empruntés à une langue inconnue.

L'Arabe consentit, et quelques jours après, revenu dans sa famille, il obéit à sa promesse. Mais à peine le papier fut-il réduit en cendres que la maçonnerie s'ouvrit, et une quantité prodigieuse de pièces d'or et d'argent s'envolèrent en épais nuage du côté de la mer, c'est-à-dire vers le pays des chrétiens. L'Arabe stupéfait essaya en vain d'en saisir quelques-unes au passage. Enfin, lançant son burnous en l'air, il en fit tomber à ses pieds une certaine quantité. Il s'apprêtait à recommencer; mais dès que les premières pièces avaient touché la terre, le tombeau s'était refermé.

Plus tard, le pacha, instruit de cette aventure extraordinaire, envoya des ouvriers pour faire des fouilles; mais au moment où le travail allait commencer, le spectre de la défunte se dressa sur le sépulcre en appelant au secours; des scorpions sortirent du lac voisin d'Haloula, et chassèrent impitoyablement et à plusieurs reprises les travailleurs; si bien qu'on fut obligé de renoncer à l'entreprise.

D'après une autre version, un magicien étranger, ayant, après de laborieuses études, trouvé la formule cabalistique qui devait lui livrer le trésor, se dirigea vers le tombeau, alluma un réchaud, y fit brûler les aromates sacramentels, et, tourné vers l'orient, se mit à lire la conjuration. Les pierres s'ouvrirent; déjà il voyait les trésors briller, quand, arrivé à la dernière page du manuscrit, il s'aperçut que l'eau de mer avait imprégné par accident le parchemin et le rendait illisible. En vain il s'efforça de déchiffrer les caractères effacés ; pendant qu'il y consumait ses forces, il vit avec désespoir les pièces d'or et d'argent s'élancer vers la mer suivies des perles et des diamants. En vain il s'efforça d'en arrêter quelques-unes, ou de retrouver la formule ; le bon génie du tombeau, plus puissant que lui, emportait le trésor tout entier au delà des mers, « dans un pays connu de Dieu seul et de Mohammed, son prophète. Que la bénédiction d'Allah soit sur ce dernier et s'étende sur toute son illustre famille ! »

Ainsi disent les Arabes, et sans doute pour eux la morale de cette légende est le respect dû à la sépulture. Tel est en abrégé le sens de la tradition locale que M. Félix Mornand raconte de sa plume vive et spirituelle dans son beau livre intitulé *la Vie arabe*.

Vendredi, 21 octobre.

A cinq heures et demie je me trouvai près de la diligence de Blidah qui allait partir. A côté du bureau un débitant de liqueur servait à déjeuner à une clientèle nombreuse. J'y pris, suivant l'usage du pays, un verre de *champoreau* (café chaud et sucré aiguisé par un petit verre de rhum ou de cognac), et me mis en voiture.

Après avoir traversé dans toute sa largeur la fertile plaine de la Métidja, admirablement cultivée à certains endroits, et couverte de riches et brillants villages français, j'arrivai à Blidah à huit heures.

Je louai un cheval, et me promenai dans les charmants environs de cette ville gracieuse. Je visitai entre autres la belle et poétique gorge de l'Oued-el-Kébir, pittoresque torrent qui fait marcher plusieurs beaux moulins. Je rentrai par la ville mauresque, dont une partie est assez bien conservée, et je pus voir le marché dont l'animation est très-grande. Blidah est une jolie ville, élégante et coquette, dans un site admirable au pied de l'Atlas. Du temps des Arabes, c'était une ville de délices et de plaisirs, une Capoue où les sybarites de l'Algérie venaient couler doucement leur vie à l'ombre de ses jardins toujours verts, dans ses cafés vibrant d'une continuelle musique, au milieu d'un air embaumé des senteurs les plus délicates, et des parfums exhalés par ses vastes orangeries, dont la richesse était devenue proverbiale. Cette ville de plaisance avait reçu le nom de *rose de la Métidja,* nom bien mérité aujourd'hui encore par sa délicieuse position et son admirable entourage, et l'on répétait alors ce gracieux dicton :

> L'étranger t'appelle une *petite ville* (Blidah),
> Et moi, Blidien, je t'appelle une *petite rose* (ourida).

Aujourd'hui Blidah est bien transformée, et ses environs peut-être davantage encore. De jolis villages français donnent à sa banlieue un aspect frais et riant qu'il serait difficile de trouver dans les plus jolies contrées de la France ; car ici tout est neuf, propre, attrayant ; les masures sont inconnues. Partout des jardins égayent la vue de leurs fleurs aux mille nuances variées; les oliviers, les grenadiers en fleur, rouges de grenades magnifiques, les figuiers, les lauriers-roses, les vignes gigantesques, les aloès, les cactus, les jasmins et mille autres espèces indigènes ou importées de France s'y coudoient, et ce mélange de végétation tropicale et européenne, joint aux brillantes couleurs du Midi, donne à tout l'ensemble le plus joyeux aspect. Les vieilles forêts d'orangers qui couvraient le nord de la ville sont conservées en grande partie et leur parfum se répand au loin, tandis que les oranges dorées, qui se détachent du feuillage vert, leur donnent une coloration superbe. Ce manteau de végétation brillante, qui entoure les blanches et coquettes maisons dont se compose aujourd'hui Blidah, en forme une des plus gracieuses villes françaises qu'on puisse imaginer.

A onze heures je pris la diligence de Médéah, où j'arrivai vers quatre heures. La route, l'une des plus romantiques de l'Algérie, longe les magnifiques gorges de la Chiffa. Ce torrent impétueux coule entre deux étroites et sinueuses pyramides de rochers gigantesques. L'armée, notamment les zouaves, y a percé et souvent taillé dans le roc une route admirable, que la diligence suit au galop, comme si le danger était nul. Le spectacle de ces montagnes colossales est singulièrement imposant par sa grandeur et sa sauvagerie.

Médéah est une jolie ville, élégamment assise au sommet d'une colline. A part son immense Kasbah, ses rues toutes françaises, et ses magasins bien garnis, son aspect pittoresque et séduisant, elle n'offre de remarquable qu'une porte monumentale et un grand et bel aqueduc qui alimente la Kasbah, et rejoint la colline voisine de ses arches élancées.

Les vins de Médéah sont célèbres, et passent pour les meilleurs de l'Algérie. Je citerai seulement les vins blancs des coteaux de Kaouteba et d'Aïn-Chellala dont le goût se rapproche du Malaga; enfin des vins muscats de qualité exquise.

A l'hôtel du Gastronome, où je logeai, on voit suspendu dans le salon un tableau-enseigne d'Horace Vernet, peint à l'endroit et à l'envers, et représentant deux épisodes de la prise d'El-Aghouat. C'est un présent que le peintre a fait à l'hôtesse et qui lui amène des voyageurs en foule.

Samedi, 23 octobre.

A cinq heures et demie du matin, je me remis en voiture pour regagner Blidah, où je passai quelques heures fort agréables, jusqu'au départ de la diligence d'Alger.

Ce que j'ai le plus apprécié dans ces quelques villes que je venais de visiter, Koléah, Médéah, Blidah, c'est qu'elles me faisaient voir l'Algérie sous un aspect nouveau : celui de l'avenir. Ici plus d'Arabes; ils sont si rares, qu'on serait tenté de les prendre pour des étrangers. Par contre, on peut entrevoir ce que sera un jour l'Afrique française, une fois que, complétement pacifiée, elle sera cultivée convenablement et civilisée par la France.

Partout des jardins soigneusement entretenus,

ornés de fleurs de toute espèce, d'arbres fruitiers, surtout d'abricotiers, de figuiers, de dattiers, d'orangers, de vignes colossales; un aspect attrayant sous un soleil joyeux, de jolies maisons neuves et blanches à volets verts, des rues bien propres et bien droites; en un mot le symbole de la prospérité, de l'aisance, du bonheur.

Les mêmes remarques s'appliquent aux beaux villages de Bouffarik, de Douéra, de Dély-Ibrahim, que j'ai traversés le même jour en retournant à Alger.

II

Les bains maures.

Depuis longtemps, je désirais connaître, par moi-même, les bains maures dont j'avais beaucoup entendu parler. Je profitai de ma soirée pour me rendre à ceux de la rue de l'État-Major, les meilleurs d'Alger, fréquentés autrefois par les princes d'Orléans.

En entrant, on se trouve dans un vestibule couvert, où le marbre est prodigué. On remet au propriétaire, qui est assis à la porte, son argent, sa montre et ses bijoux, qui sont soigneusement rangés dans un coffre fermé pour être rendus à la sortie. Tout à l'entour de la salle règne une colonnade le long de laquelle sont étendues, sur une petite estrade, des nattes en paille de riz; on y parvient à l'aide de degrés placés d'espace en espace.

C'est là que chacun se déshabille et dépose ses habits près de la natte où il s'est installé.

Rien n'est plus étrange et plus fantastique que cette salle sombre, en marbre blanc, ruisselant partout d'une humidité tiède, comme une serre chaude. A la pâle lueur d'une lampe suspendue au plafond, apparaissent, comme autant de fantômes, les baigneurs assis ou debout, dans leurs peignoirs ou leurs burnous blancs. Le silence n'est rompu que par les allées et venues des garçons de bain, jeunes Mozabites de seize à dix-huit ans, qui portent, pour tout vêtement, un caleçon, et pour chaussure, des semelles de bois retenues par des brides en cuir.

Quand vous êtes déshabillé, l'un d'eux s'approche de vous, vous attache autour des hanches une pièce d'étoffe blanche, vous met sur la tête une serviette, et aux pieds des babouches en bois; puis il vous conduit, à travers une galerie dont la température est graduellement élevée, dans une grande salle souterraine entretenue à 30 ou 35 degrés de chaleur, par une atmosphère de vapeur tellement dense, que d'abord on pense y étouffer.

Les dalles qui revêtent le sol de ce caveau sombre sont polies à tel point par l'humidité constante qui les imprègne, que les plus grands efforts d'équilibre sont nécessaires au baigneur pour arriver sans accident jusqu'à une grande table ronde en marbre qui occupe le centre de l'étuve. Là, chacun s'assied ou se couche sur la dalle brûlante, et le foyer qui se trouve directement au-dessous fait naître, au bout de peu d'instants, une transpiration abondante et agréable.

Le caveau ressemble assez à une crypte de cathédrale gothique. Il est complétement revêtu de marbre blanc, depuis le carrelage jusqu'à la voûte. En face de la porte d'entrée, coupée carrément dans un enfoncement cintré, se trouve un grand bassin rempli d'eau chaude, qui sert à alimenter deux fontaines en forme de coquille, placées vis-à-vis l'une de l'autre, et dans deux enfoncements pareils. Aux quatre angles coupés, sont des portes conduisant dans de petits cabinets où les Maures de qualité ont coutume de prendre leurs bains. Le long des murs sont des niches où l'on peut s'asseoir, et plusieurs petites fontaines d'eau fraîche. Enfin, pour compléter l'ensemble du tableau, qu'on se figure sur la table du milieu quelques baigneurs à moitié assoupis par la vapeur, d'autres étendus dans les coins, entre les mains des Mozabites, et subissant silencieusement l'opération du massage. On croirait assister à une scène de l'Inquisition.

Lorsque vous êtes noyé de sueur, le Mozabite vous fait signe de le suivre dans un coin et de vous coucher sur le sol, la tête appuyée sur un bourrelet de linge. Puis il commence à vous frapper doucement avec ses mains par tout le corps, en chantant, sur un ton nasillard, un air monotone de sa tribu qui va bien avec l'aspect sépulcral et lugubre du lieu. Il vous frictionne en tous sens et vous presse en s'appuyant sur vos membres de tout le poids de son corps; il vous tourne, tantôt sur le dos, tantôt sur le ventre, il vous courbe dans toutes les directions, vous fait prendre les positions les plus étranges, au point de vous rapprocher les pieds de la tête ; il vous fait ainsi craquer successivement, avec un bruit peu rassurant, toutes les articulations des bras, des jambes, des mains, et jusqu'à celles des côtes et de la colonne vertébrale.

Lorsque, sous l'influence de l'action énervante de la vapeur et de ce massage sans pitié, vous êtes arrivé à une prostration voisine de l'anéantissement, le Mozabite se couvre la main droite d'un gant sans doigts en laine ou en poil de chameau, et vous étrille des pieds à la tête durant cinq ou six bonnes minutes. Il vous débarrasse ainsi de toute la transpiration qui s'est condensée à la sortie des pores, et vous remet le sang en mouvement ; puis il recommence à vous faire craquer les articulations pour donner plus d'élasticité et de souplesse aux membres.

Enfin il vous soumet à un savonnage complet et à une dernière ablution d'eau tiède, et vous fait relever. On s'assied un instant sur la table. Le baigneur revient avec des linges chauds, vous essuie avec un soin minutieux, vous couvre d'un ample peignoir, et vous ramène ensuite dans la pièce d'entrée où l'on se couche sur un matelas. Il étend sur vous force couvertures de laine qui achèvent d'absorber toute l'humidité du corps et vous reposent doucement.

Pendant cette sieste voluptueuse qu'on peut prolonger tant qu'on le désire, le Mozabite vous apporte une tasse de thé ou de café, et quelquefois même une pipe, et s'assied à vos pieds, vous massant doucement et épiant vos moindres désirs. Les Arabes restent souvent plusieurs heures de suite dans cet état somnolent et rêveur qui convient si bien à leur nature paresseuse et indolente.

Au sortir de ces bains on se sent infiniment plus léger, plus frais, plus dispos; les membres sont plus souples, les articulations jouent plus librement. Un pareil bain a certainement de grands avantages hygiéniques sur les classiques bains français, et ne coûte que la modique somme de 1 fr. à 1 fr. 50 c. Les établissements sont ouverts partout jour et nuit, de six heures du soir à midi pour les hommes, de midi à six heures du soir pour les femmes. Celles-ci sont alors servies par de jeunes négresses.

III

Alger; ses édifices; la bibliothèque; le Jardin d'essai; la culture maraîchère et les primeurs; le jardin Marengo; la Kasbah; les villas.

J'ai visité l'exposition permanente des produits de l'industrie algérienne: on y voit des choses fort intéressantes, mais qui, en général, concernent plus l'avenir que le présent; ainsi, des matières premières d'une grande variété et dont l'importance et la valeur se feront sentir plus tard, lorsque l'Algérie sera entrée dans la voie véritable d'une colonisation prospère[1]. On a créé au palais de l'Industrie, à Paris, une exposition analogue.

Il y a quelques beaux édifices mauresques à Alger; la plupart ont reçu une destination française, tout en conservant une bonne partie de leur cachet primitif. Le tribunal, le palais du gouverneur général, l'évêché, les palais des généraux commandants du génie et de l'artillerie, l'intendance militaire, la demeure de Mustapha-Pacha, sont au nombre des plus remarquables.

La bibliothèque d'Alger contient un grand nombre de volumes ; elle est établie dans un palais mauresque dont l'architecture intérieure est extrêmement gracieuse. On y trouve une très-belle collection d'antiquités romaines, bas-reliefs, inscriptions, statues, classée surtout par le savant archéologue Berbrugger.

A Alger il ne faut pas manquer de faire un tour au *Jardin d'essai*, établissement magnifique et fort habilement organisé et dirigé par M. Hardy. On y voit de fort belles plantations de coton, de mûriers; des allées de palmiers ayant vue sur la mer; de nombreuses plantes des pays chauds, patates, ignames, manioc, indigotier, ricin, figuier à gomme élastique, etc.; enfin un troupeau d'autruches qu'on essaye d'acclimater, et qui, jusqu'à présent, donne de belles espérances.

1. M. de Broglie, dans une remarquable étude publiée d'abord dans la *Revue des Deux Mondes*, puis à part sous le titre de : *Une Réforme administrative en Afrique*, a parfaitement traité la question algérienne, le passé et l'avenir de notre colonie.

Sur les bords de la route qui mène au Jardin d'essai, on peut admirer à loisir la fertilité et la richesse de cette terre africaine trop longtemps négligée. Les cultures maraîchères y sont pratiquées avec un grand succès, et, depuis quelques années, elles ont pris un tel développement et ont donné des résultats si remarquables, qu'Alger y a trouvé la source d'un grand commerce avec l'Europe. Ses primeurs ont conquis le premier rang sur les tables des connaisseurs, et s'exportent sur une grande échelle pour les marchés de Paris et des autres grandes cités.

A côté de la ville, s'élève en terrasse le jardin Marengo, ainsi nommé d'un colonel qui l'a fait établir, en se servant des condamnés militaires. On y trouve des kiosques tapissés d'émail à la manière arabe, des bustes et des colonnes commémoratives; l'une entre autres destinée à rappeler que l'empereur Napoléon songeait à la conquête de l'Algérie; des jets d'eau, des parterres tracés dans le goût français, des allées sinueuses à l'anglaise, le tout orné de verdure et de fleurs comme pour égayer encore la pittoresque mosquée de Sidi-Abd-er-Rahman-el-Talebi qui touche le jardin.

En continuant à monter, on ne tarde pas à arriver à la Kasbah servant aujourd'hui de caserne. On y voit encore le pavillon en bois dans lequel se tenait le dey lorsqu'il donna au consul français le fatal coup d'éventail qui devait lui coûter son trône; mais tout le reste est dans un état déplorable.

On a souvent parlé du vandalisme des Vandales;

on pourrait avec non moins de raison parler de celui de nos glorieux compatriotes. Je ne parle pas des édifices historiques qu'on détruit sous des prétextes de défense militaire ou d'embellissement; mais comment a-t-on pu abandonner à une soldatesque ignorante, en guise de caserne, un palais comme celui du dey? Ne pouvait-on prévoir ce qui est arrivé? A part quelques pièces précieuses qui ont été transportées ailleurs, telles qu'une fontaine qui figure aujourd'hui chez le gouverneur général, tout a été détruit et abîmé. Les curieuses peintures qui décoraient les murs ont été couvertes de badigeon. On a enlevé les jolis carreaux de faïence qui couvraient les parois, les portes en bois richement travaillé, et on n'en voit plus aujourd'hui que quelques restes dans une chambre habitée aussi par des gens au service de l'armée. On y passe pour gagner la terrasse où le dey allait faire sa promenade chaque soir en se rendant au sérail. Un bureau de tabac est établi à l'entrée. La porte seule du château, pièce massive et solide, est encore intacte.

Aujourd'hui Alger est une ville entièrement européenne. Les Arabes qu'on y voit semblent déjà si dépaysés qu'on les dirait placés là uniquement pour servir de décoration au paysage et rappeler qu'Alger n'a pas toujours été une ville française.

Les quartiers inférieurs bâtis en plaine présentent de larges rues, aérées et bordées de belles maisons à l'européenne. Les rues Bab-Azoun et Bab-el-Oued sont ornées d'arcades, comme la rue de Rivoli, sur une longueur de près de deux kilomètres. La place du Gouvernement, avec la statue équestre du duc d'Orléans, est tout à fait digne d'une capitale. Enfin de grands travaux sont en voie d'exécution, et bientôt de nouveaux quais et des boulevards splendides orneront dignement le chef-lieu de l'Algérie. Mais à côté de cela, il y a encore les vieilles rues arabes qui gravissent la montagne, étroites et roides avec des maisons élevées qu'on a francisées en leur donnant des fenêtres sur la rue.

Vu de loin, de la mer, Alger se présente admirablement. La ville toute blanche (*Djezaïr-el-bahadjà, Alger la blanche*, comme disaient les Arabes) se détache de la manière la plus pittoresque du fond vert de la montagne. Celle-ci est garnie elle-même de maisons de campagne mauresques, retraites délicieuses au milieu de vastes jardins où l'on voit poindre la tige droite et la couronne touffue du palmier, la tête arrondie de l'oranger, les aloès, les cactus et mille autres plantes méridionales.

Parmi ces villas, il est intéressant de visiter celle du Gouverneur général, et celle du général Yousouf, qui font comprendre tout le parti qu'on peut tirer des constructions orientales, en les adaptant à nos mœurs. On y jouit d'une vue admirable sur la mer, la côte tout entière et la ville d'Alger elle-même.

Le climat d'Alger est très-sain ; les médecins le recommandent aux poitrinaires ; beaucoup d'Anglais y passent l'hiver.

On peut dire hardiment que cette ville, aussi bien que l'Algérie entière, est appelée à un avenir magnifique. Une fois qu'il y aura des chemins de fer en Espagne jusqu'à Gibraltar, et en Afrique depuis Ceuta, qu'on n'aura plus à traverser qu'un insignifiant bras de mer, tout le monde voudra visiter cette France nouvelle créée au milieu de l'Afrique, et plus d'un Européen venu pour une simple visite oubliera le chemin du départ.

Pendant que je faisais ces réflexions, le bateau à vapeur qui nous ramenait en France s'éloignait doucement du port; et bientôt Alger disparut peu à peu dans le lointain. Pendant longtemps je suivis des yeux sa blanche image éclairée par le soleil du midi. Puis elle s'effaça insensiblement à l'horizon, et bientôt on ne vit plus que la pleine mer de toutes parts.

FIN

TABLE DES MATIÈRES

CHAPITRE PREMIER

DE MARSEILLE A PHILIPPEVILLE ET BONE

                                          Pages.

I. La traversée, le débarquement, Stora 1
II. Philippeville, les citernes romaines 9
III. De Philippeville à Jemmapes; le lion 15
IV. De Jemmapes à Bône; Aïn-Mokhra; une nuit à la belle étoile; le lac de Fetzara 24
V. Bône; son commerce; ses habitants; les Mozabites; la statue de saint Augustin 37

CHAPITRE II

TUNIS ET CARTHAGE

I. La Goulette; le lac de Tunis; l'hôtel de Provence 43
II. Les bazars; le commerce; les métiers 51
III. Les femmes; les juifs; les patrouilles militaires; l'architecture; travaux d'embellissement et d'utilité publique; influence européenne; les Maltais; la mort du bey; les parasites de l'hôtel. 59
IV. Les aqueducs; le Bardo; la campagne tunisienne; un café arabe; l'arrivée du nouveau bey; les muezzins 67

V. L'enterrement du bey; commencement d'émeute; encore l'influence européenne.. 79
VI. La Marsa; les ruines de Carthage................................ 87

CHAPITRE III

DE BÔNE A CONSTANTINE

I. Les hauts fourneaux et le haras de l'Alelik; les plantations de coton; Guelma; mon guide arabe; les chiens indigènes...... 95
II. La langue sabir; la politesse arabe; un gourbi et une famille indigènes... 103
III. Hammam Meskoutine; une églogue de Virgile; le kaïd Ben-Hasman... 113
IV. La nuit au bordj; une marche nocturne, son charme et ses dangers... 122
V. Mes nouveaux compagnons de route; avantages du costume arabe; le télégraphe électrique; un repas frugal; arrivée à Constantine... 130

CHAPITRE IV

CONSTANTINE

I. La ville, sa position pittoresque; sa reconstruction par les Français.. 141
II. M. Cherbonneau; les antiquités romaines de Constantine; longévité dans l'ancienne Afrique; le Coudiat-Aty; le Bardo; le capitaine de Bonnemain; la domination romaine; l'archéologie en Afrique; les sociétés savantes et la littérature de l'Algérie; la littérature du Soudan....................................... 146
III. La Kasbah et le ravin; la mosquée de Salah-Bey; le palais du bey Hadj-Ahmed; le haras de Sidi-Mabrouk; le Jardin d'essai; un concert nègre; les cascades du Roumel; les Béni-Aïssa.... 154
IV. Préliminaires des courses; camp des Arabes sur le Mansoura; les mendiants et les fous musulmans; l'hippodrome; les chefs de tribus, leur luxe; restes et souvenirs de l'époque féodale; influence future de l'Orient sur l'Occident.................. 162

TABLE DES MATIÈRES.

Pages.

V. Les courses de chevaux; les cavaliers arabes; les Touaregs et leurs chameaux, les Maharas.................................. 171
VI. Second jour des courses; la fantasia........................... 177

CHAPITRE V

LE SAHARA

I. De Constantine à Batna; El-Kroub; Fontaine-Chaude; monuments celtiques; les Nomades du Sahara et leur genre de vie; les zéphyrs.. 182
II. La ville de Batna et les deux villages indigènes; les nègres de l'Algérie; Lambèse; ses ruines romaines et son pénitencier; Chassin, le tueur de lions............................... 190
III. De Batna à El-Kantara; les messageries du Sahara; le passage des rivières; El-Ksour; les laveuses arabes; Tamarin; la prière de trois heures.. 199
IV. L'oasis d'El-Kantara; la porte du Sahara et le pont romain; pastorale biblique; le caravansérail; le lever du soleil; monuments celtiques; la plaine d'El-Outaïa; la montagne de sel... 209
V. L'oasis d'El-Outaïa; la sieste; la mosquée; le village; les gamins arabes; la culture; la tente du spahis; le caravansérail.. 217
VI. Un effet de mirage; la fabrique de salpêtre; le col de Sfa; le Sahara; arrivée à Biskra; l'architecture française en Afrique... 229
VII. L'oasis de Biskra; les palmiers, la culture et l'irrigation dans les oasis; le climat; la ville de Biskra; les villages berbères; industrie locale; la colonie nègre; les Arabes nomades; les chevaux du Sahara; les jeux d'enfants; la récolte des dattes; les danseuses Ouled-Naïl...................................... 235
VIII. De Biskra à Sidi-Okba; le désert; les travaux d'irrigation et les puits artésiens; la mer de sable et la végétation dans le Sahara; les sentiers des caravanes............................. 247
IX. L'oasis de Sidi-Okba; le cheikh, sa maison et sa réception; l'étiquette arabe; la mosquée et le tombeau du conquérant arabe Sidi-Okba-ben-Nafé; la ville et le marché; la diffa ou repas d'hospitalité; retour à Biskra; le grand cyprès et le village de Vieux-Biskra; les officiers de l'armée d'Afrique.... 255

X. Départ de Biskra; le village d'El-Kantara; sa belle végétation et son cheikh; le caravansérail d'Aïn-Yacout; retour à Constantine; le pont d'Aumale; une promenade aux cascades du Roumel; la fête de Mahomet et la musique arabe; l'aqueduc romain; le camp des turcos; les frères Braquet, acrobates et aéronautes.................................... 267

XI. La littérature et la poésie arabes........................ 277

CHAPITRE VI

LA PETITE KABYLIE

I. Départ de Constantine : l'Oued-el-Kébir; les Kabyles blonds; l'hospitalité dans un pays peu sûr.................... 284

II. Un chemin périlleux; les zouaves et le four à chaux; le fort d'El-Miliah; un marché indigène; le mohammed.......... 291

III. Une exploitation de liége; les ouvriers kabyles; les chênes-liéges; le sorgho.. 296

IV. L'embouchure de l'Oued-el-Kébir; Djidjelly............... 302

V. Départ de Djidjelly; le khiélas ou spahis bleu; les mulets kabyles; halte dans une tribu des Babors; inconvénients de l'ignorance des dialectes indigènes...................... 305

VI. Une forêt vierge dans les monts Babors; les différents âges de la civilisation vivent côte à côte en Afrique............. 313

VII. Ziama; le kaïd et son hospitalité........................ 319

VIII. Les spahis; la côte de la mer; les forêts de la Kabylie et l'administration française; l'Oued-Aguerioun............... 326

IX. Les Beni-M'hamed; leur mauvais vouloir; autres désagréments.. 334

X. Les Beni-Mimoun; l'amble; rude éducation des jeunes Kabyles; arrivée à Bougie................................. 341

CHAPITRE VII

LA GRANDE KABYLIE

I. De Bougie au bordj de Thaourirth-Iril; l'Oued-Sahel; le spahis Messaoud-ben-Saïd et sa réception...................... 346

II. Les forêts du Djebel-Zen; réception d'un voyageur dans les villages kabyles.................................... 355
III. Habitudes laborieuses des Kabyles; leurs assemblées populaires ou djemâa; leur organisation politique et religieuse; les kanoûns; les marabouts; les zaouïas; l'anaya; l'Oued-Bou-Béhir; les Aïth-Fraoucen; Djemâa-Saharidj; Mekla; les femmes à la fontaine; scènes bibliques................... 361
IV. De Mekla à Thizi-Ouzou; l'Oued-Sebaou; une série d'aventures. 373
V. De Thizi-Ouzou à Souk-al-Arba; le fort Napoléon; caractère belliqueux et industrie développée des tribus kabyles; la montagne de Pharaon; le bordj Sebaou; le col des Beni-Aissa; arrivée à Alger................................. 381

CHAPITRE VIII

LA PROVINCE D'ALGER

I. Koléah la sainte; la plaine de la Métidja; le tombeau de la chrétienne; Blidah, ses forêts d'orangers; Médéah, ses vins, l'hôtel du Gastronome et le tableau d'Horace Vernet........ 391
II. Les bains maures.. 399
III. Alger; ses édifices; la bibliothèque; le Jardin d'essai; la culture maraîchère et les primeurs; le jardin Marengo; la Kasbah; les villas....................................... 403

FIN DE LA TABLE DES MATIÈRES.

PARIS. — IMPRIMERIE DE J. CLAYE, RUE SAINT-BENOIT, 7.

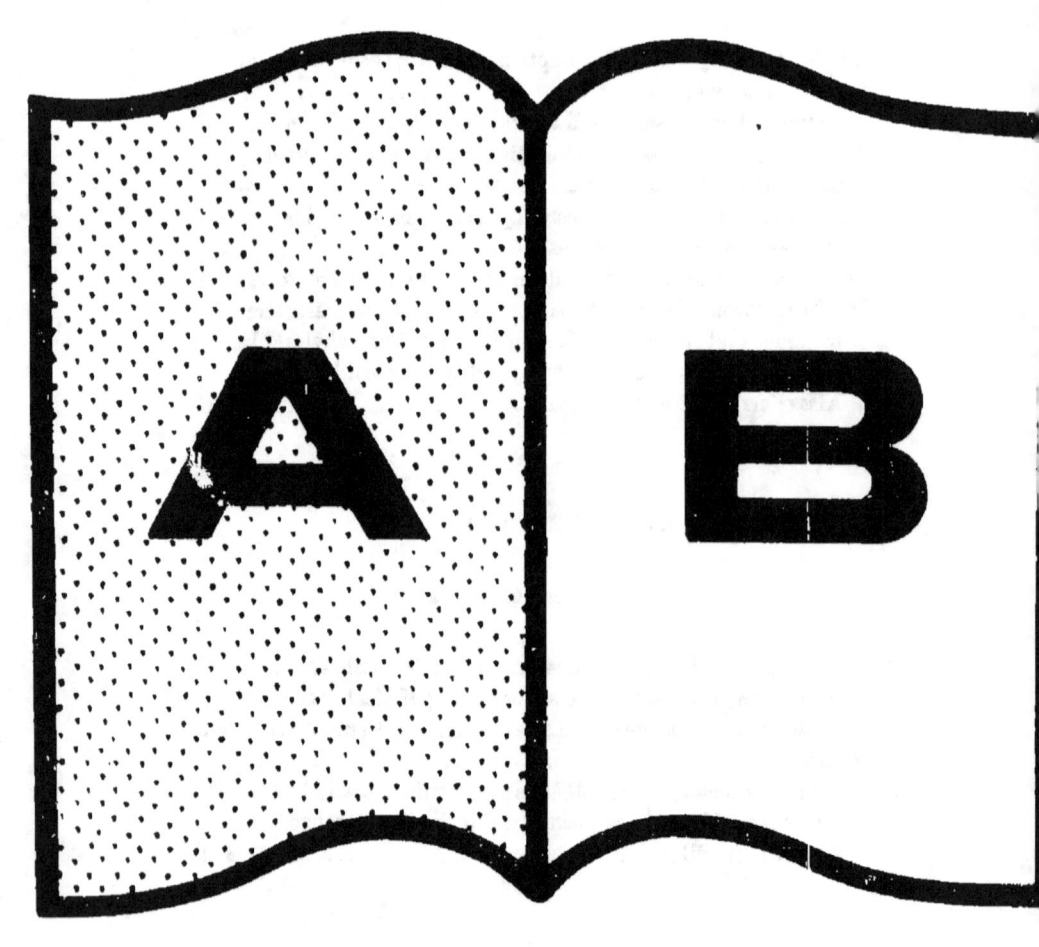

Contraste insuffisant

NF Z 43-120-14

www.ingramcontent.com/pod-product-compliance
Lightning Source LLC
Chambersburg PA
CBHW052123230426
43671CB00009B/1094